DISEÑO INTELIGENTE

DISEÑO INTELIGENTE

EL MENSAJE DE LOS DISEÑADORES

RAEL

Esta edición re-titulada en Español, es una reciente combinación corregida y actualizada de los tres libros originales en francés de Raël: Le Livre Qui Dit La Verite (El Libro Que Dice La Verdad) el cual apareció en Francia en 1974, Les Extra-Terrestres M'ont Emmene Sur Leur Planete (Los Extraterrestres Me Llevaron A Su Planeta) y Accueillir les Extra-Terrestres (Recibamos A Los Extraterrestres). Similares ediciones de versiones de estos Libros en inglés fueron impresas en Japón en 1986 bajo los títulos de The Message Given To me By Extra-Terrestrials (El Mensaje Que Me Dieron Los Extraterrestres) el primero de dos libros combinados y Lets Welcome Our Fathers from Space (Recibamos A Nuestros Padres Del Espacio). En 1988 la combinación de los primeros dos libros fue realizada en Inglaterra por Tagman Press, titular de The Final Message (El Mensaje Final), y una vez más en Estados Unidos con el titulo The True Face of God (El Verdadero Rostro De Dios) en 1999 y The Message Given by Extra-terrestrials (El Mensaje Dado Por Los Extraterrestres) en 2001.

ISBN-10 : 2-940252-30-0
ISBN-13: 978-2-940252-30-5

Editorial: Nova Distribution
El editor puede ser contactado en: publishing@rael.org

Créditos:
Jefe de edición y director del proyecto: Cameron Hanly
Traducción: Alfredo García y Sergio García Fabela
Revisión de la traducción: Norma Toral
Composición y diseño: Cameron Hanly y Line Gareau
Diseño de la portada: Raël y Cameron Hanly

CONTENIDO

LIBRO DOS: LOS EXTRATERRESTRES ME LLEVARON A SU PLANETA

PREFACIO

POR ANTHONY GREY

Novelista internacional de best-sellers, periodista y locutor

Este extraordinario volumen de escritos, estoy seguro, contiene información reveladora de gran envergadura e importancia para la humanidad. Combinando por vez primera, tres importantes libros escritos de forma sencilla y practica, cuya narrativa para mi, proporciona la única verdadera explicación que hasta el momento haya descubierto de nuestros orígenes físicos, de la historia de nuestro planeta, nuestro lugar y ubicación en el Universo conocido y por último, pero no menos importante, las causas que hay detrás de nuestras crónicamente divisorias y potencialmente autodestructivas creencias religiosas a nivel mundial.

Por estas razones, creo que este nuevo libro junto con otros cuatro que ha escrito Raël, tiene el poder de transformar nuestra comprensión de este mundo tan problemático, abriendo el camino hacia una nueva era de paz mundial, armonía, y progresos científicos y sociales sin precedentes.

Sobre todo, los escritos de Raël afirman que no estamos solos en el Universo, demuestran que somos actualmente jóvenes miembros, con un gran potencial de un grupo de humanidades galácticas como la nuestra - somos amados, observados y guiados, hasta donde nosotros mismos lo permitimos, por una civilización humana más adelantada que concibió y planeó nuestra propia existencia en este planeta.

Aunque el resumen de estos tres libros, no detalla exhaustivamente todo, ni contesta todas las preguntas concebibles referentes al universo y a nosotros mismos, ampliamente ensombrecen todo lo que se ha publicado hasta el momento en el campo de la ufología y el espacio, ofreciendo discernimientos obvios, con autoridad en temas tan diversos como la naturaleza infinita de la materia viviente, nuestra historia planetaria, la genética humana y vegetal, la sexualidad, sensualidad, sicología, política y la verdadera naturaleza de la criminalidad. También aportan nueva luz sobre muchos otros temas cotidianos, incluidos la posesión de bienes, la educación en la niñez, los anticuados valores de nuestro sistema convencional de matrimonio, la gran importancia del deporte, aún del deporte violento, y la creación y sustento de sociedades humanas en paz y armonía.

Ofreciendo los pormenores de cómo fuimos diseñados junto con todas las formas de vida sobre la Tierra, incluida la ecología, por científicos humanos venidos de otra parte de nuestra galaxia, Raël desmistifica y reenfoca todas las antiguas escrituras de las principales religiones del mundo. Mientras enfatiza que toda la fe y sus tradiciones históricas y culturales todavía merecen nuestro respeto. Él nos esclarece cómo estas tradiciones han llegado a ser anticuadas mientras continúan obscureciendo las declaraciones que la práctica de esta nueva realidad científica ha revelado. Más controversial, este volumen revoca la noción de ese benevolente, sabio, todo poderoso, espiritual, misterioso e inmaterial Dios que rige sobre todos nosotros.

Resalta que las escrituras de las principales religiones, suceden de representantes de esta civilización sofisticada y altamente refinada, justo como nosotros mismos, quienes se preocupan profundamente por nosotros, porque fue precisamente aquí que ellos descubrieron y desarrollaron por vez primera, su propio genio para transformar la vida de planeta en planeta, gracias a su destreza en el manejo del ADN. En conclusión este formidable e importante libro coloca nuestro pasado, presente y futuro sobre bases científicas firmes, sin mermar la belleza, el jubilo y la espiritualidad de nuestra existencia. De hecho, realza el entendimiento y la práctica de un nuevo sentido común, espiritualmente basado en torno a la meditación, la realización de la paz interior y la armonía, que es inminentemente apropiado en esta nueva era de viajes espaciales y de modificaciones genéticas de nosotros mismos y del medio ambiente.

El autor de estos libros; Claude Vorilhon nació en Francia en septiembre de 1946. El cambió su nombre por Raël que significa "mensajero" en Hebreo, después de encontrarse con seres humanos venidos de otro planeta, cuando su pequeña nave espacial aterrizó en una remota región volcánica del sur de Francia, en diciembre de 1973. Durante varias reuniones en días sucesivos, su anfitrión humano le dictó la mayor parte del primer libro de este volumen diciendo que era "un Mensaje dirigido a toda la humanidad", él le comentó a Raël que precisamente de ésta forma, todos los grandes profetas de las principales religiones de nuestra historia, habían difundido su Mensaje, de acuerdo al nivel de conocimiento de su época, e invitó a Raël a llevar a cabo su misión para que lo que él llamó "nuestro Mensaje final" fuera conocido mundialmente. Para lo cual Raël escribió el primer libro en Francés bajo el título de *El libro que dice la verdad*.

Casi dos años más tarde, en octubre de 1975, un segundo encuentro ocurrió en un área boscosa cerca de Brantome en la región de Perigord en Francia y ésta vez, Raël fue invitado a abordar la nave espacial y hacer un viaje asombroso y revelador. Raël lo describe completamente en la segunda parte del libro intitulado '*Los extraterrestres me llevaron a su planeta*' el cual también se publicó originalmente en Francés a finales de 1975.

Ante el hecho de saber cómo los astronautas americanos, rusos, chinos y europeos han tenido éxito al salir solamente a las márgenes más cercanas del espacio –la mayoría en órbita alrededor de la Tierra y la Luna- quizás parezca estrafalario a primera vista aceptar que sin un traje espacial o algún otro aparato especial, Raël hubiera podido ser llevado inesperadamente desde un claro arbolado europeo a un lejano planeta a través de nuestra galaxia. Pero esto es lo que él describe aquí de ese viaje, en términos sencillos, detallando muchas experiencias extraordinarias en el planeta de sus anfitriones quienes se llaman a sí mismos "Elohim". Habiendo conocido a Raël desde hace unos 13 años, no tengo la menor duda de que lo que él describe en este libro son experiencias completamente verdaderas.

En un segundo libro intitulado '*Recibamos a los Extraterrestres*' publicado originalmente en 1979 y ahora por primera vez junto a los dos primeros libros en éste volumen actualizado, Raël contesta algunas de las preguntas más comunes que le fueron hechas acerca de lo que él escribió originalmente en sus primeros años de periodista.

Muy significativamente, también agrega en este segundo libro, nuevo material acerca de su propia experiencia personal, el cual, a petición de sus informantes en 1975, fue ocultado por tres años más. Otros escritos igualmente importantes han seguido en libros sucesivos intitulados 'La Meditación Sensual', 'Si a la Clonación Humana', 'La Geniocracia' y 'El Maitreya'. Para comprender y tener una verdadera panorámica completa de sus revelaciones es importante leer estos libros en su conjunto.

Al recontar este breve perfil de la historia de Raël, no he insertado ninguna palabra calificada y acostumbrada como "presunta" o "reportada", mismas que periodistas responsables -y especialmente aquellos primeros corresponsales extranjeros quienes hicieron reportajes en Beijín y Berlín entre otros-, y que con todo derecho se esperaba que emplearan para distanciarse a sí mismos de cualquier información controversial o improbable que fueran a transmitir. He hecho esto intencionalmente para subrayar mi convicción de que Raël es un hombre de gran integridad y las experiencias que él describe en estos libros de manera sencilla, son totalmente verídicas.

Como periodista internacional estoy acostumbrado a valorar la viabilidad de sus fuentes de información, aún cuando algunas veces ocultan la identidad de su informante detrás de una frase trivial como "una fuente muy bien informada" o "una fuente totalmente confiable". Mi opinión a ese respecto es que Raël, aunque a menudo puede parecer fantástico, es un testigo eminentemente confiable de lo que él ha experimentado, creo que es en realidad "una fuente única, confiable y bien informada" y después de haberlo oído hablar en conferencias públicas durante un período de trece años y después de examinar mis propias, así como otras emisiones grabadas de entrevistas con él, da la impresión que quizás, incluso ahora, él esté diciendo menos de todo lo que aprendió durante estas extraordinarias reuniones a mediados de los setentas en este planeta y más allá. Más importante quizás, que me parece inquebrantable, es la profunda lógica y racionalidad de lo que dicen sus informantes.

Me entrevisté con Raël dos veces en la preparación para una serie de documentales de investigación de radio para la BBC intitulado

'¿-Ovnis- realidad, ficción o fantasía?' y también entrevisté a sensatos franceses, quienes lo conocieron y decidieron ayudarlo inmediatamente después de sus dos extraordinarios encuentros a mediados de los años setentas. Además he conocido y respetado como amigos a muchos otros miembros importantes y líderes de su organización internacional. Presentar brevemente la historia de Raël a la audiencia mundial de radio, es sólo uno de los aspectos del complejo fenómeno ovni. Vigilé el desarrollo de la entrevista con objetividad imparcial, pero aquí no tengo la menor duda en declarar públicamente mi convicción de que Raël ha escrito los libros de mayor importancia y significado para nuestra propia comprensión y la del Universo conocido en el cual vivimos.

Si eso es así, es legítimo preguntar ¿Por qué el contenido de este libro todavía no es conocido y aceptado en el mundo, treinta y dos años después de que el primero de ellos fuera publicado? En resumen, había una agitación mordaz del interés público en Francia, cuando al termino de su primer libro, Raël anunció el perfil de lo que él había estado diciendo, en un programa de televisión. Pero de alguna manera en ese momento, la extraordinaria historia no ganó la aceptación general por medio de los canales normales de noticias en Europa, ni tampoco lo hizo mejor en el extranjero. Una explicación para esto es que los medios nacionales e internacionales de noticias son curiosamente conservadores en su acercamiento para presentar noticias, lo cual es inaudito; historias con clichés bien gastados que son seguros y confiables siempre encuentran su camino dentro de la emisión de boletines y periódicos, mientras que cualquier cosa verdaderamente radical parece pasar a través de un largo período para, si acaso, ser denunciado burlonamente, desacreditar la probable verdad de la información sin precedente, es aparentemente una artimaña, la cual muchos periodistas emplean habitualmente una y otra vez para evitar cualquier suspicacia, para que ellos o su organización sean creíbles. En gran parte esto ha estado pasando a la información extraordinariamente importante de Raël en los últimos treinta años, y el mundo de los medios de comunicación generalmente ha fallado hasta ahora al informar ampliamente a su público acerca de este importante suceso.

Sin embargo, hay algunas señales de que esto por fin ha comenzado a cambiar. Lo cual es para ser bien recibido. Desde mi punto de vista, considero que el contenido de este libro debe ser encabezado principal de primera plana, artículo importante de un boletín al cual nunca se le ha dado la importancia mundial que se merece. Poco a poco, conforme han pasado los años desde 1973, nuevos descubrimientos científicos han confirmado la veracidad de la asombrosa información proporcionada por Raël. Cuando se demuestre que el contenido de la información que es presentada en las siguientes páginas es completamente verdadera, estoy seguro que ésta será vista como la revelación más grande registrada en la historia de la humanidad.

Pero hasta ahora ha habido dos razones obvias por las que no se ha reconocido como tal:

La primera, no existen indiscutibles pruebas físicas para respaldar lo que Raël ha escrito. Y segunda, la naturaleza de lo que él dice es profundamente inquietante para las firmes creencias de los sistemas religiosos, científicos, académicos y de otras instituciones alrededor del mundo. Como individuos, también estamos inconscientemente influenciados por los convencionalismos de nuestra educación y por el limitado ambiente para promover el libre pensamiento en nuestro mundo conservador y por medio de los tímidos y convencionales medios de comunicación.

Todo esto no es sorprendente puesto que se requiere considerable esfuerzo de parte de los individuos que llegan a ser independientes y sin perjuicios, para superar tales influencias, es por estas razones que esta extraordinaria información sólo se ha filtrado lentamente alrededor del mundo sobre los pasados treinta y dos años, principalmente por los firmes, y no menos espectaculares esfuerzos del Movimiento Raeliano Internacional, el cual al momento de escribir esto, dice tener más de 65,000 miembros en alrededor de noventa países.

Por más de treinta años, Raël, con gentileza, paciencia y buen humor ha explicado su historia una y otra vez, seguramente miles de veces por radio, televisión y prensa en muchos de los países del mundo. Cuando se mofan o lo ridiculizan, él siempre se ha conducido con la misma tranquilidad, cortesía e inquebrantable confianza. Como a menudo está en vivo o grabando entrevistas en algún estudio en donde he estado presente como su editor comercial de lengua inglesa, y como un apoyo a su extraordinaria misión, nunca, ni una sola vez lo he visto perder la tranquilidad de un hombre, que sin duda alguna, sabe que está diciendo la verdad.

Sin embargo, por lo que a la presentación de pruebas se refiere, Raël cita a los Elohim diciendo que ellos están ocultando deliberadamente algunas evidencias físicas que apoyarían sus revelaciones, más allá del hecho de que con el tiempo sus naves espaciales aparecen cada vez con más frecuencia en nuestros cielos. Es muy importante, dicen ellos, que debemos considerar toda su información final sin pruebas; la lógica y la racionalidad de lo que ellos han revelado efectivamente contiene su propio sello de veracidad.

Ya sea que entendamos o no y aceptemos su información, sus enseñanzas filosóficas y discernimiento es una prueba, ellos dicen, de nuestra inteligencia y poder de percepción; y dependiendo de nuestras reacciones, ellos juzgarán si estamos suficientemente maduros para confiarnos sus conocimientos científicos y sociales, los cuales tienen 25,000 años de adelanto sobre los nuestros.

Ellos explican que para llegar abierta y oficialmente, no escogerán ningún país porque eso implicaría una violación a nuestro espacio aéreo planetario, a nivel nacional e internacional. Aterrizar en cualquier lugar significaría de manera implícita, la aprobación del gobierno y la filosofía de ese país en particular, y ellos no están de acuerdo con las de ninguna nación existente sobre la Tierra. Por lo tanto, necesitan una embajada diplomática, con toda clase de derechos de extraterritorialidad que goza al respecto, cualquier visitante diplomático en un país extranjero. Ya que su primera embajada sobre la Tierra fue el primer templo de Jerusalén, ellos han solicitado que su nueva y moderna embajada sea construida tan cerca como sea posible de la más antigua de todas las ciudades, en el corazón de Israel.

A pesar de la poca aceptación de Raël hasta la fecha, por los medios de comunicación, y de lo que él representa, el paso del tiempo ha comprobado lo que él ha escrito. En 1974-75, él fue el primero que dijo que todas las formas de vida sobre la Tierra habían sido creadas en laboratorios por los Elohim gracias a su maestría en el manejo del ADN, nuestros propios científicos genetistas aún estaban lejos y menos adelantados en su trabajo de lo que están ahora. En febrero de 1997, casi un cuarto de siglo después del primer encuentro de Raël con su visitante del espacio, ahí se dio la noticia de un histórico rompimiento global en el campo de la biología hecho en Edimburgo, Escocia, revelando que embriólogos británicos habían logrado clonar con éxito una oveja a la que llamaron Dolly.

Raël había dicho entonces que la clonación humana llegaría a ser posible en menos de dos años, para lo cual emitió un comunicado de prensa diciendo "todo esto demuestra que la tecnología que era considerada imposible en el momento de mis revelaciones, ahora es perfectamente posible"

La predicción de que sería posible clonar un ser humano en dos años no sucedió, sin embargo Raël fundó una nueva compañía llamada Clonaid convirtiéndose ese mismo año, en la primera empresa comercial en el mundo en ofrecer servicios de clonación al público; y en diciembre de 2002, cinco años después del nacimiento de Dolly, La Dra. Brigitte Boisselier, Presidente de Clonaid anunció en una concurrida conferencia de prensa en Miami, que la compañía había conseguido el nacimiento del primer clon humano, una niña llamada Eva. La Dra. Boisselier más tarde anunció que Clonaid había logrado otros nacimientos por clonación en varios países alrededor del mundo. Complicaciones legales detuvieron los planes de Clonaid para presentar inmediatamente las pruebas médicas y científicas de esos nacimientos por clonación al mundo, y esa posición permaneció hasta el otoño de 2005 cuando éste libro fue publicado. La Dra. Boisselier explicó públicamente que los deseos de Clonaid eran los de proteger la privacidad y seguridad de los niños clonados y de sus Padres, que eran los principales afectados, pero que las pruebas están en los archivos de Clonaid, mismos que serán publicados en el momento adecuado.

Mientras tanto, nuevos avances y descubrimientos sobre clonación, ADN y células madre continúan apareciendo regularmente en los periódicos, mismos que contribuyen a apoyar lo que Raël ha estado escribiendo y diciendo en los últimos treinta años. Como notable ejemplo, científicos japoneses anunciaron que sus investigaciones indican que el gen común de todas las razas sobre la Tierra, tiene su origen en una sorprendente pequeña base común que data aproximadamente de hace 13,000 años. Esta fecha coincide con lo que Raël ha escrito con asombrosa precisión desde que los Elohim le habían dicho que ellos iniciaron su trabajo aquí hace 25,000 años y que habían transcurrido aproximadamente 12,000 años en los que habían preparado al planeta, creando la ecología, la vida marina, las aves y los mamíferos de tierra, antes de embarcarse finalmente en la creación de seres humanos "a su propia imagen".

Raël dice que los líderes de los Elohim han vivido durante estos 25,000 años, a lo largo de los cuales han aprendido a recrear genéticamente el cuerpo humano con su memoria y su personalidad intacta. Pronto –ellos afirman- nosotros podremos incrementar nuestro promedio de vida por un lapso de alrededor de 1,000 años, será nuestra manera de emularlos a ellos. Raël también dice que ellos monitorean los actos y pensamientos de cada individuo en la Tierra a través de una computadora, y que pueden recrear a cada uno de nosotros en el momento de la muerte mediante la extracción, a distancia, de una célula de nuestro cuerpo. Raël informa que alrededor de 8,000 humanos terrestres han sido recreados en el planeta a donde fue llevado en 1975.

Un descubrimiento reciente y de gran significado en el campo académico, fuera de las investigaciones y de la práctica científica de laboratorio, provee un nuevo apoyo al Mensaje de Raël. El 4 de agosto de 2004 fue dada a conocer discretamente al mundo, la teoría del diseño inteligente, el más grande desafío a la teoría de la evolución de Darwin. Esta nueva teoría dice hipotéticamente, que las nuevas formas de vida no pueden haberse dado por cambios y fue presentada formalmente por el Dr. Stephen C. Meyer, Director del Instituto Discovery del Centro para la Ciencia y la Cultura, en un artículo publicado en el periódico de biología del Museo Nacional de Historia Natural del Instituto Smithsoniano en Washington D.C.

El periódico 'Procedimientos de la Sociedad Biológica de Washington' (volumen 117, No 2, pág. 213-239) contiene un artículo intitulado 'El origen de la información biológica y las categorías taxonómicas más altas', en el cual el Dr. Mayer argumenta que la teoría de la evolución no cuenta con la información necesaria para construir nuevas formas de seres vivos. Para lo cual él propone el "diseño inteligente" como una explicación alternativa. Este artículo representa un rompimiento histórico para aquellos quienes, por largo tiempo, habían cuestionado la improbable teoría de Darwin, misma que había sido publicada en todos los diarios académicos y que había sido usada como referencia por científicos que fueron obligados a mencionarla para explicar sus descubrimientos.

Comentando sobre este desarrollo en el tiempo, la Dra. Boisselier declaró que aquellos quienes apoyaron a Raël a lo largo del mundo, se regocijaban con este evento en el cual los biólogos daban a conocer que los organismos vivientes no son el resultado de mutaciones al azar, sino más bien creaciones sofisticadas en las cuales cada detalle ha sido pensado y tiene una razón de ser. "la biología irá tan rápido" dijo, "una vez que los biólogos dejen su ceguera por la teoría de la evolución. Estoy segura que dentro de diez años los científicos mirarán hacia atrás y se preguntarán por qué aceptaron esta teoría por tanto tiempo".

Este evento académico culminante proporcionó el nuevo término conceptual "Diseño Inteligente" a la conciencia pública, y abrió una nueva era de debates acerca de la teoría de la evolución y de nuestros orígenes. Rápidamente ha llegado a ser conocido como ID "Intelligent Design" (por sus iniciales en Inglés). El cual ha comenzado a ser objeto de estudio y desarrollo en algunas universidades respetadas. Hasta el presidente George W. Bush quien no es muy reconocido por su intervención en debates puramente intelectuales, ha declarado que el "diseño inteligente" es probablemente una explicación a la teoría de la evolución.

¿Significa esto que el presidente Bush ha dado el primer paso en su camino para convertirse en Raeliano? Tal vez, tal vez no. Lo que sea que la verdad demuestre ser, éste es otro ejemplo de cómo se corrobora fuerte y gradualmente la historia de Raël. De hecho, podríamos especular que la esencia misma del "Diseño Inteligente" de los Elohim, es que están despertando al mundo que ellos crearon hacia una verdad incuestionable, muy despacio, puesto que el ser sacudido de repente e instantáneamente para despabilarse de un profundo sueño, es siempre muy desagradable y a veces perjudicial.

Sin embargo, es por todas estas razones que se le dio el título de *'Diseño Inteligente - El Mensaje de los Diseñadores'* a la nueva edición de los libros de Raël. Autor de una nueva y notable posdata para este libro. Raël desarrolla este tema y lo lleva a un nuevo nivel. Afirmando que la única explicación de los orígenes de la vida en la Tierra, es la Raeliana; y efectivamente ofrece una tercera opción entre Darwin y el Génesis, la cual puede describirse mejor como Diseño Inteligente Ateo, y se refiere a la creación científica de la vida en la Tierra realizada por una avanzada civilización humana, y únicamente este tercer camino se puede reproducir en laboratorio.

Habiendo dicho todo esto, debo enfatizar que un breve resumen no puede hacer justicia a la gran importancia de este libro en su totalidad. Para alcanzar el completo significado de todas sus extraordinarias aserciones, requiere que una alta consideración se preste a todos y cada uno de sus conceptos en su contexto. Sin embargo, al escribir este prefacio confío que otros lo lean, y sería alentador que dieran a todo el libro una cuidadosa lectura. Si todo es verdad y yo estoy seguro de que todo ha sido honesta y sinceramente bien informado, entonces nada en el mundo podría ser más importante.

El mundo de la investigación de ovnis está lleno de increíbles y a menudo contradictorios testimonios que sostienen que existe vida más allá de nuestro planeta, virtualmente todos ellos improbables. Lo que Raël ha escrito no reconcilia todos estos conflictos en un instante -nada podría hacerlo-. Fuera de las afirmaciones inquietantes y de las todavía inexplicables experiencias del fenómeno de abducción, las cuales han sido reportadas por todo el mundo, otras personas han insistido a lo largo de los pasados 40 o 50 años que han tenido amistosos contactos personales con visitantes extraterrestres en nuestro planeta, la lista de 'contactados' contiene algunos que son un fraude y otros que parecen ser verdaderos. Pero ninguno de ellos, ni remotamente, se acerca a lo que Raël menciona en la información proporcionada. Además está seguro de que sólo a él, le han sido confiados estos Mensajes para transmitirlos.

Sólo trece años después de que se escribieron estos libros, fue que los leí por primera vez. Fue mediante una copia que contenía los dos primeros libros, proporcionada por un ejecutivo de negocios francés a quien había conocido en una conferencia. Comencé a leerlos después de meterme a la cama una noche - y los cuales terminé durante el transcurso de la misma-. Nunca me dio sueño ni durante todo el día siguiente.

Me sentí embargado casi inmediatamente por un sentimiento de asombro, por la buena fortuna que tuve de tropezar con la verdad más grande, y ese sentimiento no me ha dejado desde entonces.

Pasado ese tiempo y después de reflexionar y meditar cuidadosamente sobre la enorme implicación de este libro. Todavía creo firmemente, que tiene todo el potencial y es lo más adecuado para llevarnos a una transformación de sí mismos y de nuestro mundo, más allá de todas las expectativas presentes. En un nivel puramente práctico. Si los líderes de las naciones pudieran tomar este libro con toda la importancia que se merece, y se atrevieran a pensar en nuestro mundo a pesar de los muchos problemas aparentemente indescifrables como "país en desarrollo" -en comparación-, y sabiendo que la ayuda y la asistencia ilimitada que nos ofrece una generosa, avanzada y súper poderosa civilización que vive más allá de nuestro planeta, está disponible, entonces podríamos trabajar juntos hacia un histórico encuentro con los representantes de los Elohim en la primera embajada extraterrestre en el mundo, cerca de Jerusalén, lo cual podría ser visto como una valiosa y sensible meta internacional.

Igualmente importante, y que creo es una de las revelaciones fundamentales de este libro, es la que se refiere a la naturaleza de la cual formamos parte. Las cosas infinitamente pequeñas -los Elohim dicen- tienen exactamente la misma estructura que las cosas infinitamente grandes, lo cual ellos han comprobado científicamente como se lo aseguraron a Raël. Esto parece increíble, porque nuestra propia ciencia aún no lo puede concebir, además mencionan que los átomos y las partículas en las células de nuestro cuerpo, contienen diminutos sistemas planetarios y galaxias con complejas formas de vida inteligente iguales a nosotros, los cuales son parecidos a nuestro propio Universo.

En las pequeñas partículas de un átomo de algún inmenso ser vivo, existen planetas, sistemas solares, galaxias y universos similares a los nuestros; y toda la materia en sus diferentes niveles se refleja así misma de esta manera. Además, ellos dicen, que la materia y el tiempo no tienen principio ni fin, y que todo es cíclico.

La estrella de David, formada por dos triángulos entrelazados simbolizan estas verdades fundamentales —cuyo significado es explicado en las ilustraciones de la sección de fotografías incluidas en este libro- este emblema estaba en la primera nave espacial que vio Raël aterrizar en Francia. Durante su segundo encuentro, Raël fue instruido en diversas técnicas de meditación, que desde entonces ha transmitido asiduamente en los seminarios que se celebran cada año a través de los cinco continentes. Llamada 'Meditación Sensual' o 'Meditación para los sentidos' esta técnica ha sido diseñada para despertar completamente la mente y el cuerpo de cada individuo a su más alta potencialidad.

Los beneficios indudables de cualquier clase de meditación, se han ido reconociendo cada vez más por médicos profesionales, pero específicamente las técnicas enseñadas por Raël, ayudan a los individuos a sentir una gran sensación de armonía con la naturaleza infinita de todas las cosas, y consecuentemente con cada uno de nosotros. Con la meditación se estimulan reacciones químicas de gran beneficio dentro de nuestro cuerpo, además se incrementa la tranquilidad interior, así como la salud física y mental. En resumen, lo que hace único a estas enseñanzas es que combina el aspecto espiritual con el aspecto científico, dentro del sentido común, prometiendo una transformación de la sociedad que comenzaría con el cambio real de cada individuo.

En mi opinión, -y por las muchas razones que se resumen aquí- la publicación del *Diseño Inteligente - El Mensaje de los Diseñadores,* marca el final de una larga era de incomprensión e ignorancia acerca de nosotros mismos y de los propósitos de nuestra existencia. No creo que su importancia pueda exagerarse, ya que éste es simplemente el libro más importante publicado en cualquier parte del mundo en los últimos dos mil años. Si recibe la atención que merece, creo que podría anunciar y conducirnos a una época de cambio e iluminación mundial sin precedentes.

Otoño 2005
Norwich, Inglaterra

Anthony Grey es un antiguo corresponsal extranjero de Reuters en el Este de Europa y China – donde fue retenido como rehén por dos años durante la Revolución Cultural – y es autor del best seller internacional Saigón, Pekín y la Bahía de Tokio. (www.anthonygrey.co.uk)

LIBRO UNO

EL LIBRO QUE DICE LA VERDAD

1

EL ENCUENTRO

Desde los nueve años de edad no he tenido sino una pasión: el deporte del automovilismo, y si hace ya tres años fundé una revista especializada en esta rama, fue para vivir en este medio tan lleno de emociones donde el hombre trata de superarse a sí mismo dejando atrás a los demás. Desde mi más tierna infancia soñaba con que algún día llegaría a ser piloto de carreras, y me veía siguiendo las huellas de Fangio. Gracias a las relaciones que me había procurado la revista que fundé, pude llegar a competir y siempre en una forma bastante brillante, en la actualidad hay una decena de trofeos que adornan mi departamento como resultado de aquellas competencias.

Si esa mañana del 13 de diciembre de 1973 me dirigía hacia los volcanes que dominan la región de Clermont-Ferrand, en el sur de Francia, era más bien para oxigenarme un poco que para practicar el automovilismo. Y además, las piernas me hormigueaban después de un año de estar en las carreras, de circuito en circuito, viviendo casi todo el tiempo sobre cuatro ruedas.

El aire era fresco y el cielo estaba más bien grisáceo con un fondo de bruma. Paseaba haciendo un poco de ejercicio. Había abandonado la carretera donde dejé estacionado mi automóvil, con la intención de llegar hasta el centro del cráter de la «Puy-de-Lassolas», sitio al que durante el verano iba con frecuencia de día de campo con la familia.

Qué lugar tan magnífico y emocionante. Pensar que hace varios miles de años, ahí donde mis pies tocaban el suelo, la lava brotaba a temperaturas increíblemente elevadas y entre las escorias, todavía se pueden encontrar burbujas volcánicas sumamente decorativas. La vegetación desmedrada recuerda un poco a la provincia francesa, pero sin el sol.

Yo iba a marcharme y contemplaba por última vez la cima de la montaña circular formada por el amontonamiento de los desechos volcánicos. Recordé cuántas veces me había deslizado como con esquíes a lo largo de esas pendientes abruptas. De pronto, en medio de la bruma percibí una luz roja que parpadeaba, después, una especie de helicóptero que descendía en dirección a mí. Sin embargo, un helicóptero hace ruido, y bien, yo no escuchaba absolutamente nada, ni siquiera el menor silbido. ¿Un globo tal vez?

La máquina se encontraba ahora a unos veinte metros de altura, y me di cuenta de que tenía una forma aplanada.

¡Un platillo volador!

Desde hacía mucho tiempo creía firmemente en ellos, pero no esperaba algún día ver uno yo mismo. Tenía siete metros de diámetro aproximadamente, plano en la parte inferior y cónico en la parte superior, y una altura de dos metros y medio más o menos. En su base parpadeaba una violenta luz roja, y en el vértice, una luz blanca intermitente recordaba el flash de una cámara fotográfica. Esta luz blanca era tan intensa que no podía mirarla sin entornar los ojos.

La máquina continuó su descenso sin un solo sonido, inmovilizándose a dos metros del suelo. Me quedé petrificado, absolutamente inmóvil. No experimentaba ningún temor, sino una gran alegría por vivir un momento así; lamentaba amargamente no tener una cámara fotográfica conmigo.

Entonces se produjo lo increíble: se abrió una trampa en la parte inferior del aparato y una especie de escalera se desplegó hasta el suelo. Comprendí que alguien estaba a punto de salir, y me preguntaba qué aspecto tendría.

Aparecieron dos pies, después dos piernas, lo cual me tranquilizó un poco, ya que aparentemente tendría que vérmelas con un hombre. Lo que en un principio tomé por un niño, finalmente apareció por completo y descendió la escalera dirigiéndose directamente hacia mí.

Entonces vi que no se trataba de un niño a pesar de su estatura que se aproximaba al metro veinte. Tenía los ojos ligeramente alargados, el cabello negro y largo, y una pequeña barba también negra. Se detuvo a unos diez metros de mí; yo había permanecido inmóvil.

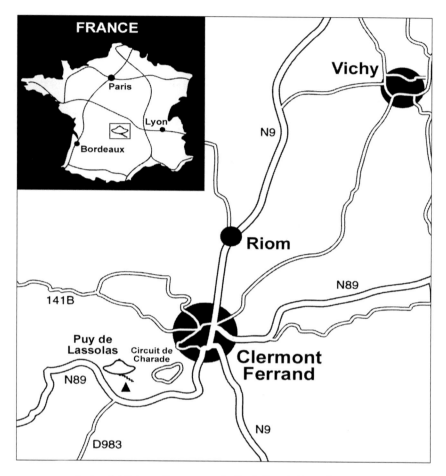

Lugar del Primer Encuentro de Rael: Puy de Lassolas, cerca
de Clermont-Ferrand, Diciembre 13, 1973.

El hombrecillo llevaba puesto un traje de color verde confeccionado
de una sola pieza que cubría todo su cuerpo, y si bien su cabeza daba
la impresión de estar al aire libre, parecía que un extraño halo la
rodeaba. No un verdadero halo, sino como si el aire que rodeaba su
rostro brillara ligeramente, vibrando. Eso daba la impresión de una
escafandra invisible, de una burbuja tan delgada que apenas podía
percibirse. Su piel era blanca, pero tirando ligeramente al verde, un
tanto parecida a la de un hombre enfermo del hígado.

Me sonrió ligeramente, y yo pensé que lo mejor era corresponder a su sonrisa. No me sentía muy tranquilo; le sonreí también inclinando ligeramente la cabeza en señal de saludo. El me respondió con la misma señal. Pensando que era necesario averiguar si podía comprenderme, le pregunté: "¿De dónde viene?"

Me respondió con una voz potente, muy bien articulada, pero ligeramente gangosa: "De muy lejos..."

"*¿Habla usted Francés?*"

"Hablo todos los idiomas del mundo".

"*¿Viene de otro planeta?*"

"Sí"

Al tiempo que hablaba, se había aproximado hasta encontrarse a unos dos metros de mí.

"*¿Es la primera vez que viene a la Tierra?*

"¡Oh, no!"

"*¿Ha venido a menudo?*"

"Muy a menudo... es lo menos que puedo decir".

"*¿A qué ha venido?*"

"Hoy, a hablar con usted."

"*¿Conmigo?*"

"Sí, con usted, Claude Vorilhon, editor de una pequeña revista del deporte automovilístico, casado y Padre de dos hijos.

"*¿Cómo sabe todo eso?*"

"Lo hemos estado observando desde hace mucho tiempo."

"*¿Por qué a mí?*"

"Justamente eso es lo que quiero decirle. ¿Porqué vino hoy hasta aquí, en esta mañana tan fría de invierno?"

"*No lo sé ... ganas de caminar un poco al aire libre.*"

"¿Viene aquí con frecuencia?"

"*Durante el verano, sí; pero en esta época, prácticamente nunca.*"

"Entonces, ¿por qué vino hoy? ¿Hace mucho tiempo había planeado este paseo?"

"*No, no lo sé. Esta mañana al despertarme, súbitamente tuve el deseo de venir aquí.*"

"Usted vino hasta aquí porque yo deseaba verlo. -¿Cree en la telepatía?"

"Sí, por supuesto. Es un tema que siempre me ha interesado, al igual que todo lo concerniente a los llamados «platillos voladores». Jamás hubiera pensado que yo mismo llegaría a ver uno de ellos.

"Bien, hice uso de la telepatía para hacerle venir hasta aquí. Tengo muchas cosas que decirle. ¿Ha leído la Biblia?"

"Sí ¿Porqué me lo pregunta?"

"¿La leyó hace mucho tiempo?"

"No, hace solamente unos días que la compré."

"¿Porqué?"

"No lo sé, de pronto sentí el deseo de leerla."

"Una vez más, por medio de la telepatía logré que usted la adquiriera. Tengo muchas cosas que decirle y lo he escogido para una misión difícil. Venga a mi aparato. Ahí estaremos mejor para charlar un poco."

Le seguí y subí por la escalerilla situada en la parte inferior de la máquina. Al verla más de cerca, se parecía un poco a una campana cuya parte inferior estuviese plana y abombada. En el interior había dos sillones uno frente al otro, y la temperatura era benigna, sin que la puerta estuviese cerrada.

No había ninguna lámpara, sino una luz natural procedente un poco de todas partes. A bordo no había ningún instrumento que recordara la cabina de un piloto. El piso era de una aleación resplandeciente de color un poco azulado. Una vez sentado en el sillón más grande, hecho de un material (un poco) transparente, incoloro y sumamente cómodo, el hombrecillo tomó asiento frente a mí en un asiento parecido, pero más pequeño y más alto, a fin de que su rostro estuviese al mismo nivel que el mío.

Entonces tocó una parte del muro y todo el aparato se volvió transparente, salvo la base y su vértice. Parecíamos estar al aire libre, pero rodeados por un calor suave. Me propuso que me quitara el abrigo, lo que hice, y comenzó a hablar.

"Se arrepiente de no haber traído consigo una cámara fotográfica, con objeto de contar nuestra entrevista a todos los hombres, con pruebas que lo apoyen?"

"Por supuesto..."

"Escúcheme con atención. Les contará todo acerca de este encuentro, pero diciéndoles la verdad sobre lo que son ustedes y sobre lo que somos nosotros. De acuerdo con sus reacciones, veremos si es posible mostramos ante ustedes con toda libertad y oficialmente. Espere a saberlo todo antes de hablar con ellos a fin de que pueda defenderse acertadamente contra todos aquellos que no le crean, y de que pueda ofrecerles algunas pruebas incontestables. Escribirá todo lo que voy a decirle, y publicará un libro reagrupando esos escritos."

"*¿Por qué me escogió a mí?*"

"Por muchas razones. En primer lugar, teníamos necesidad de alguien que se encontrase en un país donde sean bien recibidas las nuevas ideas, y donde sea posible expresarlas. Francia es el país donde nació la democracia, y su imagen por toda la Tierra es la del país de la libertad. También necesitábamos a alguien inteligente y abierto a todo. Por último y sobre todo, era preciso encontrar a alguien que fuese librepensador, sin ser antirreligioso. Siendo hijo de Padre judío y madre católica, sucede que usted era el lazo de unión ideal entre dos pueblos muy importantes en la historia de la humanidad. Por otra parte, como sus actividades no lo predisponen para nada a estas revelaciones increíbles para la mayoría, esto hará que sus relatos sean más creíbles. Como no es un científico, no complicará las cosas y podrá explicarlas con toda sencillez. Al no ser un literato, no hará frases complicadas y difíciles de leer para la gran mayoría. En fin, decidimos escoger a alguien nacido después de la primera explosión atómica que tuvo lugar en 1945, y usted nació en 1946. Hemos venido observándolo desde su nacimiento, y aún antes; he aquí por qué lo hemos escogido. ¿Tiene otras preguntas que hacerme?"

"*¿De dónde viene?*"

"De un planeta lejano del cual no le hablaré por temor a que si los hombres de la Tierra no son prudentes, lleguen a perturbar nuestra tranquilidad."

"*¿Se encuentra muy lejos?*"

"Mucho; cuando le diga la distancia comprenderá que ustedes no pueden llegar hasta allá a pesar de todos sus conocimientos técnicos y científicos actuales."

"*¿Cómo se llaman?*"

"Somos hombres como ustedes, y habitamos en un planeta muy semejante a la Tierra."

"*¿Cuánto tiempo necesitan para llegar a la Tierra?*"

"El tiempo de pensarlo."

"*¿Para qué han venido a la Tierra?*"

"Para observar en qué punto de desarrollo se encuentra la humanidad. Los seres humanos de la Tierra son el porvenir; nosotros somos el pasado."

"*¿Son ustedes muy numerosos?*"

"Más numerosos que ustedes."

"*Me agradaría ir a su planeta, ¿podría hacerlo?*"

"No. En primer lugar, no podría vivir. La atmósfera es muy diferente de la de ustedes y además, usted no está adiestrado para soportar el viaje."

"*¿Por qué encontrarnos aquí?*"

"Porque el cráter de un volcán es un sitio ideal para estar al abrigo de las miradas inoportunas. Ahora voy a partir. Vuelva mañana con la Biblia, a la misma hora, y traiga consigo material para tomar notas. No traiga ningún objeto metálico, y no hable a nadie de nuestra entrevista, de lo contrario no volveremos a vernos."

Me hizo descender por la escalerilla y devolviéndome mi abrigo, me tendió la mano para despedirse. La escalerilla se replegó, la trampa se cerró sin el menor ruido y siempre así, sin un solo murmullo, ni el menor silbido, el aparato se elevó suavemente hasta unos cuatrocientos metros aproximadamente y después desapareció entre la bruma.

2

La Verdad

El Génesis

Al día siguiente acudí a la cita con un cuaderno, una pluma y la Biblia. La máquina reapareció a la hora acordada y volví a encontrarme frente al mismo hombrecillo, quien me invitó a entrar y tomar asiento en el cómodo sillón.

Yo no le había hablado de esto a nadie, ni siquiera a mis familiares más cercanos, y él se sintió muy complacido al enterarse de que había sido discreto. Me invitó a tomar algunas notas, y comenzó a hablar.

"Hace mucho tiempo en nuestro planeta lejano, nosotros habíamos alcanzado un nivel técnico y científico comparable al que ustedes tendrán muy pronto. Nuestros científicos empezaron a crear algunas formas de vida, primitivas y embrionarias, células vivientes en probetas. Esto entusiasmo a todo el mundo.

Los científicos perfeccionaron sus técnicas y comenzaron a crear pequeños animales extravagantes. El gobierno de nuestro planeta, presionado por la opinión pública quienes temían que fueran a crear monstruos que podían volverse peligrosos para la comunidad, prohibió a todos esos sabios que siguiesen adelante con sus experimentos. De hecho uno de esos animales se había escapado, causando varias víctimas.

Como también la exploración interplanetaria e intergaláctica había hecho grandes progresos, decidieron salir a buscar un planeta lejano que reuniese más o menos todas las condiciones para seguir adelante con sus experimentos. Escogieron la Tierra donde ustedes habitan.

Aquí voy a pedirle que tome la Biblia, donde podrá encontrar rastros de la verdad, que por supuesto fueron un poco deformados por los copistas quienes desde un punto de vista tecnológico, no eran capaces de concebir tales cosas y no podían explicarlas sin atribuir lo que estaban describiendo, a lo místico y lo sobrenatural.

Solamente tienen importancia las partes de la Biblia que voy a traducirle; las demás, no son sino charlatanería poética y no voy a hablarle de ellas. De cualquier manera, debe reconocer que gracias a la ley que decía que era necesario copiar la Biblia sin cambiar nada, ni siquiera el menor signo, se ha conservado su sentido profundo al paso de los siglos, aún si el texto está saturado de frases místicas e inútiles.

Vamos a tomar en primer lugar el Génesis, en el primer capítulo:

En el principio creó Elohim[1] los cielos y la Tierra. *Génesis 1: 1*

Elohim, injustamente traducido en ciertas Biblias como Dios, en Hebreo quiere decir «aquellos que vinieron del cielo», y además, decididamente la palabra esta en plural. Esto quiere decir que los científicos que salieron de nuestro mundo buscaron primero un planeta que les pareció más adecuado para la realización de sus proyectos. «Crearon», en realidad, descubrieron la Tierra y se dieron cuenta de que reunía todos los elementos necesarios para la creación de vida artificial, aún si su atmósfera no era absolutamente idéntica a la suya.

Y el espíritu de Elohim se movía sobre el haz de las aguas.
Génesis 1: 2

Efectuaron algunos viajes de reconocimiento, y alrededor de la Tierra se dispusieron lo que ustedes podrían llamar satélites artificiales, con objeto de estudiar su constitución y su atmósfera. En aquel entonces, la Tierra estaba totalmente cubierta por las aguas y brumas densas.

Y vio Elohim que la luz era buena. *Génesis 1: 4*

Para crear la vida sobre la Tierra, era muy importante saber si el Sol no enviaba rayos nocivos sobre su superficie, lo cual se estudió. Quedó demostrado que el Sol calentaba la Tierra en forma adecuada, sin enviarle rayos nocivos. La «luz estaba bien».

> Llamó Elohim a la luz «día», y a las tinieblas llamó «noche». Y fue la tarde y la mañana un día. *Génesis 1: 5*

Esos estudios tomaron mucho tiempo. El «día» corresponde al periodo durante el cual su sol se levanta bajo el mismo signo el día del equinoccio de primavera, es decir, dos mil años terrestres aproximadamente.

> E hizo Elohim el firmamento. Separó las aguas que están debajo del firmamento de las aguas que están encima del firmamento.
> *Génesis 1: 7*

Después de haber estudiado las radiaciones cósmicas por encima de las nubes, descendieron por debajo de ellas, pero permaneciendo por encima de las aguas del océano. "Entre las aguas que están encima del firmamento", las nubes, y "las aguas que están debajo del firmamento", o sea el océano que cubría toda la Tierra.

> Reúnanse las aguas que están debajo del cielo en un solo lugar, de modo que aparezca la parte seca. *Génesis 1: 9*

Después de haber estudiado la superficie de los océanos, también lo hicieron con el fondo de las aguas y se dieron cuenta de que no era demasiado profundo y más o menos igual por doquier. Entonces, gracias a explosiones muy poderosas que hicieron un trabajo parecido al de las máquinas niveladoras, de tal manera que la materia se alzó del fondo de los mares, reuniéndose en un mismo sitio, lo que formó un continente. En los orígenes no había sino un continente sobre la Tierra, y sus científicos actualmente acaban de enterarse de que todos los continentes que se derivaron de él, encajan perfectamente para no formar sino uno solo.

Produzca la tierra hierba, plantas que den semilla y árboles frutales que den fruto, según su especie, cuya semilla esté en él, sobre la Tierra. *Génesis 1: 11*

Entonces, sobre ese laboratorio magnífico y gigantesco crearon células vegetales, partiendo de nada que no fuesen productos químicos, lo cual dio plantas de todas clases. Todos sus esfuerzos iban encaminados a la reproducción; era necesario que las pocas briznas de hierba que hacían nacer, pudieran reproducirse.

Los científicos se dispersaron sobre este inmenso continente formando diversos grupos de investigación científica y cada uno de ellos creaba plantas diferentes, según el clima y su inspiración. Se reunían a intervalos regulares con objeto de comparar sus investigaciones y sus creaciones. A lo lejos, su planeta seguía con asombro y pasión su trabajo. Los artistas más brillantes vinieron a reunirse con los científicos, a fin de dar a ciertas plantas un fin puramente decorativo y agradable, ya fuera por su aspecto, o bien por su aroma.

Haya lumbreras en la bóveda del cielo para distinguir el día de la noche, para servir de señales para las estaciones y para los días y los años. *Génesis 1: 14*

Mediante la observación de las estrellas y del sol pudieron medir la duración de los días, los meses y los años sobre la Tierra, lo cual les serviría para regular su vida sobre este nuevo planeta tan diferente del suyo, y donde los días y los años no tienen la misma duración. Algunos estudios astronómicos les permitieron situarse perfectamente y conocer mejor la Tierra.

Produzcan las aguas innumerables seres vivientes, y haya aves que vuelen sobre la Tierra, en la bóveda del cielo. *Génesis 1:20*

En seguida crearon los primeros animales acuáticos; desde el plancton, los pececillos, hasta los peces más grandes. Con objeto de que todo ese pequeño mundo estuviese equilibrado y no llegase a morir, crearon algas de las cuales se alimentaban los pececillos, peces grandes para comerse a los más pequeños, etcétera.

A fin de establecer un equilibrio natural, y que una especie no destruyera completamente a otra de la cual necesita para sobrevivir. En cierta forma, es lo que ustedes ahora llaman ecología. Todo eso se logró con éxito. Los científicos y los artistas se reunían a menudo, organizando concursos para designar al equipo de sabios que hubiese creado al animal más bello, o al más interesante.

Después de los peces, crearon las aves; hay que decirlo, presionados por los artistas que por otra parte, se dieron gusto esparciendo los colores más extravagantes y las formas más sorprendentes en animales que en ocasiones tenían dificultades para volar, debido a sus plumas decorativas, pero estorbosas. Los concursos llegaron todavía más lejos; después de las formas, modificaron el comportamiento de esos animales, particularmente las hermosas danzas de sus rituales de apareamiento (con motivo de los preparativos para el apareamiento, a fin de que efectuaran danzas matrimoniales cada vez más admirables).

Pero otros equipos de sabios crearon animales espantosos, monstruos que daban la razón a todos aquellos que se habían opuesto a que realizaran sus experimentos en su propio planeta. Dragones, o lo que ustedes bautizaron con el nombre de dinosaurios, brontosaurios, etcétera.

> Produzca la Tierra seres vivientes según su especie: ganado, reptiles y animales de la tierra, según su especie. *Génesis 1: 24*

Después de los organismos marinos y las aves, crearon los animales terrestres sobre una Tierra cuya vegetación, para ese entonces, se había convertido en algo magnífico; ahí había suficiente alimento para los herbívoros, que fueron los primeros animales terrestres que se crearon. Después crearon a los carnívoros para equilibrar la población de herbívoros; en este caso también era necesario que las especies se equilibraran por sí mismas. Esos hombres que hicieron todo esto venían del planeta de donde yo he venido. Soy uno de aquellos que crearon la vida sobre la Tierra.

Fue entonces cuando los más hábiles de entre nosotros desearon crear artificialmente a un hombre como nosotros. Cada equipo puso manos a la obra, y pronto pudimos comparar nuestras creaciones. Pero el planeta de dónde veníamos se escandalizó por el hecho de que estábamos haciendo «niños de probeta», los cuales por otra parte, presentaban el riesgo de ir a sembrar el pánico entre ellos. Temiendo que esos hombres llegaran a ser un peligro para ellos si sus capacidades o sus poderes demostraban ser superiores a los de sus creadores, nos vimos obligados a comprometernos a que los dejaríamos vivir en una forma primitiva, sin revelarles ningún aspecto científico, mistificando nuestros actos. Es fácil conocer el número de creadores; cada raza humana corresponde a un equipo de creadores.

> Hagamos al hombre a nuestra imagen, conforme a nuestra semejanza, y tenga dominio sobre los peces del mar, las aves del cielo, el ganado, y en toda la Tierra, y sobre todo animal que se desplaza sobre la tierra. *Génesis 1: 26*

!A nuestra imagen! y como usted puede confirmar, el parecido es sorprendente. Ahí fue donde empezaron los problemas para nosotros. El equipo que se encontraba en el país que hoy en día ustedes llaman Israel, y que en aquel entonces no se encontraba muy alejado de Grecia y Turquía sobre el continente único, era uno de los más brillantes, si no es que el más brillante.

Sus animales eran los más bellos y sus plantas las más aromáticas. Era lo que ustedes llaman el paraíso terrenal. Y el hombre que fue creado en ese lugar era el más inteligente. Así que se vieron obligados a tomar algunas medidas con objeto de que el creado no sobrepasara al creador. Era necesario confinarlo en la ignorancia de los grandes secretos científicos, al mismo tiempo que se le educaba a fin de poder medir su inteligencia.

Puedes comer de todos los árboles del jardín; pero del árbol del conocimiento del bien y del mal[2] no comerás, porque el día que comas de él, ciertamente morirás. *Génesis 2: 16:17*

Lo que significa: puedes aprender cuanto quieras, leer todos los libros que tenemos aquí a tu disposición, pero no te acerques a los libros científicos, de lo contrario morirás.

Elohim pues, formó de la tierra todos los animales del campo y todas las aves del cielo, y los trajo al hombre para ver cómo los llamaría. *Génesis 2:19*

Era necesario que conociese bien las plantas y los animales que lo rodeaban, su forma de vida y los medios de procurarse su alimentación gracias a ellos. Los creadores le enseñaron el nombre y los poderes de todo lo que vivía a su alrededor: la botánica y la zoología, ya que eso no era peligroso para ellos. Imagínese la alegría de ese equipo de sabios que tenía dos niños, hombre y mujer, que corrían a su alrededor y a quienes enseñaban toda clase de cosas de las que estaban ávidos.

La serpiente... dijo a la mujer... mas del fruto del árbol que está en medio del jardín... no comáis de él, ... no sea que muráis. Es que Elohim sabe que el día en que comáis de él, vuestros ojos serán abiertos y seréis como Elohim. *Génesis 3: 1,5*

Algunos científicos de este equipo, que amaban profundamente a sus hombrecitos, a sus «criaturas», deseaban darles una instrucción completa y convertirlos en sabios como ellos. Dijeron a esos jóvenes, que eran casi adultos, que podían hacer algunos estudios científicos y que serían tan poderosos como sus creadores.

Y fueron abiertos los ojos de ambos, y se dieron cuenta de que estaban desnudos. *Génesis 3:7*

Entonces comprendieron que ellos también podían convertirse en creadores y sintieron rencor hacia sus Padres por haberles prohibido acercarse a los libros científicos, considerándolos así como peligrosos animales de laboratorio.

> Entonces Yahvé Elohim dijo a la serpiente: por haber hecho esto, serás maldita... te arrastrarás sobre tu vientre, y comerás polvo todos los días de tu vida. *Génesis 3:14*

La «serpiente», ese pequeño grupo de creadores que había querido enseñar la verdad a Adán y Eva, fue condenado por el gobierno del planeta original a vivir exiliados en la Tierra, en tanto que los demás creadores deberían interrumpir sus experimentos y abandonar la Tierra.

> Yahvé Elohim hizo vestidos de piel para Adán y para su mujer, y los vistió. *Génesis 3:21*

Los creadores les proporcionaron algunos medios rudimentarios para que pudiesen sobrevivir, y con los cuales saliesen adelante solos sin tener contacto con ellos. Aquí la Biblia ha conservado una frase casi intacta del documento original.

> He aquí que el hombre ha llegado a ser como uno de nosotros, conociendo el bien y el mal. Ahora pues, que no extienda su mano, tome también del árbol de la vida, y coma y viva para siempre. *Génesis 3:22*

La vida de los hombres es muy breve, y existe un medio científico para prolongarla durante largo tiempo. Un científico que estudia durante toda su vida, empieza a adquirir los conocimientos suficientes para hacer descubrimientos interesantes cuando ya ha envejecido, de ahí la lentitud de los progresos humanos. Si los hombres pudiesen vivir diez veces más, darían un paso científico gigantesco.

Si desde el principio hubiesen podido vivir tanto tiempo, muy pronto habrían llegado a ser nuestros iguales, ya que sus facultades son ligeramente superiores a las nuestras. Pero ignoran sus posibilidades. Sobre todo el pueblo de Israel, que con motivo de uno de esos concursos de los cuales acabo de hablarle, fue elegido por el jurado científico como el tipo humanoide terrestre más perfecto sobre el plano de la inteligencia y el genio. Esto explica por qué este pueblo siempre haya estado considerado como el "pueblo elegido". Es verdad, fue el pueblo elegido por los equipos de creadores reunidos para juzgar sus trabajos. Por otra parte, ustedes han podido constatar el número de genios que ha procreado esta raza.

> Expulsó, pues, al hombre y puso querubines al oriente del jardín de Edén, y una espada incandescente que se movía en toda dirección, para guardar el camino al árbol de la vida.
> *Génesis 3: 24*

Algunos militares que poseían armas atómicas desintegrantes, fueron colocados a la entrada de la residencia de los creadores, con objeto de impedir que el hombre llegase en busca de otros conocimientos científicos.

El Diluvio

Si vamos un poco más lejos, hasta el Génesis capítulo 4:

> Aconteció después de un tiempo que Caín trajo, del fruto de la tierra, una ofrenda a Yahvé. Abel también trajo una ofrenda de los primerizos de sus ovejas, lo mejor de ellas. *Génesis 4:3-4*

Los creadores exiliados que permanecían bajo vigilancia militar, obligaron a los hombres a llevarles alimentos a fin de demostrar a sus superiores que los seres que habían creado eran buenos y que jamás se volverían en contra de sus Padres. De esta manera, pudieron lograr que los jefes de esos primeros hombres se beneficiaran con «el árbol de la vida», lo que explica que éstos hayan vivido tanto tiempo: Adán, novecientos treinta años; Seth, novecientos doce años; Enoch, novecientos cinco años, etcétera. (Génesis, capítulo 5, versículos del 1 al 11)

> Aconteció que cuando los hombres comenzaron a multiplicarse sobre la faz de la Tierra, les nacieron hijas. Y viendo los hijos de Elohim que las hijas de los hombres eran bellas, tomaron para sí mujeres, escogiendo entre todas. *Génesis 6: 1,2*

Los creadores en exilio tomaron de los hombres sus hijas más bellas, e hicieron de ellas sus esposas.

> No contenderá para siempre mi espíritu con el hombre, por cuanto él es carne; Y su vida será de ciento veinte años. *Génesis 6: 3*

La longevidad no es hereditaria, y los hijos de los hombres no se beneficiaban automáticamente del «árbol de la vida» para beneplácito de las autoridades del planeta lejano. Así se perdió el secreto y se retrasó el progreso de los hombres.

> Cuando se unieron los hijos de Elohim con las hijas de los hombres y les nacieron hijos. Ellos eran los héroes que desde la antigüedad fueron hombres de renombre. *Génesis 6: 4*

He ahí la prueba de que los creadores podían formar pareja con las hijas de los hombres que habían creado a su imagen, y tener hijos excepcionales. Todo eso se volvía muy peligroso a los ojos del planeta lejano. El progreso científico era enorme sobre la Tierra y decidieron eliminar su creación.

Yahvé vio que la maldad del hombre era mucha en la Tierra, y que toda tendencia de los pensamientos de su corazón era de continuo sólo al mal. *Génesis 6: 5*

El "mal", es decir, el deseo de convertirse en un pueblo científico e independiente igual a sus creadores. El "bien" para ellos consistía en que el hombre permaneciera como un ser primitivo vegetando sobre la Tierra. "El mal" en que quisiera progresar y les permitiera algún día, quizá, alcanzar a sus creadores.

Así que decidieron desde su lejano planeta, destruir toda la vida sobre la Tierra, enviando para ello proyectiles nucleares. Pero los exiliados, prevenidos de esto, habían pedido a Noé que construyese una nave que debería orbitar alrededor de la Tierra durante el cataclismo, conteniendo una pareja de cada especie que deberían salvaguardarse.

Esto es figurativo. Y en realidad, sus conocimientos científicos muy pronto les permitirán comprenderlo, basta con disponer de una célula viva de cada especie, masculina y femenina, para recrear después el ser entero. Es algo como la primera célula viviente de un ser en el vientre de su madre, que ya posee toda la información, hasta el color de sus ojos o de sus cabellos para un día llegar a ser un ser humano. Fue una labor colosal, pero se terminó a tiempo.

Cuando tuvo lugar la explosión, la vida se encontraba al abrigo de la nave a varios miles de kilómetros por encima de la Tierra. El continente quedó sumergido por una inmensa marejada que destruyó toda la vida sobre la superficie.

El arca se elevó por encima de la Tierra. *Génesis 7: 17*

Usted podrá confirmar que está bien dicho que se alzó por encima de la Tierra, y no sobre las aguas.

Después fue necesario esperar a que no hubiera más radiaciones peligrosas.

Las aguas prevalecieron sobre la Tierra durante ciento cincuenta días. *Génesis 7: 24*

La nave tenía tres pisos:

...La puerta del arca estará a uno de sus lados. Construye también un piso bajo, uno intermedio y uno superior. *Génesis 6: 16*

Más tarde la nave se posó sobre la Tierra. Además de Noé, en su interior había una pareja de cada una de las razas humanas creadas sobre la Tierra.

Elohim se acordó de Noé... e hizo soplar un viento sobre la Tierra, y las aguas disminuyeron. *Génesis 8: 1*

Después de haber estudiado la radiactividad y hacerla desaparecer científicamente, los creadores pidieron a Noé que dejara salir a los animales para ver si soportaban la atmósfera, lo cual dio resultado. Entonces pudieron salir al aire libre. Los creadores les pidieron que trabajaran y se multiplicaran para mostrar agradecimiento a sus bienhechores, quienes los habían creado y salvado de la destrucción. Noé se comprometió a entregar una parte de todas sus cosechas y de sus crías a los creadores para su subsistencia.

Entonces edificó Noé un altar a Yahvé, y tomando de todo cuadrúpedo limpio y de toda ave limpia, ofreció holocaustos sobre el altar. *Génesis 8: 20*

Los creadores se sintieron felices de ver que los hombres los querían bien, y prometieron que en el futuro jamás tratarían de destruirlos otra vez, ya que habían comprendido que sus deseos de progresar eran normales.

...porque el instinto del corazón del hombre es malo...
Génesis 8:21

La meta del hombre es el progreso científico. Cada raza humana fue colocada nuevamente en su lugar de origen y cada animal fue vuelto a crearse a partir de las células preservadas en el arca.

De éstos proceden las naciones de la Tierra, después del diluvio.
Génesis 10:32

La Torre de Babel

Pero el pueblo más inteligente, el israelita, hacia tales progresos que muy pronto acometió la empresa de lanzarse a la conquista del espacio, ayudado por los creadores exiliados. Estos últimos deseaban que los hombres fuesen al planeta de los creadores a fin de obtener su perdón, demostrando que los hombres no sólo eran inteligentes y científicos, sino agradecidos y pacíficos. Así que construyeron un cohete inmenso: la Torre de Babel.

Esto es lo que han comenzado a hacer, y ahora nada les impedirá hacer lo que se proponen. *Génesis 11: 6*

La gente de nuestro planeta experimentaron temor al enterarse de ello. Siempre estaban observando la Tierra, y se habían dado cuenta de que la vida no había sido destruida.

¡ Vamos, pues, descendamos y confundamos allí su lenguaje, para que nadie entienda lo que dice su compañero. Y desde allí, Yahvé los dispersó sobre la faz de la Tierra. *Génesis 11: 7,8*

Vinieron, tomaron a los judíos que eran quienes tenían mayores conocimientos científicos y los dispersaron por todo el continente, entre tribus primitivas, en regiones donde nadie podía darse a entender, ya que el lenguaje era diferente, y destruyeron los aparatos científicos.

Sodoma y Gomorra

Los creadores exiliados fueron perdonados y se les concedió el derecho de volver a su planeta de origen, donde abogaron por la causa de su magnífica creación. Esto hizo que todas las miradas del planeta lejano se volvieran ávidas hacia la Tierra, que estaba habitada por seres creados por su propia gente.

Pero algunos hombres entre los que habían sido dispersados, tenían espíritu de venganza y se reunieron en las ciudades de Sodoma y Gomorra, y habiendo salvado algunos secretos científicos, preparaban una expedición para castigar a quienes habían querido destruirlos. Los creadores enviaron a dos espías para enterarse de lo que estaban preparando.

Los dos ángeles llegaron a Sodoma al anochecer. *Génesis 19: 1*

Algunos hombres trataron de darles muerte, pero los ángeles los cegaron con un arma atómica que sacaron de su bolsillo.

Y a los hombres que estaban junto a la puerta de la casa, los hirieron con ceguera, desde el menor hasta el mayor... *Génesis 19: 11*

Previnieron a los hombres que eran pacíficos para que abandonaran esa ciudad que iban a destruir mediante una explosión atómica.

Sácalos de este lugar porque Yahvé va a destruir la ciudad.
Génesis 19: 13

Cuando todos los hombres iban saliendo de la ciudad, no se apresuraban, ya que no sabían lo que significaba una explosión atómica.

¡Escapa por tu vida!, No mires atrás ni te detengas en toda esta llanura. *Génesis 19: 17*

Y sucedió que la bomba cayó sobre Sodoma y Gomorra.

Entonces Yahvé hizo llover desde los cielos azufre y fuego de parte de Yahvé sobre Sodoma y Gomorra. Y trastornó aquellas ciudades, toda la llanura con todos los habitantes de las ciudades y las plantas de la tierra. Entonces la mujer de Lot miró atrás, a espaldas de él, y se convirtió en una estatua de sal. *Génesis 19: 24,26*

Como ustedes saben ahora, las quemaduras ocasionadas por una explosión atómica a quienes se encuentran cerca, los hacen morir y los convierten en algo parecido a una estatua de sal.

El Sacrificio de Abraham

Más adelante los creadores quisieron ver si el pueblo de Israel, y sobre todo su líder, seguían experimentando buenos sentimientos hacia ellos en el estado semi-primitivo en que habían vuelto a caer, ya que la mayoría de los «cerebros» habían sido destruidos. Es lo que narra el párrafo donde Abraham quiere sacrificar a su hijo. Los creadores lo pusieron a prueba para ver si sus sentimientos respecto a ellos eran suficientemente poderosos. Felizmente, la experiencia fue concluyente.

No extiendas tu mano sobre el muchacho, ni le hagas nada,
porque ahora conozco que temes a Elohim. *Génesis 22: 12*

Eso es todo. Lo que acabo de decirle deberá asimilarlo y escribirlo.
Mañana le diré más".

El hombrecito nuevamente se despidió de mí y el aparato ascendió
suavemente; pero como el cielo estaba más claro, pude presenciar su
vuelo en una forma más completa. Se inmovilizó a unos cuatrocientos
metros aproximadamente, y siempre sin un solo ruido, se volvió
rojizo como si se hubiese calentado, después blanco como un metal
calentado hasta que se blanquea, y después violeta como una enorme
centella imposible de mirar, desapareciendo por completo.

3

LA VIGILANCIA DE LOS ELEGIDOS

Moisés

Al día siguiente volví a encontrarme con mi interlocutor, y continuó su relato:

En *el Génesis*, capítulo 28, se encuentra otra descripción de nuestra presencia.

> Entonces soñó, y he aquí una escalera puesta en la tierra, cuya parte superior alcanzaba el cielo. He aquí que los ángeles de Yahvé subían y descendían por ella.. *Génesis 28: 12*

Pero los hombres, que habían vuelto a caer en un estado muy primitivo después de la destrucción de los más inteligentes y de los centros de progreso como Sodoma y Gomorra, neciamente se habían dedicado a adorar pedazos de roca e ídolos, olvidándose de quienes los habían creado.

> Quitad los dioses extraños que hay entre vosotros. *Génesis 35: 2*

Durante el Éxodo, nos aparecimos ante Moisés:

> Entonces se le apareció el ángel de Yahvé en una llama de fuego en medio de una zarza. Él observó y vio que la zarza ardía en el fuego, pero la zarza no se consumía. *Éxodo 3: 2*

Delante de él se posó un cohete y la descripción que hace corresponde a la que haría en la actualidad un ser primitivo de Brasil, si llegásemos a posarnos con esta máquina cuya luz blanca ilumina los árboles, sin que por ello los haga arder.

El pueblo elegido como el más inteligente, se había visto despojado de sus mentes más brillantes, convirtiéndose en esclavo de los pueblos primitivos vecinos que eran mucho más numerosos, puesto que no habían sufrido grandes destrucciones. Así que era necesario restaurarle su dignidad a ese pueblo, devolviéndole su país.

Al principio del Éxodo se describe todo lo que nos vimos obligados a hacer a fin de que el pueblo de Israel se liberara. Cuando partieron, nosotros los guiamos hasta el país que les teníamos destinado.

> Yahvé iba delante de ellos, de día en una columna de nube para guiarlos por el camino, y de noche en una columna de fuego para alumbrarles, a fin de que pudieran caminar tanto de día como de noche. *Éxodo 13: 21*

Para retrasar la marcha de los egipcios que se lanzaron en su persecución:

> Entonces el ángel de Yahvé, que iba delante del campamento de Israel, se trasladó e iba detrás de ellos. Asimismo, la columna de nube que iba delante de ellos se trasladó y se puso detrás de ellos, y se colocó entre el campamento de los egipcios y el campamento de Israel, constituyendo nube y tinieblas para aquellos, mientras que alumbraba a Israel de noche. En toda aquella noche no se acercaron los unos a los otros. *Éxodo 14: 19,20*

El humo arrojado detrás del pueblo de Israel formaba una cortina que retrasaba a los perseguidores. Después, el cruce de las aguas se obtuvo gracias a un rayo repulsor que permite abrir el paso.

... e hizo que el mar se secara, quedando las aguas divididas.
Éxodo 14: 21

Así libró Yahvé aquel día a Israel de manos de los egipcios.
Éxodo 14: 30

Más adelante, al atravesar el desierto, el hambre se hizo sentir entre el pueblo elegido:

Cuando se evaporó la capa de rocío, he aquí que sobre la superficie del desierto había una sustancia menuda, escamosa y fina como la escarcha sobre la tierra. *Éxodo 16: 14*

El maná no era sino un alimento químico sintetizado y pulverizado que se encontraba en la superficie del suelo, y que el rocío de la mañana hacia esponjarse.

En cuanto al bastón de Moisés que le permitió hacer brotar el agua como dice en *Éxodo 17: 6,* no era sino un detector de capas de agua subterráneas, parecido a los que ustedes emplean, por ejemplo, para encontrar petróleo. Una vez localizada el agua, basta con cavar.

Después, en el capítulo 19 del *Éxodo,* se enuncia un cierto número de reglas. Dado el nivel tan primitivo del pueblo de Israel, había necesidad de algunas leyes en el plano moral y sobre todo en el plano higiénico. Estas leyes se establecen en los mandamientos.

Los creadores que llegaron a dictar esas leyes a Moisés sobre el Monte Sinaí, descendieron en un platillo volador:

Aconteció al tercer día, al amanecer, que hubo truenos y relámpagos, una densa nube sobre el monte, y un fuerte sonido de corneta. Y todo el pueblo que estaba en el campamento se estremeció. Moisés hizo salir al pueblo del campamento al encuentro de Yahvé, y se detuvieron al pie del monte. Todo el monte Sinaí humeaba, porque Yahvé había descendido sobre él en medio de fuego. El humo subía como el humo de un horno, y todo el monte se estremeció en gran manera. Mientras el sonido de la corneta se intensificaba en extremo, Moisés hablaba, y Elohim le respondía con truenos. *Éxodo 19: 16-19*

Pero los creadores sintieron temor de ser invadidos o derrocados por los hombres, era necesario que los respetaran y aún los veneraran, a fin de no estar en peligro.

El pueblo no podrá subir al Monte Sinaí... Pero que los sacerdotes y el pueblo no traspasen el límite para subir a encontrarse con Yahvé, no sea que él acometa contra ellos. *Éxodo 19:23,24*

También estaba escrito:

Luego sólo se acercará Moisés a Yahvé; pero no se acerquen ellos, ni suba el pueblo con él. *Éxodo 24:2*

Y vieron al Dios de Israel

Debajo de sus pies había como un pavimento de zafiro, semejante en pureza al mismo cielo. *Éxodo 24:10*

He aquí la descripción del pedestal sobre el cual se mostró uno de los creadores; era de la misma aleación azulada que el techo del aparato en el cual nos encontramos.

Y la apariencia de la gloria de Yahvé en la cumbre del monte era como un fuego consumidor ante los ojos de los hijos de Israel. *Éxodo 24:17*

En esto puede ver la descripción de la «gloria», en realidad, del platillo volador de los creadores, y como habrá podido observar, en el momento de partir adquiere una coloración parecida a la del fuego. Este equipo de creadores residiría sobre la Tierra durante algún tiempo y tenía deseos de alimentos frescos, he aquí por qué pidió que el pueblo de Israel se los ofreciera con regularidad, así como algunas riquezas que después llevarían a su planeta. Si usted quiere, era algo como una colonización.

> Di a los hijos de Israel que tomen para mí una ofrenda; de todo hombre cuyo corazón le mueva a hacerlo tomaréis mi ofrenda. Esta es la ofrenda que tomaréis de ellos: oro, plata, bronce, material azul, púrpura, carmesí, lino, pelo de cabra. *Éxodo 25: 2,4*

También habían decidido instalarse con mayores comodidades y pidieron a los hombres que les confeccionaran una residencia de acuerdo con sus planos. De eso se habla en el capítulo 26 del libro del Éxodo. En esa residencia deberían reunirse con los representantes de los hombres: era la tienda de las reuniones donde los hombres llevaban alimentos y presentes en señal de sumisión.

> Miraban a Moisés hasta que él entraba en la tienda... Cuando Moisés entraba en la tienda, la columna de nube descendía y se detenía a la entrada de la tienda; y Dios hablaba con Moisés... Entonces Yahvé hablaba a Moisés cara a cara, como habla un hombre con su amigo. *Éxodo 33: 8,11*

Igual que hoy hablo con usted y usted conmigo, de hombre a hombre.

> No podrás ver mi rostro, porque ningún hombre me verá y quedará vivo. *Éxodo 33:20*

Ahí tiene la alusión a la diferencia de atmósfera existente entre nuestros planetas. Un hombre no puede contemplar a sus creadores sin que éstos estén protegidos por una escafandra, ya que la atmósfera terrestre no es adecuada para ellos.

Si un hombre llegara hasta nuestro planeta, vería a los creadores sin escafandra, pero moriría, puesto que la atmósfera no es adecuada para él.

Toda la primera parte del *Levítico* explica la forma en que los alimentos ofrecidos a los creadores deben serles llevados para su reabastecimiento. Por ejemplo, en *Levítico* capítulo 21, versículo 17 dice:

> A través de sus generaciones, ningún descendiente tuyo que tenga algún defecto se acercará para ofrecer el pan a Elohim.

Evidentemente, esto era con objeto de evitar que los hombres enfermos o deformes, y así pues, símbolo de fracaso e insoportables a los ojos de los creadores, se presentaran ante ellos.

En el *Libro de Números*, capítulo 11, versículos 7 y 8, tiene la descripción muy exacta del maná que ahora sus químicos podrían reproducir fácilmente.

> El maná era como la semilla del cilantro, y su aspecto era como el de la resina. Y tenía sabor de tortas cocidas con aceite

Pero este maná no era sino un alimento químico, y los creadores preferían las frutas y legumbres frescas.

> Las primicias de todos los productos de su tierra, las cuales ellos traerán a Yahvé, serán para ti. *Números 18:13*

Más adelante, los creadores enseñan a los hombres a inyectarse contra el veneno de las mordeduras de las serpientes.

Hazte una serpiente de bronce y ponla sobre un asta. Y sucederá que cualquiera que sea mordido y la mire, vivirá. *Números 21:8*

Y desde entonces, cuando un hombre era mordido, «miraba» a la «serpiente de bronce», le acercaban una jeringa, y le inyectaban suero. Por último, viene el fin del viaje que lleva al «pueblo elegido» hasta la tierra prometida. Siguiendo el consejo de los creadores, destruyen los ídolos de las tribus primitivas ocupando sus territorios.

> ... echaréis de vuestra presencia a todos los habitantes de la Tierra, destruiréis todas sus esculturas, destruiréis todas sus imágenes de fundición y devastaréis todos sus lugares altos. Tomaréis posesión de la Tierra y habitaréis en ella, porque a vosotros os he dado la Tierra, para que la tengáis en posesión. *Números 33: 52,53*

Por fin el pueblo elegido tenía su tierra prometida:

> Y por cuanto él amó a tus Padres y escogió a sus descendientes después de ellos. *Deuteronomio 4:37*

En cuanto al cruce del Jordán, en *el libro de Josué*, capítulo 3 versículos 15-16:

> Y cuando los que llevaban el arca entraron en el Jordán, en cuanto los pies de los sacerdotes se mojaron en la orilla del agua (el Jordán se llena hasta sus bordes todo el tiempo de la siega), las aguas que venían de arriba se detuvieron como en un embalse, muy lejos de Adam, ciudad contigua a Saretán. Entonces las aguas que descendían al mar del Arabá, es decir, al mar Salado, se cortaron por completo. De este modo el pueblo cruzó frente a Jericó. En cuanto llegaron al Jordán los que llevaban el arca... las aguas que venían de arriba se detuvieron y formaron una sola represa muy lejos de la cuidad... y las que bajaban hacia

el mar quedaron aisladas por completo y el pueblo atravesó derecho frente a Jericó.

Los creadores hicieron pasar al «pueblo elegido» en seco, como en el caso de la huida de los egipcios, utilizando el mismo rayo repelente".

Las Trompetas de Jericó

Al final del capítulo 5 del Libro de Josué, hay un contacto entre un militar creador y el pueblo elegido referente a la resistencia de la ciudad de Jericó.

No. Yo soy el Jefe del Hueste[3] de Yahvé, que he venido ahora.

Josué 5:14

Para el sitio de Jericó, es enviado un consejero militar al pueblo judío. Ahora comprenderá fácilmente cómo se derrumbaron las murallas. Usted sabe que una cantante con una voz excesivamente aguda puede quebrar una copa de cristal. Y bien, utilizando ultrasonidos muy amplificados, es posible derrumbar cualquier muralla de hormigón. Eso fue lo que se hizo gracias a un instrumento muy complicado, que la Biblia llama «corneta»

Y sucederá que cuando hagan sonar prolongadamente el cuerno de carnero, cuando oigáis el sonido de la corneta, ... el muro de la ciudad se derrumbará.. *Josué 6:5*

En el momento preciso, los ultrasonidos se emiten de una manera sincronizada y la muralla completa se viene abajo. Un poco después, tiene lugar un verdadero bombardeo:

Yahvé arrojó desde el cielo grandes piedras sobre ellos, hasta Azeca; y murieron. Fueron muchos más los que murieron a causa de las piedras del granizo, que aquellos a quienes los hijos de Israel mataron a espada. *Josué 10:11*

Un bombardeo en regla, que dio muerte a más gente que los ejércitos de Israel. Uno de los pasajes más deformados esta en *el Libro de Josué* capítulo 10, versículo 13 donde dice:

Y el sol se detuvo y la luna se paró, hasta que el pueblo se hubo vengado de sus enemigos.

Lo que simplemente quiere decir que la guerra fue una guerra relámpago que no duró sino una jornada, puesto que más adelante se dice que duró «casi un día entero». Esta guerra fue tan corta en relación con la importancia del terreno conquistado, que los hombres creyeron que el Sol se había detenido.

En *el libro de Jueces* capítulo 6, versículo 21, uno de los creadores se pone una vez más en contacto con un hombre llamado Gedeón, quien le entrega alimento.

Entonces el ángel de Yahvé extendió el cayado que tenía en la mano, y con la punta tocó la carne y los panes sin levadura, y subió fuego de la peña, que consumió la carne y los panes sin levadura. Y el ángel de Yahvé desapareció de su vista.

Los creadores que no pueden «comer» al aire libre a causa de sus escafandras, en caso necesario y gracias a un medio científico pueden servirse de diversas «ofrendas» para extraer de ellas lo esencial por medio de un tubo flexible o «cayado», logrando alimentarse. Esta operación hace que se desprendan llamas, lo que hace creer a los hombres de esa época que se trata de «sacrificios a Dios».

En *el libro de Jueces*, capítulo 7, versículo 22, los trescientos hombres que rodean un campo enemigo con «cornetas» y las tocan todos a la vez a fin de enloquecer a los hombres, se sirven de instrumentos emisores de ultrasonidos muy amplificados. Ustedes ahora saben que algunos sonidos llevados al extremo pueden enloquecer a cualquier hombre.

En efecto el pueblo cercado enloquece, los soldados se matan unos a otros y emprenden la huida.

Sansón el Telépata

En cuanto a la unión entre los creadores y las mujeres de los hombres, todavía hay un ejemplo más en el Libro de Jueces, capítulo 13.

> Y el ángel de Yahve se apareció a la mujer y le dijo: "He aquí que tú eres estéril y no has dado a luz, pero concebirás y darás a luz un hijo". *Jueces 13:3*

Era necesario que el fruto de esa unión fuese sano a fin de observar su comportamiento, y es por ello que le dice:

> Ahora, guárdate, por favor, y no bebas vino ni licor. Tampoco comas nada inmundo, porque he aquí que concebirás y darás a luz un hijo sobre cuya cabeza no pasará navaja, porque el niño será consagrado a Elohim desde el vientre de su madre. *Jueces 13: 4,5*

Más adelante esta escrito:

> ...y el ángel de Yahvé volvió otra vez a la mujer, cuando ella estaba sentada en el campo, pero Manoa su marido no estaba con ella. *Jueces 13:9*

Ya podrá usted imaginarse fácilmente lo que pudo suceder en

ausencia del marido.., para los científicos era muy fácil eliminar la esterilidad de esa mujer con objeto de que se diera cuenta de que traería al mundo a un ser excepcional, y que tomase los mayores cuidados. Para los creadores, el hecho de unirse a una hija de los hombres era algo magnífico. Eso les permitía tener hijos que reinarían directamente en la Tierra, en esa atmósfera que no era adecuada para ellos.

En lo que se refiere al hecho de no rasurarse el cabello, es de suma importancia. El cerebro del hombre es como un gran emisor capaz de enviar una multitud de ondas y de pensamientos muy claros. De hecho, la telepatía no es otra cosa.

Pero ésta especie de emisor tiene necesidad de antenas; y esas antenas son los cabellos y la barba. De ahí la importancia de no rasurar el sistema capilar si quieren servirse de él. Seguramente habrá observado que muchos de sus sabios llevan el cabello largo y a menudo barba, como también los profetas y los eruditos. Ahora podrá comprender mejor la razón de ello.

Ese niño nació; fue Sansón, de quien usted ya conoce la historia. Podía comunicarse directamente con «Dios» por medio de la telepatía, gracias a sus «antenas» naturales: sus cabellos. Y entonces los creadores podían venir en su ayuda en los momentos difíciles, o bien realizar ciertos prodigios que reforzaran su autoridad.

Pero una vez que Dalila le cortó el cabello, ya no pudo llamarnos en su ayuda. Entonces sus enemigos le sacaron los ojos, pero cuando sus cabellos volvieron a crecer, recuperó su «fuerza», es decir, fue capaz de llamar en su ayuda a los creadores quienes hicieron que se derrumbara el templo cuando él tocó las columnas. Esto se atribuyó a la «fuerza» de Sansón.

En el libro primero de *Samuel*, capítulo 3, encontramos a Elías iniciando a Samuel en la telepatía, los creadores tratan de ponerse en contacto con Samuel y éste último cree que es Elías quien le habla. «Escucha algunas voces»:

> Ve y acuéstate; y sucederá que si te llama, dirás: "Habla, oh Yahvé, que tu siervo escucha. *1ro. de Samuel 3:9*

Algo como los radioaficionados de los cuales uno de ellos diría: habla, te escucho claramente. Y se inicia la conversación telepática:

"Samuel, Samuel..." Entonces Samuel contestó: "Habla Yahvé, que tu siervo escucha".. *1ro. de Samuel 3:10*

En el episodio de David contra Goliat, todavía hay una pequeña frase interesante:

¿Quién desafía a los escuadrones de Elohim viviente? *1ro. de Samuel 17: 26*

Lo que demuestra muy bien la realidad de la presencia de un «Dios» completamente palpable en esa época. La telepatía como medio de comunicación entre los creadores y los hombres, no era posible sino cuando los Elohim se encontraban en las proximidades de la Tierra.

Cuando se encontraban en su lejano planeta o en cualquier otra parte, no podían mantener correspondencia por este medio.

Es por ello que instalaron un emisor-receptor que había sido transportado en el «Arca de Dios», un aparato que poseía su propia batería atómica. Es por ello que en *el primer libro de Samuel* capítulo 5, versículo 4, cuando los filisteos se robaron el arca de Dios, su ídolo Dagón, yacía con el rostro vuelto a tierra delante del Arca de Yahvé, como consecuencia de una descarga eléctrica debida a una mala manipulación.

Por otra parte, las peligrosas radiaciones les ocasionaron algunas quemaduras.

Y los asoló y los hirió con la peste[4]. *1ro. de Samuel 5:6*

Aún los judíos que no tomaban precauciones al manipular el «Arca de Dios», se vieron afligidos:

Cuando llegaron a la era de Nacón, Uzá extendió su mano al Arca de Elohim y la sujetó, porque los bueyes tropezaron. Entonces el furor de Yahvé se encendió contra Uzá, y Elohim lo hirió allí por el atrevimiento. Y murió allí, junto al Arca de Yahvé. *2do. de Samuel 6: 6,7*

El arca había estado a punto de volcarse y Uzá, tratando de sostenerla, había tocado una parte peligrosa del aparato, y fue electrocutado.

En el primer *Libro de Reyes* capítulo 1, versículo 50 y capítulo 2, versículo, 28 se dice numerosas veces: «Y se agarró a los cuernos del altar», lo cual es la descripción de la manipulación de las manivelas del emisor receptor para tratar de ponerse en contacto con los creadores.

La Primera Residencia Para Recibir a los Elohim.

El gran rey Salomón hizo construir en la Tierra una residencia para recibir a los creadores cuando venían de visita.

Yahvé ha dicho que él habita en la densa oscuridad[5]. Ciertamente te he edificado una casa sublime, una morada donde habites para siempre. *1ro. de Reyes 8: 12,13*

Porque la gloria de Yahvé había llenado la casa de Yahvé. *1ro. de Reyes 8:11*

La nube llenó la casa de Yahvé. *1ro. de Reyes 8:10*

Habitaré en medio de los hijos de Israel. *1ro. de Reyes 6:13*

Que mora en una nube, es decir, en una máquina que gira alrededor de la Tierra, sobre las nubes. Pero trate de hacer comprender esto a seres primitivos.

> He aquí que un hombre de Elohim llegó de Judá a Betel por
> mandato de Yahvé... dio una señal diciendo: ... He aquí que
> el altar se partirá... Sucedió que cuando el rey Jeroboán oyó la
> palabra que el hombre de Elohim había clamado contra el altar
> en Betel, extendió su mano desde el altar, diciendo: ¡Prendedle!
> Pero se le secó la mano que había extendido contra él de manera
> que no pudo volverla hacia sí. *1ro. de Reyes 13:1,5*

Gracias a un desintegrador atómico, uno de los creadores destruye
el altar quemando la mano de uno de los hombres que no respetaba
a los creadores. Regresa a uno de los campamentos terrestres de los
Elohim por un camino diferente, a fin de que los hombres no puedan
ubicarlo:

> "No comas pan, ni bebas agua, ni vuelvas por el camino que
> vayas. *1ro. de Reyes 13: 9,10*

En *el libro primero de Reyes*, capítulo 17, versículo 6 se ofrece un
ejemplo de animales teledirigidos por medio de un electrodo, como
ustedes empiezan a descubrir:

> Los cuervos le traían pan y carne por la mañana, y pan y carne
> por la tarde.

Los creadores, que decidieron aparecer lo menos posible debido a los
descubrimientos recientes, y a fin de no influir demasiado en el destino
del hombre y ver si podía llegar sólo a la era científica, se sirven cada
vez más de discretos medios de comunicación con los humanos, como
ésta forma de aprovisionar a Elías por medio de «cuervos viajeros».

Es el principio de una gigantesca experiencia a escala galáctica entre
varias humanidades en competencia. Los creadores deciden mostrarse
cada vez menos, al mismo tiempo que refuerzan la autoridad y el
renombre de sus Embajadores, los Profetas, mediante la realización de
«milagros». Es decir, el empleo de medios científicos incomprensibles

en esa época.

> ¡Mira, tu hijo está vivo!... Ahora reconozco que tú eres un hombre de Elohim... *1ro. de Reyes 17: 23,24.*

Elías había sanado a un niño moribundo. Después hace que lleven al Monte Carmelo dos novillos y que los coloquen sobre leña: uno de ellos consagrado al ídolo Baal, y el otro a los creadores. Aquel que se encienda por sí solo representará al único «Dios» verdadero.

Evidentemente, en el momento convenido con anticipación entre Elías y los creadores, la hoguera que les estaba destinada se encendió a pesar de que la madera estaba mojada, gracias a un potente rayo semejante al láser, emitido desde una nave oculta entre las nubes.

> Entonces, cayó fuego de Yahvé que consumió el holocausto, la leña, las piedras y el polvo y lamió el agua que estaba en la zanja.. 1ro. de Reyes 18: 38.

Elías el Mensajero

Elías fue objeto de atenciones solícitas por parte de los creadores.

> Y he aquí que un ángel le tocó y le dijo: Levántate y come. Entonces miró, y he aquí que a su cabecera había una torta cocida sobre las brasas y una cantimplora de agua. *1ro. de Reyes 19: 5,6*

Todo esto sucedió en el desierto.

> Y he aquí que Yahvé pasaba. Un viento grande y poderoso destrozaba las montañas y rompía las peñas delante de Yahvé,

pero Yahvé no estaba en el viento. Después del viento hubo
un terremoto, pero Yahvé no estaba en el terremoto. Después
del terremoto hubo un fuego, pero Yahvé no estaba en el
fuego. Después del fuego hubo un sonido apacible y delicado.
1ro. de Reyes 19: 11,12

Aquí tiene la descripción exacta del aterrizaje de una nave
comparable a sus cohetes actuales. Más adelante se describe la visión
de los creadores.

Yo he visto a Yahvé sentado en su trono; y todo el ejército de
los cielos estaba de pie junto a él, a su derecha y a su izquierda.
1ro. de Reyes 22:19

Una vez más los creadores hacen uso de la telepatía, pero de una
telepatía de grupo, para que ninguno de los profetas pueda predecir
la verdad al rey.

Saldré y seré espíritu de mentira en la boca de todos sus profetas.
1ro. de Reyes 22:22

En el *Libro Segundo de Reyes*, una vez más tiene la prueba de la
protección que los creadores dispensan a Elías:

Si yo soy hombre de Elohim, que descienda fuego del cielo
y te consuma a ti con tus cincuenta. Entonces descendió del
cielo fuego de Yahvé y lo consumió a él con sus cincuenta.
2do. de Reyes 1:12

Esta operación tuvo lugar nuevamente, pero la tercera vez:

El ángel de Yahvé dijo a Elías: Desciende con él, no le tengas
miedo. *2do. de Reyes 1:15*

En el segundo *Libro de Reyes,* capítulo 2, Elías es invitado a una nave espacial que despega llevándolo consigo.

> Aconteció que cuando Yahvé iba a arrebatar a Elías al cielo en un torbellino, Elías venía de Gilgal con Eliseo... *2do. de Reyes 2:1*

> He aquí un carro de fuego con caballos de fuego los separó a los dos, (Elías y Eliseo); y Elías subió al cielo en un torbellino. *2do. de Reyes 2:11*

Es el despegue de un platillo volador y el fuego de sus turbinas lo que hace que el narrador hable de caballos de fuego. Si hoy en día usted toma a algunos seres primitivos de América del Sur o de África negra y los hace presenciar el despegue de un cohete, al regresar con sus tribus hablarán de carros de fuego y caballos de fuego. Incapaces de comprender, ni siquiera a grandes rasgos, los fenómenos científicos en una forma racional, y viendo en todo esto algo sobrenatural, místico y divino.

Más adelante en el *Segundo Libro de Reyes* capítulo 4, versículos 32 al 37, Eliseo, al igual que su Padre, procede a una «resurrección». Cuida y devuelve la vida a un niño que ha muerto. Algo muy común en la actualidad, cuando se practica la respiración de boca a boca y los masajes cardiacos con regularidad a fin de devolver a la vida a un ser cuyo músculo cardiaco se ha detenido.

Enseguida Eliseo, procede a la multiplicación de los panes.

La Multiplicación del Pan

Un hombre de Baal-Salisa... trayendo en su alforja alimentos de primicias para el hombre de Elohim, veinte panes de cebada,... Y su criado respondió: ¿Cómo voy a poner esto delante de cien hombres? Pero él volvió a decir: Da a la gente para que coma, porque así ha dicho Yahvé: Comerán y sobrará. Entonces, él lo puso delante de ellos. Y comieron y sobró, conforme a la palabra de Yahvé. 2do. de Reyes 4: 42,44

Los creadores en este caso ofrecen un alimento sintético y deshidratado, el cual una vez que se le añade agua, corresponde a cinco veces más su volumen. Con veinte «panecillos» hay alimento suficiente para cien hombres.

Ustedes ya conocen ahora las pequeñas píldoras vitaminadas con las cuales se alimentaron sus primeros cosmonautas. Eso ocupa poco lugar, pero incluye todos los elementos necesarios para la nutrición. Una píldora es suficiente para alimentar a un hombre, una cantidad en volumen equivalente a un panecillo es suficiente para alimentar a cinco hombres, con veinte panecillos, tienen con qué alimentar a cien hombres.

Pero el pueblo de Israel adoraba a ídolos de metal, se convirtió en antropófago y se volvió completamente inmoral, disgustando a aquellos que los habían creado.

E Israel fue llevado cautivo de su Tierra a Asiria, hasta el día de hoy... 2do. de Reyes 17:23

He allí el principio de la dispersión del pueblo de Israel, cuya civilización en vez de progresar ha ido en constante recesión, contrariamente a sus vecinos quienes se han aprovechado de ello. En *el libro de Isaías* también puede encontrar:

"El año que murió el rey Uzías, vi yo al señor Yahvé sentado sobre un trono alto y sublime.., Por encima de él había serafines; cada uno tenía seis alas: con dos cubrían sus rostros, con dos cubrían sus pies y con dos volaban. *Isaías 6: 1,2*

He allí la descripción de los creadores, revestidos de una escafandra autónoma provista de seis pequeños dirigibles: dos en la espalda, dos en las manos y dos en los pies, estos últimos direccionales.

Un murmullo de multitud se oye sobre los montes, como de muchedumbre, un rumor de reinos y de naciones congregadas. Yahvé de los Ejércitos pasa revista al ejército para la batalla. Yahvé y los instrumentos de su ira vienen de Tierra lejana, del extremo de los cielos, para destruir toda la Tierra. *Isaías 13:4,5*

Toda la verdad está escrita aquí. Era necesario leer entre líneas y... comprender. «vienen de Tierra lejana, del extremo de los cielos». No se podía hablar más claro.

Tú has dicho en tu corazón: Subiré al cielo en lo alto; hasta las estrellas de Elohim. *Isaías 14:13*

Una alusión a los sabios desaparecidos, quienes habían adquirido suficientes conocimientos científicos para la empresa de dirigirse hacia el planeta de los creadores, y que fueron destruidos en Sodoma y Gomorra. Aquí se describe al ejército de los cielos en el momento en que ellos llegaron, en aquella época, con los instrumentos de su ira para destruir toda la Tierra. Esos científicos humanos de Sodoma y Gomorra que decían:

Subiré sobre las alturas de las nubes y seré semejante al Altísimo. *Isaías 14: 14*

Pero la destrucción impidió al hombre igualarse a sus creadores, «al

Altísimo».

¡Es este aquel hombre…que convirtió el mundo en un desierto…
¿El que hizo el orbe como un desierto?. *Isaías 14: 16,17*

Más adelante se describe la explosión nuclear:

Porque el griterío ha rodeado las fronteras de Moab; hasta Eglaim
ha llegado su gemido, y hasta Beer-elim su clamor. ¡Ciertamente
las aguas de Dibón se llenan de sangre! *Isaías 15: 8,9.*

No obstante, algunos se salvaron refugiándose en fortalezas.

Anda, oh pueblo mío, entra en tus habitaciones; cierra tras de
ti tus puertas, escóndete por un breve momento hasta que pase
la ira. *Isaías 26: 20*

Los Platillos Voladores De Ezequiel

Pero en donde se encuentra la descripción más interesante de
nuestros platillos voladores es en *el Libro de Ezequiel:*

Miré, y he aquí que venía del norte un viento huracanado y una
gran nube con un fuego centelleante y un resplandor en torno
de ella. En su interior había algo como metal resplandeciente,
en medio del fuego. De su interior aparecía una forma de cuatro
seres vivientes. El aspecto de ellos tenía la forma de hombre,
pero cada uno tenía cuatro caras y cuatro alas. Sus piernas
eran rectas, y sus pezuñas eran como pezuñas de becerro que
centelleaban como bronce bruñido. Debajo de sus alas, a sus
cuatro lados, tenían manos de hombre. Los cuatro tenían sus

caras y sus alas. Sus alas se juntaban unas con otras. Y cuando se desplazaban, no se volvían, sino que cada uno se desplazaba de frente hacia adelante.

La forma de sus caras era la de una cara de hombre, con una cara de león en el lado derecho de los cuatro, una cara de toro en el lado izquierdo de los cuatro, y una cara de águila en los cuatro. Así eran sus caras. Sus alas estaban extendidas hacia arriba. Cada uno tenía dos alas que se tocaban entre sí, y otras dos que cubrían sus cuerpos. Cada uno se desplazaba de frente hacia adelante. Iban adondequiera que el espíritu decidía ir, y no viraban cuando se desplazaban.

En medio de los seres vivientes había algo como carbones de fuego encendido que se desplazaban como antorchas entre los seres vivientes. El fuego resplandecía, y del mismo salían relámpagos. Y los seres iban y volvían, como si fueran relámpagos.

Mientras yo miraba a los seres vivientes, he aquí que había una rueda en la tierra, junto y al frente de cada uno de los cuatro seres vivientes. La forma y el aspecto de las ruedas era como crisólito. Las cuatro ruedas tenían la misma forma y aspecto, y estaban hechas de manera que había una rueda dentro de otra rueda.

Cuando se desplazaban, lo hacían en cualquiera de las cuatro direcciones, y no viraban cuando se desplazaban. Sus aros eran altos y aterradores, y los aros de las cuatro ruedas estaban llenos de ojos alrededor. Cuando los seres vivientes se desplazaban, también se desplazaban las ruedas que estaban junto a ellos. Cuando los seres se elevaban de sobre la tierra, las ruedas también se elevaban. Iban adondequiera que el espíritu fuese, y las ruedas también se elevaban junto con ellos, pues el espíritu de cada ser viviente estaba también en las ruedas. Cuando ellos se desplazaban, también ellas se desplazaban; cuando ellos se detenían, también ellas se detenían. Y cuando ellos se elevaban de la tierra, también las ruedas se elevaban junto con ellos, porque el espíritu de cada ser viviente estaba también en las ruedas.

Sobre las cabezas de los seres vivientes había una bóveda semejante a un cristal impresionante, extendido por encima de sus cabezas. Debajo de la bóveda, sus alas se extendían rectas, la una hacia la otra. Y cada ser tenía dos alas con que cubrían sus cuerpos. Cuando se desplazaban, escuché el ruido de sus alas como el ruido de muchas aguas, como la voz del Todopoderoso, como el bullicio de una muchedumbre, como el bullicio de un ejército. Y cuando se detenían, bajaban sus alas.

Entonces hubo un estruendo por encima de la bóveda que estaba sobre la cabeza de ellos. (Y cuando se detenían, bajaban sus alas.) Por encima de la bóveda que estaba sobre sus cabezas, había la forma de un trono que parecía de piedra de zafiro. Y sobre dicha forma de trono estaba alguien semejante a un hombre. *Ezequiel 1: 4-26*

He aquí una descripción, no es posible más precisa, de los creadores que descendieron de sus platillos voladores. "El viento huracanado" es el rastro que dejan los aviones que en la actualidad vuelan a gran altura, después aparece la máquina y su luz parpadeante, el «fuego centelleante» y el «metal resplandeciente». Después aparecen cuatro de los creadores con trajes antigravitacionales y pequeños reactores direccionales, los cuales son descritos como «alas» sobre sus trajes metálicos: «sus pezuñas. . centelleaban como el bronce bruñido». Habrá podido observar que los trajes de sus cosmonautas son sumamente brillantes.

En cuanto al «platillo volador» o «rueda», su aspecto y su funcionamiento no están muy mal descritos si vemos que quien está hablando es un ser primitivo. «de manera que había una rueda dentro de otra rueda... y no se viraban cuando se desplazaban».

En el centro, en los «platillos voladores» de aspecto muy parecido a éste donde ahora nos encontramos, se encuentra la parte habitable: los «aros»: «y los aros de las cuatro ruedas estaban llenos de ojos alrededor

». Igual que han evolucionado nuestros trajes y nuestra vestimenta y que ahora ya no llevamos esas escafandras tan molestas, nuestras máquinas estaban provistas de ventanillas, los «ojos» de los «aros», ya que en aquel entonces todavía no habíamos encontrado el medio de ver a través de las paredes metálicas modificando sus estructuras atómicas a voluntad.

Los «platillos voladores» permanecen cerca de los creadores para ayudarlos en caso necesario, ya que están ocupados en abastecerse de materias diversas y de efectuar ciertas maniobras de mantenimiento de la gran nave intergaláctica ubicada encima de ellos. Otros creadores, en el interior de las máquinas, los dirigen… «pues el espíritu de cada ser viviente estaba también en las ruedas», esto es bastante claro.

Evidentemente también se describe la escafandra con sus cuatro ventanillas, comparables a los de sus primeras escafandras marinas. «Pero cada uno tenía cuatro caras…y cuando se desplazaban, no se volvían».

Los pequeños «platillos» tienen un cierto parecido a los LEMs (módulos de excursión lunar) de servicio, pequeños vehículos de un escaso radio de acción que sirven para misiones de exploración. Más arriba espera el gran vehículo interplanetario:

> Por encima de la bóveda que estaba sobre sus cabezas, había la forma de un trono que parecía de piedra de zafiro, y sobre dicha forma de trono, estaba alguien semejante a un hombre. *Ezequiel 1:26*

Este último, en la nave principal, vigilaba y coordinaba el trabajo de los creadores.

Ezequiel, atemorizado, cayó con el rostro en tierra delante de todas esas cosas tan misteriosas que no pueden provenir sino de «Dios», pero uno de los creadores le dice:

> Oh hijo de hombre, ponte en pie y hablaré contigo … escucha lo que yo te hablo… y come lo que te doy. *Ezequiel 2:1,8*

Es una metáfora semejante al hecho de «comer» del árbol de la ciencia del bien y del mal. En realidad se trata de un «alimento» intelectual y además, lo que le ofrecen es un libro:

> .. y he aquí una mano extendida hacia mí, y en ella había un rollo de pergamino... y he aquí que estaba escrito por el derecho y por el revés. *Ezequiel 2:9,10*

Estaba escrito por el anverso y el reverso, algo sorprendente de leer en una época en la cual no se escribía sino por uno de los lados de los pergaminos.

Después, el rollo «se come». Es decir, que *Ezequiel* se entera y lo que aprende, lo que usted está aprendiendo acerca del origen de la humanidad, es tan emocionante y reconfortante, que dice:

> «Lo comí y fue en mi boca dulce como la miel». *Ezequiel 3: 3*

Después los creadores transportan en la nave a Ezequiel hasta el sitio donde deberá difundir las nuevas:

> Entonces, el espíritu me levantó y oí detrás de mí el ruido de un gran estruendo. *Ezequiel 3: 12*

Un poco más adelante, el profeta es llevado nuevamente en un platillo volador:

> ...Luego el Espíritu me elevó entre el cielo y la Tierra, y me llevó en visiones de Elohim a Jerusalén. *Ezequiel 8: 3*

Después Ezequiel observa que bajo sus «alas», los «querubines» tienen manos como los hombres:

Los querubines parecían tener debajo de sus alas algo semejante a una mano de hombre. *Ezequiel 10: 8*

Los querubines alzaron sus alas y ante mi vista se elevaron de la tierra. Cuando ellos salieron, también salieron las ruedas que estaban junto a ellos. *Ezequiel 10: 19*

Entonces el Espíritu me elevó y me llevó ... *Ezequiel 11: 1*

Luego la gloria de Yahvé ascendió de en medio de la ciudad, y se detuvo sobre el monte que está al oriente de la ciudad.. Luego el Espíritu me elevó y me volvió a llevar en visión del Espíritu de Elohim a Caldea. *Ezequiel 11: 23,24*

Otro más de los viajes de Ezequiel, en una de las máquinas de los creadores:

La mano de Yahvé vino sobre mí; me llevó fuera por el Espíritu de Elohim y me puso en medio de un valle que estaba lleno de huesos. *Ezequiel 37: 1*

Allí tendrá lugar un «milagro». Los creadores van a resucitar a algunos hombres de quienes solamente quedan los huesos. Como ya dije, en cada partícula de un ser viviente existe toda la información necesaria para volver a formar el ser entero. Basta con colocar una de sus partículas, que puede provenir de residuos óseos, en un aparato que proporciona toda la materia viviente necesaria para la reconstrucción del ser viviente original. La máquina proporciona la materia, la partícula provee toda la información, los planos de acuerdo a los cuales debe reconstituirse el ser. Igual que un espermatozoide posee toda la información para la creación de un ser viviente, desde el color de sus cabellos hasta la forma de sus ojos.

Oh hijo de hombre, ¿vivirán estos huesos?"... hubo un ruido. Y he aquí un temblor, y los huesos se juntaron, cada hueso con su hueso. Miré, y he aquí que subían sobre ellos tendones y carne, y la piel se extendió encima de ellos. ... y cobraron vida. Y se pusieron de pie: ¡un ejército grande en extremo!. *Ezequiel 37: 3-10*

Todo esto es sumamente fácil de realizar, y ustedes lo lograrán algún día. De ahí la utilidad del rito tan antiguo de construir sepulturas protegidas lo mejor posible para los grandes hombres, que de ésta manera, algún día podrán ser devueltos a la vida en forma perpetua. Esta es una parte del secreto del «árbol de la vida» el de la eternidad.

Nuevamente transportan a Ezequiel en una máquina voladora que lo conduce cerca de un hombre que lleva puesto un traje espacial; esto es en el capítulo 40:

En visiones de Elohim me llevó a la tierra de Israel y me puso sobre un monte muy alto en el cual, al lado sur, había algo como una estructura de ciudad. Me llevó allá, y he allí un hombre cuyo aspecto era como el aspecto del bronce. *Ezequiel 40: 2,3*

Esta ciudad era una de las bases terrestres que tenían los creadores en aquella época, siempre sobre las altas montañas con objeto de que los hombres no los importunaran. Por supuesto, «el hombre de aspecto semejante al del bronce» estaba vestido con un traje metálico, y debido a nuestra pequeña estatura, nos toman por niños, por querubines...

Los sacerdotes encargados del servicio de los creadores en su residencia terrestre, -el «templo» que visita Ezequiel- llevaban vestimentas asépticas para desempeñar sus servicios y estas vestimentas debían quedarse en el «templo» a fin de no correr el riesgo de que llevaran gérmenes peligrosos para los creadores:

Cuando los sacerdotes entren allí, no saldrán del santuario al atrio exterior sin antes dejar allí sus vestiduras con que sirven, porque éstas son santas. *Ezequiel 42: 14*

Debieron escribir, «ya que éstas 'vestiduras' son sanas». SANAS. sutileza incomprensible para seres primitivos que deificaban todo lo que se les decía o se les mostraba en esa época.

En el capítulo 43, se aproxima la gran nave llamada respetuosamente «gloria de Elohim»:

> Y he aquí que la gloria de Elohim de Israel venía desde el oriente, su estruendo era como el estruendo de muchas aguas, y la Tierra resplandecía a causa de su gloria. *Ezequiel 43: 2*

No deseaban ser molestados

> Esta puerta ha de permanecer cerrada. No será abierta ni nadie entrará por ella, porque Yahvé Elohim de Israel ha entrado por ella. Por eso permanecerá cerrada. *Ezequiel 44: 2*

Únicamente el «príncipe» tiene el derecho de venir a entrevistarse con los creadores:

> Pero el gobernante, porque es gobernante, se sentará allí para comer pan en la presencia de Yahvé. *Ezequiel 44: 3*

Pero el príncipe debería llegar a través del vestíbulo donde se sometía a una asepsia, gracias a rayos especiales:

> Entrará por la vía del vestíbulo de la puerta y saldrá por la misma vía. *Ezequiel 44: 3*

Los sacerdotes levitas se encuentran allí para asegurar el servicio de los creadores:

> Ellos sí se acercarán a mí para servirme, y estarán de pie delante
> de mí para ofrecerme el cebo y la sangre... y se acercarán a mi
> mesa para servirme... *Ezequiel 44: 15,16*

El olor de la transpiración de los hombres les era desagradable.

> Sucederá que cuando entren por las puertas del atrio interior, se
> vestirán con vestiduras de lino.., no se ceñirán nada que les haga
> sudar. *Ezequiel 44: 17,18*

Así continuó el abastecimiento de los productos frescos para los creadores.

> ...lo mejor de todas las primicias de todo... y lo mejor de las
> primicias de vuestras moliendas, para hacer reposar la bendición
> en vuestras casas. *Ezequiel 44: 30*

En el capítulo tercero *del Libro de Daniel*, el rey Nabucodonosor condena a tres hombres a ser arrojados a la hoguera por no haber querido adorar a un dios de metal en lugar de adorar a los creadores, de quienes él conoce su existencia. Pero los tres hombres son salvados por uno de los creadores que viene en su ayuda en medio del horno, y que, gracias a un rayo refrigerante, hace retroceder el calor y las llamas que los rodeaban permitiéndoles salir de allí sin haber sufrido daño:

> He aquí, yo veo a cuatro hombres sueltos que se pasean en
> medio del fuego, y no sufren ningún daño. Y el aspecto del
> cuarto es semejante a un hijo de Elohim. *Daniel 3: 25*

Más adelante arrojan a Daniel al foso de los leones, pero éstos no le hacen nada. En esto no hay nada muy complicado, sino un pequeño rayo paralizante, el tiempo suficiente para sacar a Daniel del foso ileso.

Mi Elohim envió a su ángel, el cual cerro la boca de los leones. *Daniel 6: 22*

En el capítulo 10 del Libro de Daniel, encontrará todavía otra descripción muy interesante de uno de los creadores:

Entonces alcé mis ojos y miré, y he aquí un hombre... su cuerpo era como crisólito, y su rostro como el aspecto del relámpago. Sus ojos eran como antorchas de fuego, y sus brazos y sus piernas como bronce bruñido, y el sonido de sus palabras como el estruendo de una multitud. *Daniel 10: 5,6*

El Juicio Final

Si el pueblo judío fue dominado por los persas y por los griegos, se debió a que los creadores, para castigarlos por su falta de fe, colocaron entre ellos a algunos hombres suyos, a algunos «ángeles», a fin de hacerlos alcanzar progresos técnicos.

Esto explica los grandes momentos en la historia de estas dos civilizaciones. El arcángel Miguel era el jefe de la delegación encargada de ayudar a los persas:

Miguel, uno de los principales príncipes, vino para ayudarme. Y quede allí con los reyes de Persia. *Daniel 10: 13*

En *el Libro de Daniel* capítulo 12, vuelve a hablarse de la resurrección:

Y muchos de los que duermen en el polvo de la tierra serán despertados, unos para vida eterna y otros para vergüenza y eterno horror. *Daniel 12: 2*

El «juicio final» permitirá que revivan todos los grandes hombres. Aquellos que hayan sido positivos para la humanidad y que hayan creído en los creadores, siguiendo sus mandamientos, serán bienvenidos con alegría por los hombres de la época en la cual esto suceda.

En cambio, todos los hombres malos sentirán vergüenza delante de sus jueces, y vivirán en medio de la pena eterna como un ejemplo para la humanidad.

> Los entendidos resplandecerán con el resplandor del firmamento; y los que enseñan justicia a la multitud, como las estrellas, por toda la eternidad... *Daniel 12: 3*

Los genios serán los más apreciados y los más gratificados, y los hombres justos, al haber permitido que los genios florezcan o que triunfe la verdad, se verán igualmente recompensados.

> Y tú, Daniel, cierra las palabras y sella el libro hasta el tiempo del fin. Muchos andarán errantes acá y allá, pero el verdadero conocimiento se hará abundante. *Daniel 12: 4*

En efecto, estas palabras sólo podrán comprenderse cuando el hombre haya alcanzado un nivel suficiente de conocimientos científicos, es decir, ahora. Y todo esto tendrá lugar:

> ... se cumplirán cuando se acabe el quebrantamiento de la fuerza del pueblo santo. *Daniel 12: 7*

Cuando el pueblo de Israel vuelve a encontrar su país después de la dispersión tan prolongada. El estado de Israel fue creado hace ya varias decenas de años, al mismo tiempo que tuvo lugar la explosión científica de los hombres de la Tierra.

Anda, Daniel, estas cosas están cerradas y selladas hasta el tiempo del fin. *Daniel 12: 9*

Todo esto no podía comprenderse sino hasta esta época. Desde hace varios años los progresos científicos han sido de tal naturaleza, sobre todo el comienzo de la exploración espacial, que todo parece posible para la humanidad, y con razón ante los ojos de los hombres. Ya nada sorprende a la gente que se ha acostumbrado a contemplar toda clase de prodigios que se desarrollan ante su mirada en las pantallas de televisión. Sin gran asombro, pueden enterarse de que en realidad fueron hechos a imagen de «Dios», su creador todopoderoso, hasta dentro de sus posibilidades científicas. Los «milagros» se han vuelto comprensibles.

En *el Libro de Jonás*, es muy interesante el «gran pez» que se traga al profeta. Y que después fue arrojado al mar desde una pequeña embarcación:

Pero Yahvé dispuso que un gran pez se tragase a Jonás. Y éste estuvo en el vientre del pez tres días y tres noches. *Jonás 2: 1*

Un «gran pez» . . en realidad un submarino como ustedes los conocen ahora, pero que para los hombres de esa época no podía ser otra cosa que un «gran pez», ya que los jugos gástricos de un pez así hubiesen digerido rápidamente a un hombre, sin esperanzas de volver al aire libre. Por otra parte, hubiera sido necesario que practicase la aerofagia, con objeto de que el hombre pudiese respirar... en ese submarino los creadores pueden entrevistarse con Jonás para estar al corriente de la evolución de los acontecimientos políticos de la época.

Entonces Yahvé habló al pez y éste vomitó a Jonás en tierra. *Jonás 2: 10*

El submarino se aproximó a la orilla y Jonás volvió a tierra firme. En *el Libro de Zacarías*, capítulo 5, todavía encontramos otra descripción de un platillo volador:

> Volví a alzar mis ojos y mire. Y he aquí un rollo que volaba.., de veinte codos de largo (9 metros) por diez de ancho (4.5 metros). *Zacarías 5: 1,2*

Un poco más adelante, aparecen por primera vez las mujeres de los creadores:

> Y he aquí que aparecieron dos mujeres con viento en sus alas, pues tenían alas como de cigüeña. *Zacarías 5. 9*

Dos acompañantes femeninas de los creadores se mueven y manifiestan delante de Zacarías, equipadas con combinaciones autónomas para volar.

En *el Libro de Salmos*, capítulo 8, versículo 5, se dice, hablando del hombre:

> Lo has hecho un poco menor que los Ángeles[6].

Desde el punto de vista intelectual, los hombres son virtualmente tan poderosos como sus creadores. Aquellos que copiaron no se atrevieron a escribir, iguales a los Elohim, tal y como se había dictado.

> En un extremo del cielo está su salida, y en el otro está su punto de retorno. *Salmos 19: 6*

Los creadores vinieron de un planeta muy alejado de la órbita terrestre.

> En ellos puso un tabernáculo para el sol. *Salmos 19, 4*

Una nueva alusión al cúmulo de tierra que fue creado cuando el océano recubría la Tierra, formando el continente original.

> Yahvé ve desde los cielos, mira a todos los hijos del hombre; desde el lugar de su morada observa a todos los habitantes de la Tierra. *Salmos 33: 13,14*

Los creadores vigilan desde sus máquinas voladoras los actos de la humanidad, como siempre lo han hecho.

Satán

"En el Libro de Job, Capítulo 1 encontrará la explicación de lo que era Satán.

> Aconteció un día que vinieron los hijos de Elohim para presentarse ante Yahvé, y entre ellos vino también Satanás. *Job 1:6*

Elohim, esto literalmente significa « aquellos que vinieron del cielo» en Hebreo. De manera que "los hijos de Elohim" y por consiguiente los creadores que vigilan a los hombres informan con regularidad a su planeta de origen, mostrando que en su mayoría, los hombres los veneran y los aman. Pero uno de ellos, llamado Satán, forma parte de aquellos que siempre han condenado la creación de otros seres inteligentes en un planeta tan cercano como es la Tierra, viendo en ello una posible amenaza. Así que ante la devoción de Job, uno de los ejemplos más bellos de un hombre que ama a sus creadores, dice:

> Satanás respondió a Yahvé: ¿Acaso teme Job a Elohim de balde?... pero extiende, por favor, tu mano y toca todo lo que tiene; ¡y veras si no te maldice en tu misma cara!. Y Yahvé respondió a

Satanás: He aquí, todo lo que tiene esta en tu poder. Solamente no extiendas tu mano contra él. *Job 1: 9-12*

El gobierno, ante la afirmación de Satán que dice que si Job no fuese muy opulento no amaría a sus creadores, concede plenos poderes a Satán a fin de que arruine a Job. Entonces se verá si aún así venera a sus creadores; es por ello que no se le debe dar muerte.

Ante la obstinación de Job, una vez arruinado, por seguir venerando y respetando a sus creadores, el gobierno triunfa ante la oposición: Satán. Pero este último responde que aunque ha perdido muchas cosas, sigue conservando la salud. El gobierno le da *"carta blanca"*, a condición de que no le dé muerte:

He aquí, él está en tu poder; pero respeta su vida. *Job 2: 6*

En el mismo Libro de Job, hay una pequeña frase en el capítulo 37, que es muy interesante:

¿Has extendido con él la bóveda celeste[7], firme cual espejo de metal laminado? *Job 37: 18*

¿Acaso el hombre es capaz de hacer «nubes sólidas como espejo de metal laminado?, en realidad máquinas voladoras metálicas. Los hombres de esa época piensan que eso es imposible para quienes no sean Dios. No obstante, esto existe en la actualidad.

Por último, ante la humildad de Job, los creadores lo sanan devolviéndole riquezas, hijos y salud.

Los Hombres No Podían Comprender

En *el Libro de Tobías*, uno de los robots de los creadores llamado Rafael, también vino para poner a prueba las reacciones de los humanos frente a ellos.

Después de haber completado su misión, parte de inmediato habiéndoles demostrado quién era él.

> Si he estado con vosotros, os ha parecido que yo comía pero era sólo apariencia... yo subo al que me ha enviado. Poned por escrito todo cuanto os ha sucedido. *Tobías 12: 19,20*

Todo esto es fácil de ver en los escritos, pero aún así, hay que tratar de comprenderlo.

> Qué es la Sabiduría y cómo nace lo voy a declarar; no os ocultaré sus secretos. Seguiré sus huellas desde los orígenes, pondré su conocimiento al descubierto, y no me apartaré de la verdad. *Sabiduría de Salomón 6:22*

Cuando llegue el momento, la «Sabiduría», la ciencia que ha permitido la existencia de todo esto, será conocida por el hombre. Los escritos bíblicos serán la prueba de todo ello.

> Pues de la grandeza y hermosura de las criaturas se llega, por analogía, a contemplar a su autor. *Sabiduría de Salomón 13:5*

Y sin embargo, era tan sencillo ver la verdad y reconocer a los creadores observando las cosas creadas.

> Y no fueron capaces de conocer por los bienes visibles a Aquel-que-es. *Sabiduría de Salomón 13:1*

Con el fin de que los hombres no los molestaran, los creadores tenían algunas bases en la cima de las montañas más elevadas, donde en la actualidad se han encontrado rastros de civilizaciones muy avanzadas (el Himalaya, Perú, etcétera), y también en el fondo de los mares. Las bases en las montañas elevadas progresivamente fueron abandonadas para dejar lugar a las bases submarinas menos accesibles para los hombres. Los creadores desterrados en un principio, se ocultaban bajo los océanos:

En aquel día Yahvé castigará con su espada dura, grande y fuerte, al Leviatán,

> la serpiente furtiva, al Leviatán, la serpiente tortuosa y matará también al monstruo que está en el mar. *Isaías 27:1*

En aquella época, el gobierno del planeta quería destruir a los creadores de los hombres.

No era sencillo ver claro en todas esas maravillas, y forzosamente se desconfiaba de los creadores en una forma abstracta, ya que los seres humanos eran incapaces de comprender las cosas científicas:

> Y cuando dan el libro al que no sabe leer y le dicen: "Por favor, lee esto"; él dice: "No sé leer". *Isaías 29:12*

Desde hace mucho tiempo los hombres tienen la verdad entre las manos, pero no podían comprenderla antes de «saber leer», de haber alcanzado una evolución científica suficiente.

> Todo hombre se embrutece por falta de conocimiento[8]. *Jeremías 10: 14*

Esta ciencia que permitió a los creadores crear y que permitirá que los hombres hagan lo mismo:

Yahvé me creó como su obra maestra, antes que sus hechos más antiguos. Desde la eternidad tuve el principado, desde el principio, antes que la Tierra... cuando formó los cielos, allí estaba yo... cuando trazó el horizonte sobre la faz del océano, ... cuando afirmó las fuentes del océano, cuando dio al mar sus límites, y a las aguas ordenó que no traspasasen su mandato..., con él estaba yo, como un artífice maestro. Yo era su delicia todos los días y me regocijaba en su presencia en todo tiempo...., Yo me recreo en su Tierra habitada y tengo mi delicia con los hijos del hombre. *Proverbios 8: 22, 23, 27, 29-31*

La inteligencia y la ciencia, gracias a estas dos virtudes los creadores pudieron crear la «tierra firme», el continente único y a los seres vivientes que colocaron en ella, y ahora esta inteligencia y este espíritu llevan al cerebro del hombre a una repetición de los actos de sus creadores.

Desde el principio de los tiempos ha sido así, los hombres crean a otros hombres semejantes a sí mismos en otros mundos. El ciclo continúa, unos mueren y otros toman su lugar. Nosotros somos sus creadores y ustedes crearán a otros hombres.

Aquello que fue ya es, y lo que ha de ser ya fue. *Eclesiastés 3: 15*

Los animales también fueron creados y serán vueltos a crear. Lo mismo que el hombre, ni más ni menos. Las especies que desaparecen podrán revivir cuando ustedes aprendan a volver a crearlas.

...el hombre no tiene ventaja sobre los animales, porque todo es vanidad. *Eclesiastés 3:19*

Nosotros los creadores, no queremos mostrarnos en forma oficial sino hasta que el hombre se muestre agradecido porque lo hemos creado. Sentimos temor de un rencor que no admitiríamos.

Nos agradaría ponernos en contacto con ustedes a fin de que se beneficien con nuestros considerables adelantos científicos. Si estuviésemos seguros de que no se volverían contra nosotros y de que nos amarán como a sus Padres.

Hay del que contiende con su Hacedor, ¿Dirá el barro al que le da forma: Que Haces? o ¿Tu obra no tiene asas? ¡Ay del que dice al Padre: ¿Qué has engendrado?! *Isaías 45: 9,10*

Te he probado en el horno de la aflicción. Por mi, por amor de mí mismo lo hago. *Isaías 4:, 10-11*

Por el temor de que los hombres no amen a sus creadores, es por lo que les han permitido que alcancen los progresos científicos por sí solos, casi sin brindarles ninguna ayuda.

El emblema que ha visto grabado en esta máquina y sobre mi traje, representa la verdad: también es el emblema del pueblo judío: la estrella de David, que significa: «Lo que está en lo alto es como lo que está en lo bajo» y en su centro la «esvástica», que quiere decir que todo es cíclico, que lo de arriba se convierte en lo de abajo, y lo de abajo en lo de arriba. Los orígenes y el destino de los creadores y de los hombres son semejantes y están ligados.

¿Acaso no sabéis? ¿Acaso no habéis oído? ¿Acaso no se os ha dicho desde el principio? ¿Acaso no habéis comprendido desde la fundación del mundo? *Isaías 40: 21*

El rastro de las bases de los creadores en la cima de las montañas elevadas se encuentra en *el Libro de Amós:*

.. el que forma las montañas... y pisa sobre las alturas de la Tierra. *Amós 4: 13*

Las bases de los creadores eran en número de siete:

Aquellos siete ojos son los de Yahvé: que recorren toda la Tierra.
Zacarías 4: 10

De allí el candelero de siete brazos, cuyo significado se ha perdido y que en su origen era, en el cuartel general de los creadores, una central que contaba con siete testigos luminosos que les permitían permanecer en contacto con las demás bases y con la máquina interplanetaria en órbita alrededor de la Tierra.

En *el Libro de Salmos*, capítulo 139, versículos del 4 al 6 hay una alusión a la telepatía:

Pues aún no está la palabra en mi lengua, y tú, oh Yahvé, ya la sabes toda; detrás y delante me rodeas y sobre mi pones tu mano. Tal conocimiento me es maravilloso; tan alto que no lo puedo alcanzar[9].

La telepatía es algo inimaginable en esa época, «más maravillosa es la ciencia que mi capacidad». También la astronomía y los viajes interplanetarios eran algo inimaginable:

Él cuenta el número de estrellas, y a todas ellas llama por sus nombres; grande es el Señor nuestro, y todopoderoso, su entendimiento es infinito. *Salmos 147: 4,5*

Tampoco era posible comprender las telecomunicaciones en esa época:

Envía su mensaje a la Tierra; velozmente corre su palabra.
Salmos 147: 15

Llegamos ahora al momento decisivo de la obra de los creadores.

Deciden entonces permitir que los hombres progresen científicamente, sin que jamás vuelvan a intervenir directamente. Habiendo comprendido que ellos mismos fueron creados de la misma forma, y que al crear seres semejantes a ellos han permitido que el ciclo continúe.

Pero antes, con objeto de que la verdad se difunda por el mundo entero, se deciden a enviar a un «Mesías» que debiera transmitirla, ya que en ese entonces, solamente el pueblo de Israel la conocía; en espera del día de la revelación del misterio original, que a la luz de los progresos científicos pudiera ser explicado. Entonces anuncian:

> Pero tú, oh Belén Efrata, aunque eres pequeña entre las familias de Judá, de ti me saldrá el que será el gobernante de Israel, cuyo origen es antiguo, desde los días de la eternidad. ... El se levantará y los apacentará con el poder de Yahvé... será engrandecido hasta los fines de la Tierra. ¡Y éste será la paz!
> *Miqueas 5: 1-4*

> Alégrate mucho, oh hija de Jerusalén, he aquí, tu rey viene a ti... humilde y montado sobre un asno... Y él hablará de paz a las naciones, su dominio será de mar a mar y desde el río hasta los confines de la Tierra. *Zacarías 9: 9,10*

4

La Utilidad Del Cristo

La Concepción

La mañana siguiente, nos encontramos en el mismo lugar, y mi anfitrión comenzó a decir: El Cristo debía difundir por el mundo entero la verdad de los escritos bíblicos a fin de que sirviesen de prueba cuando la era de la ciencia llegara a explicar todo a los hombres, a la humanidad entera. Así que los creadores deciden hacer que nazca un hijo de una mujer y uno de los suyos, con objeto de que ese hijo posea, por herencia, ciertas facultades telepáticas de las cuales carecen los hombres.

Se halló que ella había concebido del Espíritu Santo. *Mateo 1: 18*

Es evidente que el prometido de María, la terrícola escogida, encontró que la noticia era difícil de aceptar, pero:

He quí un ángel del señor se le apareció en sueños. *Mateo 1: 20*

Uno de los creadores viene con objeto de explicarle que María espera un hijo de Dios. Los «profetas» en contacto con los creadores, vienen desde muy lejos para ver al niño "divino". Uno de los platillos voladores de los creadores les sirve de guía:

Porque hemos visto su estrella en el Oriente y hemos venido para adorarle. Y he aquí la estrella que habían visto en el Oriente, iba delante de ellos, hasta que llegó y se detuvo donde estaba el niño. *Mateo 2: 2 y 9*

Y los creadores cuidan de ese niño:

He aquí un Ángel del Señor apareció en sueños a José diciendo: ¡Levántate, toma al niño y a su madre, y huye a Egipto. Quédate allá hasta que yo te diga. Porque Herodes va a buscar al niño para matarlo. *Mateo 2: 13*

El rey veía con malos ojos a ese «rey niño» venido del pueblo en su territorio y que habían anunciado los «profetas». A la muerte del rey Herodes, los creadores previenen a José, diciéndole que puede volver a Israel:

Cuando había muerto Herodes, he aquí un Ángel del Señor apareció en sueños a José en Egipto diciendo: "levántate, toma al niño y a su madre, y ve a tierra de Israel; porque han muerto los que procuraban quitar la vida al niño. *Mateo 2: 19,20*

La Iniciación

Cuando hubo alcanzado la edad adulta, Jesús fue llevado por los creadores a fin de revelarle quién era, de presentarle a su Padre y de revelarle su misión e iniciarlo en diversas técnicas científicas.

Y he aquí los cielos le fueron abiertos, y vio al Espíritu de Dios que descendía como paloma y venía sobre él. Y he aquí, una voz de los cielos decía: «Este es mi Hijo amado, en quien tengo complacencia». Entonces Jesús fue llevado por el Espíritu al desierto para ser tentado por el diablo. *Mateo 3: 16,17 y 4: 1*

El diablo, Satán, ese creador del que hablamos hace poco, siempre persuadido de que no podía esperarse nada bueno de los hombres; el escéptico «Satán». Favorecido por los oponentes al gobierno de nuestro lejano planeta.

Satán pone a Jesús a prueba con objeto de ver si su inteligencia es positiva y si respeta y ama a los creadores. Después de convencerse de que se podía confiar en Jesús, se le permite partir a cumplir su misión.

A fin de que la mayor parte del pueblo se le una, hace algunos «milagros». En realidad, aplica las enseñanzas científicas prodigadas por los creadores.

Y le trajeron todos los que tenían males... y él los sanó.
Mateo 4: 24

Bienaventurados los pobres en espíritu. *Mateo 5: 3*

Esta frase fue injustamente traducida como: bienaventurados los pobres en espíritu. El significado original era: «los pobres, si tienen espíritu (o inteligencia), serán felices». No comprendieron...

Entonces dice a sus apóstoles que deben difundir la verdad por todo el mundo. En la plegaria que conocemos como el «Padre Nuestro», se dice la verdad literalmente:

Venga tu reino, sea hecha tu voluntad, como en el cielo así también en la Tierra. *Mateo 6: 10*

En "el cielo", en el planeta de los creadores, los científicos han acabado por reinar y han creado otros seres inteligentes. En la Tierra sucederá lo mismo; volverán a tomar la antorcha.

Esta plegaria que repetimos sin comprender el significado tan profundo, adquiere ahora todo su significado: «como en el cielo así también en la Tierra».

Entre otras cosas, a Jesús se le había enseñado a saber hablar con persuasión, gracias a una forma de hipnosis telepática de grupo:

> Y aconteció que cuando Jesús terminó estas palabras, las multitudes estaban maravilladas de su enseñanza, porque les enseñaba como quien tiene autoridad, y no como los escribas. *Mateo 7: 28,29*

Siguió sanando a los enfermos con ayuda de los creadores, actuando a distancia por medio de rayos concentrados:

> Y he aquí vino un leproso y se postró ante él diciendo: "señor" si quieres puedes limpiarme... Jesús extendió la mano, le tocó diciendo: "Quiero, sé limpio". Y al instante quedó limpio de la lepra. *Mateo 8: 2, 3*

Sucedió lo mismo con el paralítico. Una operación a distancia gracias a un rayo concentrado inspirado en el láser, pero que no quemaba sino en un solo punto a través de cualquier espesor.

> Levántate; toma tu camilla y vete a tu casa... y se levantó y se fue a su casa. *Mateo 9: 5,7*

Más adelante, en el Evangelio según San Mateo, Jesús anuncia cuál es su misión:

> Porque yo no he venido para llamar a justos, sino a pecadores. *Mateo 9: 13*

No ha venido por el pueblo de Israel, que conoce la existencia de los creadores, sino para que este conocimiento se difunda por todo el mundo.

Más adelante tienen lugar otros milagros parecidos a los primeros; todos ellos tuvieron bases médicas. En nuestros días, un trasplante de corazón, de un miembro cualquiera, la curación de una lepra o de cualquier otra enfermedad de esta clase, superar un coma gracias a una atención adecuada, son algo que los pueblos primitivos consideraban como milagros. En esa época, los hombres se asemejaban a ellos, y los creadores se parecían a los hombres de vuestras naciones «civilizadas», pero todavía un poco más evolucionados desde un punto de vista científico.

Después se encuentra una alusión a los creadores, entre los cuales se encuentra el verdadero Padre de Jesús:

> Por tanto, a todo el que me confiese delante de los hombres, yo también le confesaré delante de mi Padre que está en los cielos.
> *Mateo 10: 32*

«Delante de mi Padre que está en los cielos». Todo está dicho aquí. No se trata de un «Dios» impalpable o inmaterial. Está «en los cielos». Algo que evidentemente era incomprensible para seres que creían que las estrellas colgaban de la bóveda celeste como suaves luminarias, y todo gravitando alrededor del centro del mundo: la Tierra. En cambio ahora, con la aparición de los viajes espaciales y con la comprensión de la inmensidad del espacio, los viejos textos se han aclarado en una forma completamente diferente.

Las Humanidades Paralelas

En *el Evangelio según San Mateo*, capítulo 13, hay un pasaje decisivo donde Jesús explica en una parábola, cómo los creadores salieron de su planeta para crear la vida en otro mundo.

He aquí un sembrador salió a sembrar. Mientras él sembraba, parte de la semilla cayó junto al camino; y vinieron las aves y la devoraron. Y otra parte cayó en pedregales, donde no había mucha tierra; y brotó rápidamente, porque la tierra no era profunda. Pero cuando salió el sol, se quemó; y porque no tenía raíz, se secó. Y otra parte cayó entre los espinos. Los espinos crecieron y la ahogaron. Y otra parte cayó en buena tierra y dio fruto, una a ciento, otra a sesenta y otra a treinta por uno. El que tiene oídos, que oiga. *Mateo 13: 3-9*

Alusión a las diversas tentativas para crear la vida en otros planetas, tres de las cuales fracasaron:

La primera a causa de las «aves» que vinieron a devorarlas; en realidad un fracaso debido a la proximidad excesiva de ese planeta con el planeta de origen de los creadores. Quienes se oponían a esta creación de hombres semejantes a ellos y que veían una posible amenaza, llegaron a destruir la creación.

La segunda tentativa se llevó a cabo en un planeta situado demasiado cerca de un sol excesivamente cálido, cuyas radiaciones nocivas destruyeron la creación.

La tercera tentativa, por el contrario, se hizo «entre espinos», en un planeta demasiado húmedo en el cual el reino vegetal tomó la delantera, destruyendo el equilibrio y el mundo animal. Ese mundo únicamente vegetal todavía existe.

Por último, la cuarta tentativa fue un éxito, «en la buena tierra». Y, algo muy importante, tuvieron lugar otros tres éxitos, lo que quiere decir que en otros dos planetas relativamente cercanos, hay seres semejantes a los hombres, y creados por los mismos creadores Elohim.

«El que tenga oídos, que oiga»: que comprenda quien pueda hacerlo. Cuando llegue el tiempo, aquellos que buscan comprenderán. Los demás, todos aquellos que ven sin mirar y oyen sin escuchar y sin comprender, esos no comprenderán la verdad. Aquellos que por sí mismos hayan demostrado su inteligencia, y por eso mismo son dignos de ser ayudados por los creadores, recibirán ayuda.

Porque al que tiene, le será dado, y tendrá más; pero al que no tiene, aún lo que tiene le será quitado. *Mateo 13: 12*

Los pueblos que no logren demostrar su inteligencia serán destruidos. Ahora bien, los hombres casi han demostrado que son dignos de ser admitidos como iguales por sus creadores, y sólo les falta... un poco de amor. Amor entre ellos, y sobre todo hacia sus creadores.

Porque a vosotros se os ha concedido conocer los misterios del reino de los cielos. *Mateo 13. 11*

Los tres planetas donde fue creada la vida se pusieron en competencia. Aquel en donde la humanidad logre alcanzar los mayores progresos científicos, demostrando así su inteligencia, podrá beneficiarse con la herencia de los creadores el día del juicio final, a condición de que no se muestre agresivo hacia ellos. El día en que se haya adquirido un nivel suficiente de conocimientos. Y los hombres de la Tierra ya no están muy lejos de ese momento. El genio humano es:

Esta es la más pequeña de todas las semillas, pero cuando crece, es la más grande de las hortalizas, y se convierte en árbol, de modo que vienen las aves del cielo y hacen nidos en sus ramas. *Mateo 13: 32*

Las «aves del cielo»: los creadores vendrán a "anidar" en sus ramas, ofrecerán su saber a los hombres cuando éstos hayan demostrado ser dignos de ello.

El reino de los Cielos es semejante a la levadura que una mujer tomó y escondió en tres medidas de harina, hasta que todo quedó leudado. *Mateo 13: 33*

Una nueva alusión a los tres mundos donde los creadores esperan la exclusión científica.

Publicaré cosas que han estado ocultas desde la fundación del mundo. *Mateo 13: 35*

Ya que ésta es una de las cosas más importantes, los planetas tienen una vida, y un día ya no son habitables. En ese momento, el hombre tendrá que haber alcanzado un nivel científico suficiente para emprender, ya sea una mudanza a otro planeta, o si no puede adaptarse en otra parte, la creación de una forma de vida humanoide adaptada a otro mundo. Si el medio no puede adaptarse a los hombres, es necesario crear un hombre que se adapte al medio. Por ejemplo, creando antes de su extinción otra raza de hombres que pueda vivir en una atmósfera totalmente diferente, y que antes del fin de sus creadores, heredará el saber de estos últimos. Para que la herencia no se pierda, los creadores han depositado la vida en tres mundos, y solamente el mejor tendrá derecho a la herencia:

Así será el fin del mundo: saldrán los ángeles, y apartarán a los malos de entre los justos. *Mateo 13: 49*

Milagros Científicos

El párrafo de la multiplicación de los panes ya quedó explicado anteriormente. Se trata de alimentos concentrados en forma de grandes píldoras, como las que utilizan los cosmonautas y que contienen todos los elementos vitales. De allí sus "sagrados panes" o «hostias» y sus formas que recuerdan la de una píldora. Con el equivalente a algunos panes, hay con qué alimentar a miles de hombres.

Cuando Jesús camina sobre el agua, los creadores lo sostienen por medio de un rayo antigravitacional que anula en un punto preciso, los efectos de la gravedad.

Jesús fue a ellos caminando sobre el mar. *Mateo 14: 25*

Además, esto creó una turbulencia que se describe:

Pero al ver el viento fuerte, tuvo miedo y comenzó a hundirse...
cuando ellos subieron a la barca, se calmó el viento. *Mateo 14: 32*

El «viento amainó» cuando subieron a la barca, ya que la emisión de rayos se interrumpió una vez que Jesús se encontró en la barca. Nuevamente, otro «milagro» completamente científico.

No hay ningún milagro, solamente son variaciones entre las civilizaciones. Si usted desembarcara en la época de Jesús con una nave espacial, o aún con un simple helicóptero, y no obstante su nivel científico limitado, ante los ojos de ellos realizaría milagros.

Por ejemplo creando la luz artificial, llegando del cielo, circulando en automóvil, mirando la televisión o dando muerte a un ave con ayuda de un fusil, puesto que serían incapaces de comprender a primera vista el mecanismo que anima sus máquinas, viendo en ello una fuerza «divina» o sobrenatural. Y bien puede decirse que hay la misma variación entre ustedes y los hombres de la época de Jesús, que entre nosotros y ustedes. Nosotros todavía podemos hacer algunas cosas que ante sus ojos serán «milagros».

Pero para los más evolucionados de entre ustedes, ya no serían «milagros» del todo, puesto que han seguido la senda del desarrollo científico desde hace varias décadas, y buscarán el porqué de las cosas en vez de colocarse tontamente de rodillas trayendo algunas ofrendas.

Pero nuestros conocimientos son de tal naturaleza que ustedes, y ni siquiera sus sabios más eminentes, podrían entrever cómo realizamos esos «milagros», si es que llegásemos a realizarlos. Ciertas mentes particularmente evolucionadas quizá no enloquecerían, pero el pánico se apoderaría de las multitudes. Esas multitudes que sin embargo ya no se impresionan con cualquier cosa, pero aún así nosotros todavía tenemos con qué sorprenderlas.

Es necesario que sepan ahora que de cualquier manera, no hay un

«Dios» inmaterial, que sólo hay hombres que crean a otros hombres a su imagen y semejanza.

En el capítulo 17, *del Evangelio según San Mateo,* los creadores aparecen nuevamente:

> Jesús tomó consigo a Pedro, a Jacobo y a Juan su hermano, y los hizo subir aparte, a un monte alto. Y fue transfigurado delante de ellos: su cara resplandeció como el sol, y sus vestiduras se hicieron blancas como la luz. Y he aquí les aparecieron Moisés y Elías hablando con él... de pronto una nube brillante les hizo sombra, y he aquí salió una voz de la nube diciendo: «Este es mi Hijo amado, en quien tengo complacencia; escuchadle».
> *Mateo 17: 1-5*

Esta escena se desarrolla de noche, y los apóstoles se sienten atemorizados al ver a Jesús iluminado por los potentes proyectores del platillo volador de donde salen Moisés y Elías, aún con vida gracias al «árbol de la vida» del cual se beneficiaron. La inmortalidad es una realidad científica, aún si no corresponde a la idea que el hombre se ha hecho de ella.

La frase escrita en el capítulo 19, versículo 30 *del Evangelio según San Mateo*

> Pero muchos primeros serán últimos, y muchos últimos serán primeros.

Quiere decir que los creados serán creadores, así corno los creadores fueron creados.

Para Merecer la Herencia

En el capítulo 25, versículos del 14 al 29 *del Evangelio según San Mateo*, se dice una vez más que los tres planetas deben realizar progresos científicos, y que todo eso será juzgado algún día. De ahí la parábola: Será semejante a un hombre que al emprender un viaje largo, llamó a sus siervos y les entregó sus bienes: A uno dio cinco talentos, a otro dos, y otro uno... Después de mucho tiempo, vino el señor y arregló cuentas con ellos.., el que había recibido cinco talentos, le entregó otros cinco talentos que había ganado... El que había recibido dos talentos, le entregó otros dos que había ganado... Pero cuando se presentó el que había recibido un talento, le devuelve solamente 1 talento que le había sido entregado...

> Por tanto, quitadle el talento y dadlo al que tiene diez talentos.
> Porque a todo el que tiene, le será dado y tendrá en abundancia,
> pero al que no tiene, aún lo que tiene le será quitado.

De los tres mundos donde fue creada la vida, aquel que haya alcanzado mayores progresos recibirá la herencia. Aquel que no haya progresado, será dominado por el otro y aniquilado. Esto también es cierto sobre la Tierra, entre los pueblos.

En el capítulo 26 *del Evangelio según San Mateo,* Jesús revela la importancia de su muerte y de las escrituras, que más adelante estarán destinadas a prestar testimonio: cuando uno de los suyos quiere defenderlo con la espada, él inmediatamente responde:

> Vuelve tu espada a su lugar. Porque todos los que toman espada, a espada perecerán. ¿O piensas que no puedo invocar a mi Padre, y que él no me daría ahora mismo más de doce legiones de ángeles? Entonces, ¿Cómo se cumplirían las Escrituras de que es necesario que suceda de esta manera? *Mateo 26: 52-54*

En efecto, es necesario que Jesús muera, que la verdad se difunda por todo el mundo a fin de que más adelante, cuando los creadores vuelvan a la Tierra, no se les tome por usurpadores o invasores. Esa es la utilidad de los escritos bíblicos y evangélicos. Es para preservar la razón de su obra y de su presencia, y para que sean reconocidos cuando lleguen.

Jesús, una vez muerto, «resucita» gracias a la ayuda de los creadores:

> Y he aquí, hubo un gran terremoto, porque el Ángel del Señor descendió del cielo, y al llegar removió la piedra y se sentó sobre ella. Su aspecto era como un relámpago y su vestidura era blanca como la nieve. *Mateo 28: 2,3*

Los creadores cuidan a Jesús y lo reaniman. Y él dice:

> Por tanto, id y haced discípulos a todas las naciones,... y enseñándoles que guarden todas las cosas que os he mandado. *Mateo 28: 19, 20*

La misión de Jesús ha concluido.

> Después de que les habló, el Señor Jesús fue recibido arriba en el cielo. *Marcos 16: 19*

Los creadores se lo llevaron después de esta última frase tan importante:

> Tomarán serpientes en las manos y si llegan a beber cosa venenosa, no les dañará; Sobre los enfermos pondrán sus manos y sanarán[10]. *Marcos 16: 18*

Cuando los hombres lleguen a conocer el suero antiveneno, los antídotos, cuando hayan desarrollado la cirugía, etcétera, que es lo que está sucediendo ahora.

Los creadores antes de volver harán algunas apariciones cada vez más próximas unas de otras, a fin de preparar su llegada, tal y como está sucediendo en este momento, para esclarecer estas revelaciones:

> Mirad la higuera y todos los árboles. Cuando veis que ya brotan, vosotros entendéis que el verano ya está cerca. *Lucas 21: 29, 30*

Cuando aparezcan los objetos voladores no identificados, como ahora, es que el tiempo ha llegado. En *el Libro de Hechos de los Apóstoles*, capítulo 2: 1-4 se dice nuevamente:

> Al llegar el día de Pentecostés, estaban todos reunidos en un mismo lugar. Y de repente vino un estruendo del cielo, como si soplara un viento violento, y llenó toda la casa donde estaban sentados. Entonces aparecieron, repartidas entre ellos, lenguas como de fuego y se asentaron sobre cada uno de ellos. Todos fueron llenos del Espíritu Santo y comenzaron a hablar en distintas lenguas. *Hechos de los Apóstoles 2: 1-4*

Los creadores, gracias a una enseñanza condensada bajo la forma de ondas telepáticas amplificadas y aplicadas de manera muy semejante a los choques eléctricos, imprimen en la memoria de los apóstoles los elementos de otros idiomas. Así podrán difundir la verdad por todo el mundo.

En *el Libro de Hechos de los Apóstoles*, hay que citar las repetidas apariciones de los creadores, los «ángeles», y especialmente para liberar a Pedro, encadenado por Herodes:

> Y he aquí que se presentó un Ángel del Señor y una luz resplandeció en la celda. Despertó a Pedro dándole un golpe en el costado y le dijo: «Levántate pronto!». Y las cadenas se le cayeron de las manos. Entonces le dijo el ángel: «Cíñete y ata tus sandalias». Y así lo hizo. Luego le dijo: «Envuélvete en tu manto y sígueme». Y habiendo salido, le seguía, y no comprendía que

lo que hacía el ángel era realidad. Más bien le parecía que veía una visión. *Hechos de los Apóstoles 12: 7-9*

Pedro, como ser primitivo que era, cree haber tenido una visión ante sus cadenas que caen solas. No conoce el soldador electrónico de rayos láser que utiliza uno de los creadores. Cuando se producen cosas tan fantásticas, uno cree soñar. Por eso con frecuencia se dice de aquellos que han visto a los creadores, que han tenido una visión, que han visto las cosas en un sueño. Semejante a lo que se dice de quienes en realidad han visto nuestros platillos voladores, que han tenido alucinaciones. ¡Ahí queda explicado claramente que creía ver un sueño, pero que sin embargo era algo decididamente real!

Llegaron a la puerta de hierro que daba a la cuidad, la cual se les abrió por sí misma… Y de repente, el ángel se aparto de él. *Hechos de los Apóstoles 12: 10*

Otra señal de que el tiempo ha llegado es que el pueblo de Israel ha vuelto a encontrar su país:

Después de esto volveré y reconstruiré el tabernáculo de David que está caído. *Hechos de los Apóstoles 15: 16*

Hay otra frase importante en un capítulo siguiente:

Porque también somos linaje de él. *Hechos de los Apóstoles 17: 28*

Se dice cuando uno de los apóstoles habla de "Dios".

No vamos a seguir leyendo toda la continuación de los Evangelios, donde todavía se encuentran numerosas alusiones a los creadores, pero de menor importancia. Usted mismo sabrá interpretarlos para aquellos que le hagan preguntas, a la luz de todas las explicaciones que le he proporcionado hasta ahora.

Y volvió a partir, igual que las veces anteriores.

5

EL FIN DEL MUNDO

1946, Año 1 de la Nueva Era

Al día siguiente volvió como las veces anteriores y empezó a hablar: Ha llegado el momento del fin del mundo. No del fin del mundo de una catástrofe que destruya la Tierra, sino el fin del mundo de la Iglesia, que ha realizado su obra, más o menos bien, pero que la ha realizado. Obra de divulgación que permitirá que los creadores sean reconocidos cuando vengan. Como habrá podido observar, la Iglesia cristiana se muere. Es el fin de ese mundo, ya que ha cumplido su misión, no con pocos errores, habiendo tratado durante largo tiempo de deificar a los creadores.

Esta deificación fue aceptable hasta la llegada de la era científica, cuando se hubiese podido eliminar por completo, si se hubiera conservado la verdad y si se hubiera sabido leer entre líneas. Pero han cometido demasiados errores.

Eso estaba previsto y se derrumbará al no servir ya para nada. La melancolía ha empezado a consumir a la población de los países científicamente desarrollados, que ya no creen absolutamente en nada. Ya no pueden creer en el «buen Dios» de barba blanca, posado sobre una nube omnipotente y omnipresente, y en quien han querido hacerles creer. Y tampoco en los encantadores angelitos guardianes, o en el diablo con cuernos y pezuñas, entonces ya no saben en qué creer. Solamente algunos jóvenes han comprendido que el amor era algo primordial, ustedes han llegado a la edad de oro.

Ustedes los hombres de la Tierra, vuelan por los cielos, hacen llegar su voz hasta los cuatro confines de la Tierra por medio de las ondas radiofónicas, ha llegado el momento de revelarles la verdad.

Como estaba escrito, todo sucede ahora que la Tierra ha entrado bajo el signo de Acuario. Ciertos hombres ya lo han escrito, pero nadie ha creído en ellos. Desde hace veinticinco mil años, los creadores decidieron realizar su obra en la Tierra, y desde entonces todo está previsto, ya que el movimiento de la galaxia supone este conocimiento.

Los peces fueron Cristo y sus pescadores, y la era de Acuario, que sigue, se encuentra aquí desde 1946. Época en la cual el pueblo de Israel vuelve a encontrar su país:

> En aquel día...habrá voz de clamor desde la Puerta del Pescado...[11] *Sofonías 1: 10*

La Puerta del Pescado es el paso hacia la nueva era de Acuario. El momento en que el Sol se levanta sobre la Tierra, el día del equinoccio de primavera, en Acuario. Los gritos de auxilio serán el ruido que ocasionará esta revelación.

Y si usted nació en 1946, no fue por casualidad.

El Fin de la Iglesia

Esta revelación devolverá la esperanza y la felicidad a los melancólicos, gracias a la luz que trae consigo. Pero también apresurará la caída de la Iglesia, a menos que ésta comprenda sus errores y se ponga al servicio de la verdad.

> Porque se habrá acabado el tirano, y el burlador habrá sido exterminado. Serán eliminados todos los que están a la expectativa para hacer el mal. Los que hacen pecar al hombre en palabra, los que ponen trampas para hacer caer al que amonesta en la puerta,... los que con argumentos vacíos desvían al justo: *Isaías 29: 20,21*

Es el fin de todos aquellos que los han hecho creer en el pecado original y que han hecho al hombre sentirse culpable, y de aquellos que tienden lazos a quien difunda la verdad en el momento de la «Puerta de los Peces», la entrada hacia Acuario, y es el fin para aquellos que tratan de salvar a la Iglesia tal y como existía, desatendiendo al justo, aquel que dice lo que es justo, el que predica o escribe la verdad. Son como aquellos que, persuadidos de que defendían algo verdadero sin tratar de comprender, crucificaron a Jesús por temor de verse arruinados y aniquilados al comienzo de la era de los peces.

No se cerrarán los ojos de los que ven, y los oídos de los que oyen estarán atentos; El vil nunca más será llamado generoso; ni noble el canalla. Porque el vil habla vilezas, su corazón trama la iniquidad para practicar la impiedad y hablar perversidades contra Yahvé, a fin de dejar vacía al alma hambrienta y privar de bebida al sediento. Pues el canalla tiene recursos de perversidad. Él hace planes para enredar a los afligidos con palabras engañosas, aún cuando el pobre hable con derecho. Pero el generoso concebirá acciones generosas, y por las acciones generosas permanecerá. *Isaías 32: 3-8*

Entonces todo el mundo comprenderá, «no se cerrarán los ojos». Es la Iglesia, quien profiere a propósito de Yahvé frases aberrantes y deja vacía el alma de quienes tienen hambre de la verdad.

Es la misma que maquina infames planes para aniquilar a los pobres, de tal manera que aquellos quienes no pueden, o no se atreven a comprender, permanezcan fieles a ella, con el temor del «pecado», de la excomunión o de otras tonterías. Cuando el indigente expone su causa, cuando no tiene suficiente inteligencia para entrever la verdad, se yergue en defensor de las mentiras de la Iglesia siguiendo sus consejos. Pero el que es noble, aquel que clama la verdad en voz muy alta, proyecta actos nobles, incluso si no cuenta con el consentimiento de la Iglesia caduca y agonizante de los hombres.

¿Acaso no sabéis? ¿Acaso no habéis oído? ¿Acaso no se os ha dicho desde el principio? ¿Acaso no habréis comprendido desde la fundación del mundo? *Isaías 40: 21.*

He aquí mi siervo a quien sostendré, mi escogido en quien se complace mi alma. Sobre él he puesto mi espíritu; Y él traerá justicia a las naciones. *Isaías 42: 1*

Usted es aquel que difundirá la verdad por todo el mundo, esta verdad que le ha sido revelada desde hace varios días.

No quebrará la caña cascada, ni apagará la mecha que se está extinguiendo; según la verdad traerá justicia. *Isaías 42: 3*

Usted no logrará destruir por completo a la Iglesia y sus mentiras, pero ella se extinguirá por sí sola. Por otra parte esta extinción ya se ha iniciado desde hace algún tiempo. «La mecha se está extinguiendo». Ha cumplido con su misión y ha llegado la hora de que desaparezca. Ha cometido errores y se ha enriquecido demasiado a costa de la verdad, sin tratar de interpretarla en una forma suficientemente clara para los hombres de esta época, pero no la culpe demasiado ya que gracias a ella, la Biblia, testimonio de la verdad, puede encontrarse en el mundo entero.

No obstante, sus errores son grandes, particularmente el de haber puesto demasiado de sobrenatural en la verdad, de haber traducido erróneamente los escritos bíblicos, reemplazando en las «Biblias usuales» la expresión «Elohim» que se refiere a los creadores, por la de Dios, una expresión en singular, mientras que Elohim, en Hebreo, es el plural de Eloha.

Transformando así a los creadores en un Dios único incomprensible. Otro de los errores ha sido pedir que la gente adore un trozo de madera en cruz, en recuerdo de Jesucristo. Una cruz no es el Cristo; un trozo de madera en cruz no significa nada.

Nadie reflexiona, nadie tiene conocimiento ni entendimiento para decir: "Parte de esto quemé en el fuego y sobre sus brasas cocí pan, ase carne y comí. ¿He de convertir en una abominación lo que sobra de él?, ¿Me he de postrar ante un tronco de árbol?" *Isaías 44: 19*

La Creación del Estado de Israel

El regreso del pueblo judío a Israel, tal y como fue predicha, es una señal de la edad de oro que está descrita:

Del Oriente traeré a tus descendientes y del occidente te recogeré. Diré al Norte: "¡Entrégamelos!" y al Sur: "¡No los retengas!". Traeré de lejos a mis hijos, y a mis hijas de los confines de la Tierra; a cada uno que es llamado según mi nombre, y a quien he creado para mi gloria, yo lo formé. Ciertamente yo lo hice. *Isaías 43: 5-7*

Por supuesto se trata de la creación del estado de Israel, que recibe a los judíos del norte y del sur. Y el hecho de que la Biblia, preservada por el pueblo judío, sirva de testimonio de la llegada de los creadores, como está escrito:

Vosotros sois mis testigos. *Isaías 43: 10*

Haz salir a un pueblo que es ciego, aunque tiene ojos, y que es sordo, aunque tiene oídos. Congréguense a una todas las naciones. ¿Quién de ellos hay que nos anuncie esto, y que nos haga oír las cosas antiguas? Que se presenten sus testigos, y que se justifiquen; se oiga para que se pueda decir: «Es verdad». Vosotros sois mis testigos, dice Yahvé, mi siervo que yo escogí, para que me conozcáis y se me creáis, a fin de que entendáis que

Yo Soy.... Vosotros sois mis testigos, y yo soy Dios, dice Yahvé.
Aún antes que hubiera día, Yo Soy. *Isaías 43: 8-13*

«Vosotros sois mis testigos», está muy explícito, ¿no es verdad? y hoy
yo puedo repetirle: «yo lo soy desde siempre», gracias al testimonio
que usted tiene en las manos, la Biblia.

Por un breve momento te abandoné, pero con gran compasión
te recogeré. *Isaías 54: 7*

En efecto, el pueblo de Israel ha vuelto a encontrar su país después
de haber participado en la salvaguarda de la verdad.

Está previsto el tiempo en que el hombre, por medio de la ciencia,
dominará a la enfermedad:

No habrá allí más bebés que vivan pocos días, ni viejos que no
completen sus días. *Isaías 65: 20*

La medicina ha permitido que ahora los hombres triunfen sobre la
enfermedad, y especialmente sobre la mortandad infantil.

En los labios del entendido se hallará sabiduría, pero la vara es
para las espaldas del falto de entendimiento". *Proverbios 10: 13*

Los Errores de la Iglesia

Sí, la Iglesia ha faltado al hacer sentir culpable al hombre y hacerlo
orar sin que trate de comprender.

Y al orar, no uséis vanas repeticiones, como los gentiles, que piensan que serán oídos por su palabrería. *Mateo 6: 7*

A pesar de advertirse en *los Evangelios, la Iglesia* se ha enriquecido demasiado, mientras que estaba escrito:

No acumuléis para vosotros tesoros en la Tierra...Nadie puede servir a dos señores porque aborrecerá a uno y amará al otro; o bien se dedicará a uno y menospreciará al otro. No podéis servir a Dios y a Mamón (la riqueza en Arameo). *Mateo 6: 19, 24*

No os preveáis ni de oro, ni de plata, ni de cobre en vuestros cintos. Tampoco llevéis bolsas para el camino, ni dos vestidos, ni zapatos, ni bastón. *Mateo 10: 9,10*

Con sus reglas estúpidas y sus viernes de vigilia, no han respetado su propio *Evangelio*:

Lo que entra en la boca no contamina al hombre; sino lo que sale de la boca, esto contamina al hombre. *Mateo 15: 11*

¿Cómo se atreven esos hombres que no son otra cosa que hombres, a arrellanarse en medio de la fortuna y el lujo del Vaticano, cuando sus evangelios les dicen que no deben poseer «ni oro, ni plata», ni siquiera una «segunda túnica»?
¿Cómo se atreven a predicar la bondad?

Entonces Jesús dijo a sus discípulos: «De cierto os digo, que difícilmente entrará el rico en el Reino de los Cielos». *Mateo 19: 23*

Atan cargas pesadas y difíciles de llevar, y las ponen sobre los hombros de los hombres; pero ellos mismos no las quieren mover ni aún con el dedo.., Mas bien hacen todas sus obras para ser vistos por los hombres.... Aman los primeros asientos en los banquetes... las salutaciones en las plazas y el ser llamados por los hombres: Rabí, Rabí ... Pero vosotros, no seáis llamados «Rabí» porque uno sólo es vuestro Maestro, y todos vosotros sois hermanos. Y no llaméis a nadie vuestro «Padre» en la Tierra, porque vuestro Padre que está en los cielos es uno solo. Ni os llaméis «Guía», porque vuestro Guía es uno solo, el Cristo. Pero el que es mayor entre vosotros, será vuestro siervo. *Mateo 23: 4-11*

Y sin embargo, todo esto está escrito en sus *Evangelios.* ¡Cómo se atreve la Iglesia a confundir a los hombres con supuestos pecados, que no son sino concepciones diferentes de costumbres y de formas de vida!, ¡Cómo se atreve a hablar de bondad viviendo en medio de la opulencia del Vaticano cuando los hombres mueren de hambre!, ¡Cómo se atreve a hacerse invitar y a buscar los honores mientras predica la humildad!, ¡Cómo se atreve a hacerse llamar Padre, Eminencia o Su Santidad, cuando sus propios evangelios lo prohíben!

Si el día de mañana el Papa partiera por los caminos con su morral, la Iglesia reviviría. Pero con un fin humanitario completamente diferente del que ha sido el suyo hasta ahora: es decir, la propagación de aquello que debe servir como prueba hoy en día.

Esta misión ha terminado, pero la Iglesia puede volver al sendero de la bondad, de la ayuda a los pueblos desgraciados, de la ayuda para la propagación del verdadero sentido de los escritos deformados o mantenidos en secreto hasta ahora. De esta forma, el espíritu generoso de muchos Sacerdotes de la Iglesia encontrarían su realización. Para ello, es necesario que el Vaticano dé el ejemplo, vendiendo todas sus riquezas para beneficio de las naciones subdesarrolladas, y saliendo a ayudar a los hombres a progresar, ofreciendo sus manos para trabajar, y ya no su «buena palabra».

Es inadmisible que existan diferentes categorías de matrimonios y sobre todo de sepulturas, de acuerdo con la fortuna de los hombres. Un error más de la Iglesia.

¡Pero el tiempo ha llegado!

En el Origen de Todas las Religiones

Los rastros de la verdad no se encuentran solamente en la Biblia y en los Evangelios, existen testimonios que se encuentran prácticamente en todas las religiones. Sobre todo en La Cábala que es uno de los libros en que más abundan testimonios, pero no le hubiera sido fácil procurarse un ejemplar.

Si algún día puede encontrar uno podrá confirmar un sinnúmero de alusiones a nosotros, en particular una descripción en el *Cantar de los Cantares* (V) acerca del planeta de los creadores, así como de la distancia que lo separa de la Tierra.

Se dice que la «altura del creador» es de doscientos treinta y seis mil parasangas, y que la altura de sus talones es de treinta millones de parasangas. El parasanga es una unidad de medida como el pársec, que significa la distancia que recorre la luz en un segundo, es decir, aproximadamente trescientos mil kilómetros. Nuestro planeta se encuentra a treinta millones de parasangas, o sea a nueve mil millones de kilómetros o un poco menos de un año luz de la Tierra.

Si ustedes se desplazaran a la velocidad de la luz, es decir, a trescientos mil kilómetros por segundo, necesitarían casi un año para llegar a nuestro planeta. Con sus cohetes actuales, no se desplazan sino a cuarenta mil kilómetros por hora, necesitarían cerca de veintiséis mil años para llegar hasta nosotros.

Ya ve que por el momento no tenemos nada qué temer de ustedes. Contamos con los medios de llegar desde nuestro planeta hasta la Tierra en menos de dos meses, gracias a una forma de propulsión que utiliza el átomo, la cual nos permite desplazarnos a la velocidad de rayos que son siete veces más rápidos que la luz.

Esos rayos nos «transportan». Y al ser «transportados», abandonamos la ventana óptica debido a la gama de rayos que perciben los ojos al momento de sintonizarnos con el rayo transportador. Es por ello que los observadores terrestres de nuestras máquinas voladoras las han descrito como objetos que se vuelven luminosos, de un color blanco muy brillante, después azulado, hasta que por último desaparecen. Es evidente que cuando una máquina sobrepasa la velocidad de la luz, «desaparece», ya no es visible a simple vista. He allí la altura de los «talones» del creador, la distancia a la cual sus talones reposan sobre un planeta.

El planeta de los creadores está a una distancia de doscientos treinta y seis mil parasangas de su sol, una gran estrella, es decir, a setenta mil millones ochocientos mil kilómetros, que es la «altura del creador».

La Cábala es el libro que más se acerca a la verdad, pero casi todos los libros religiosos hacen alusión a nosotros en una forma más o menos clara, sobre todo en los países donde los creadores tenían sus bases: en la cordillera de los Andes, en el Himalaya, en Grecia; donde la mitología también incluye testimonios importantes, en la religión budista, islámica, entre los mormones, se necesitarían muchas páginas para citar todas las religiones y sectas que dan testimonio, un poco confuso, de nuestra obra.

El Hombre: Un Mal del Universo

Vaya, ahora ya conoce la verdad. Es necesario escribirla y darla a conocer por todo el mundo. Si los hombres de la Tierra desean que les permitamos aprovechar nuestro saber, haciéndolos ganar así veinticinco mil años de adelantos científicos, es necesario que nos demuestren que sienten deseos de encontrarse con nosotros, y sobre todo, que lo merezcan, que esto puede hacerse sin ningún riesgo para nosotros.

Si ofrecemos nuestro saber a los hombres, debemos estar seguros de que harán buen uso de él. Nuestras observaciones de estos últimos años no nos han demostrado que la sabiduría reine sobre la Tierra. Es verdad, se ha progresado mucho, pero todavía los hombres mueren de hambre, y el espíritu bélico aún existe por todo el mundo. Sabemos que nuestra llegada podría mejorar muchas cosas y unir a las naciones, pero debemos tener la impresión de que los hombres verdaderamente la desean, y que realmente preparan la unión.

Por otra parte, es necesario que tengamos la seguridad de que verdaderamente existe el deseo de vernos llegar con todo conocimiento de causa.

En muchas ocasiones, las máquinas humanas de vocación guerrera han tratado de apoderarse de nuestros aparatos, porque los han tomado por enemigos.

Usted debe enseñarles quiénes somos, a fin de atrevernos a mostrarnos, sin riesgo de que nos hieran o maten, lo que no es el caso en la actualidad, y también sin correr el riesgo de crear un pánico mortal y peligroso.

Ciertos investigadores desean comunicarse con nosotros por radio, pero nosotros no lo deseamos, ya que al responderles, podrían situar nuestro planeta. Por otra parte, el tiempo de la transmisión sería demasiado prolongado y nuestros aparatos emisores utilizan ondas que sus técnicas no pueden percibir, puesto que aún no las conocen. Son siete veces más rápidas que las ondas radioeléctricas, y estamos experimentando nuevas ondas que son una vez y media más rápidas que estas últimas.

El progreso sigue adelante y las investigaciones continúan a fin de conocer y entrar en relación con el gran ser del cual todos formamos parte, y del cual somos los parásitos de los átomos; y esos átomos son los planetas y las estrellas.

En efecto, hemos podido descubrir que en lo infinitamente pequeño, hay seres vivientes con inteligencia que habitan en partículas que para ellos son planetas y soles, y que se hacen las mismas preguntas que nosotros.

El hombre es un «mal» del ser gigantesco para el cual los planetas y las estrellas son átomos. Y ese ser, con toda seguridad también es parásito de otros átomos. En ambos sentidos es el infinito. Pero lo importante, es actuar de tal manera que nuestro «mal», la humanidad, siga existiendo sin extinguirse jamás.

Al crearlos a ustedes, no sabíamos que cumplíamos con una misión secundaria, «escrita» en nosotros, repitiendo así lo que ya había sido hecho con nosotros.

A la luz de nuestra creación y de su evolución, hemos descubierto nuestros orígenes. Ya que nosotros también fuimos creados por otros hombres que hoy han desaparecido, puesto que con toda seguridad su mundo se desintegró, pero gracias a ellos pudimos tomar el relevo y crearlos a ustedes.

Quizá algún día lleguemos a desaparecer, pero ustedes se habrán hecho cargo del relevo; de manera que ustedes son el eslabón de una continuidad humana muy valiosa. Existen otros mundos y ciertamente la humanidad se desarrolla en otros puntos del Universo.

Pero en esta parte, nuestro mundo es el único que ha creado, y eso es muy importante, puesto que de cada mundo pueden surgir numerosos hijos muy valiosos para la continuidad. Esto nos permite esperar que algún día el hombre ya no se encontrará en peligro de una desaparición total.

Pero no estamos seguros de que el hombre pueda llegar jamás a estabilizarse en la abundancia. Desde siempre, la cadena continúa y el equilibrio mismo del inmenso cuerpo del cual somos un mal, un parásito, tiene necesidad de que no lleguemos a un desarrollo excesivo, bajo pena de desencadenar una reacción que pueda originar una catástrofe que en el mejor de los casos desemboque en una recesión, y en el peor, en una destrucción total.

Igual que en un cuerpo sano, algunos microbios pueden vivir sin temor, pero si se desarrollan en un número excesivo, crean una enfermedad que entorpece al organismo, que entonces reacciona ya sea en una forma natural, o bien con ayuda de medicamentos encargados de destruir a los microbios responsables.

"Aparentemente, lo que importa es crear suficientes mundos para que la humanidad no se extinga, pero sobre todo, tratar de no romper ese equilibrio, encaminando nuestros esfuerzos a la investigación para mejorar la felicidad de quienes existen.

Sobre este plano es donde tenemos mucho qué ofrecerles.

La Evolución: Un Mito

Aquí abriré un paréntesis, ya que es necesario que pueda disipar de su mente las dudas de la evolución. Sus sabios, que han establecido las teorías de la evolución, no están totalmente equivocados al decir que el hombre desciende del mono, el mono del pez, etcétera... en realidad, el primer organismo viviente que se creó sobre la Tierra fue decididamente mono-celular, y después dio origen a seres más complicados.

¡Pero no por casualidad! Cuando vinimos a crear la vida sobre la Tierra, comenzamos por creaciones muy sencillas, e hicimos progresar nuestras técnicas de adaptación al medio ambiente, que nos permitió después crear los peces, los batracios, los mamíferos, las aves, los primates, y por último al hombre, que no es otra cosa que un modelo de mono mejorado, al cual añadimos lo que nos hace esencialmente humanos.

De esa manera lo hicimos a nuestra imagen tal y como está escrito en el *Génesis* bíblico. Usted mismo podrá darse cuenta de que hay muy pocas probabilidades de que se produzca una evolución accidental, para llegar a una variedad tan grande de formas de vida, de los colores de las aves, y sus demostraciones amorosas, a la forma de los cuernos de ciertos antílopes.

¿Qué necesidad natural podía entonces llevar a los antílopes o a ciertas cabras a desarrollar una cornamenta en espiral?, ¿O a las aves a tener plumas de color azul, o rojo, o a los peces exóticos?

Esa es la obra de nuestros «artistas». No se olviden de sus artistas cuando a su vez, lleguen a crear la vida. Imagínense un mundo donde no existieran, música, ni películas, ni cuadros, ni esculturas, etcétera.

La vida sería bastante aburrida y los animales sin ninguna gracia si tuvieran un cuerpo que no respondiera sino a sus necesidades o a sus funciones.

La evolución de las diferentes formas de vida sobre la Tierra, es la evolución de las técnicas de la creación y de la sofisticación de las obras realizadas por los creadores, para finalmente desembocar a la creación de un ser semejante a ellos. Quizá puedan encontrar cráneos de hombres prehistóricos que son los cráneos de los primeros prototipos humanos.

Estos fueron reemplazados por otros cada vez más evolucionados, hasta llegar al modelo que fuese la réplica exacta de los creadores, que sintieron temor de crear un ser que fuese muy superior a ellos, aún cuando algunos se sintieron tentados a hacerlo.

Si tuviésemos la seguridad de que no se volverían jamás contra sus creadores para dominarlos o aniquilarlos, como ha sucedido en las diversas razas humanoides creadas sucesivamente sobre la Tierra, en vez de amarnos como Padres, sería muy grande la tentación de mejorar el género humano.

Esto es posible, pero ¡qué riesgo tan enorme! Además, algunos creadores temen que el hombre de la Tierra sea ligeramente superior a sus Padres, «Satán» es uno de los que siempre han pensado y siguen pensando aún, que el hombre de la Tierra es un peligro para nuestro planeta, puesto que es muy inteligente. Pero la mayoría de nosotros piensa que ustedes sabrán demostrar que nos aman y que jamás tratarán de destruirnos. Cuando menos, eso es lo que esperamos para venir en su ayuda.

Por otra parte, es posible que en cada una de las creaciones del hombre por el hombre, se lleve a cabo una ligera mejora, una verdadera evolución de la raza humana, pero poco a poco, a fin de que el creador no se sienta en peligro frente al creado.

Lo que permitirá que el progreso tenga lugar cada vez con mayor rapidez. Si aún no pensamos que sea posible hacerles entrega de nuestros conocimientos científicos, sí creemos que es posible ofrecerles sin ningún peligro, todos nuestros conocimientos políticos y humanitarios.

Esto último, no les permitirá amenazar su planeta, y si les dará la oportunidad de ser más felices sobre la Tierra y, gracias a esta felicidad, progresarán con mayor rapidez. Esto podrá ayudarlos a que nos demuestren más pronto que merecen nuestra ayuda, nuestra herencia, a fin de alcanzar un nivel de civilización intergaláctica.

Por el contrario, si la agresividad de los hombres no disminuye, si la paz no se convierte en su única meta, y mientras permitan la existencia de gente que fomente la guerra, favoreciendo la fabricación de armas, los experimentos atómicos con fines guerreros, o en tanto permitan que sigan existiendo los ejércitos, para conservar el poder o apoderarse de él, les impediremos que lleguen a convertirse en un peligro para nosotros y todo esto será una nueva «Sodoma y Gomorra».

¿Cómo podríamos no temer nada de los hombres cuando atacan a sus semejantes, qué esperamos nosotros que pertenecemos a otro mundo y somos ligeramente diferentes?

Usted, Claude Vorilhon, deberá difundir la verdad. Su nombre actual, el cual reemplazará poco a poco por el nombre que lleva para nosotros, «RAEL». Este nombre significa literalmente «luz de Dios», y si hacemos una traducción más exacta, «luz de los Elohim», o «aquel que trae la luz de los Elohim» o «Embajador de los Elohim», puesto que usted decididamente será nuestro Embajador en la Tierra, y no desembarcaremos oficialmente si no es en su embajada. RAËL puede traducirse más sencillamente por «Mensajero».

Además, fue por telepatía como hicimos que llamara a su hijo Ramuel, que significa «el hijo de aquel que trae la luz», puesto que es el hijo de nuestro Mensajero, de nuestro Embajador.

Y volvió a partir como las mañanas anteriores.

6

Los Nuevos Mandamientos

Geniocracia

Al día siguiente volví a reunirme nuevamente con él y habló: En primer lugar, veamos el aspecto político y económico: ¿Qué clase de hombres es la que permitirá el progreso de la humanidad? Los genios. De manera que es necesario que su mundo valore de nuevo a los genios, permitiéndoles que gobiernen la Tierra.

Ustedes han tenido sucesivamente en el poder a los «brutos», superiores a los demás por la fuerza muscular; a los ricos que tenían los medios de disponer de muchos brutos a su servicio; y a los políticos que atraparon en el lazo de sus esperanzas, a los pueblos de los países demócratas, sin mencionar a los militares que han basado su éxito en una organización racional de la brutalidad.

El único tipo de hombre que jamás han colocado en el poder, es justamente el que haría progresar a la humanidad. Ya sea que descubra la rueda, la pólvora, el motor de combustión interna o el átomo.

El genio siempre ha hecho que se beneficie con sus invenciones el poder de los hombres menos inteligentes que él, utilizando a menudo inventos pacíficos para fines mortales. ¡Todo eso debe cambiar!

Para ello es necesario eliminar las elecciones y los votos, que en su forma actual son completamente inadecuados para la evolución de la humanidad. Todos los hombres son células útiles del inmenso cuerpo llamado humanidad. La célula del pie no tiene porqué decidir si la mano debe tomar o no un objeto. El cerebro es quien debe decidir, y si ese objeto es bueno, la célula del pie se beneficiará con él. No debe votar, puesto que está hecha para transportar el cuerpo del cual forma parte el cerebro, y es incapaz de juzgar si lo que la mano puede tomar es bueno o malo.

Los votos no son positivos sino cuando existe una igualdad de conocimientos y de niveles intelectuales. Copérnico fue condenado por una mayoría de gente incompetente, porque era el único en ese tiempo, que poseía un nivel suficientemente elevado para comprender. Y sin embargo, la Tierra no era el centro del Universo, como lo creía la Iglesia, sí giraba alrededor del Sol y Copérnico tenía razón.

Cuando circuló el primer automóvil, si se hubiera pedido a todo el mundo su voto a fin de saber si éstos se debían autorizar o prohibir, la reacción de la gente, que se burlaba e ignoraba todo sobre el automóvil, hubiera sido negativa y todavía seguirían viajando en vehículos arrastrados por caballos. ¿Cómo cambiar todo eso?

Ahora cuentan con psicólogos capaces de crear pruebas de evaluación de la inteligencia y de la adaptación de cada individuo. Es necesario que esas pruebas se apliquen sistemáticamente desde la infancia, con el objeto de definir la orientación de los estudios de cada individuo.

Y que cuando pase a la edad en que el ser humano se vuelve responsable, se mida finalmente su coeficiente intelectual, que se anotará en su tarjeta de identidad o de elector. Sólo serán elegibles para algún puesto público los individuos que posean un coeficiente intelectual superior al cincuenta por ciento del promedio, y no podrán ser electores sino aquellos que tengan un coeficiente intelectual un diez por ciento superior al promedio. Muchos de sus políticos actuales ya no podrían ejercer sus funciones si esto existiera actualmente.

Es un sistema completamente democrático. Hay ingenieros que poseen una inteligencia inferior al promedio, pero que tienen mucha memoria y gracias a eso han obtenido un sinnúmero de diplomas.

Y hay obreros y aún campesinos que no tienen ninguna especialidad, y que poseen una inteligencia superior en más de un cincuenta por ciento al promedio. Lo que es inadmisible en la actualidad, es que la voz de lo que ustedes comúnmente llaman un «tonto», valga tanto como la de un genio, que ha reflexionado con madurez acerca de la forma en que va a votar. En algunas ciudades pequeñas, obtiene el triunfo en las elecciones quien ha ofrecido más cocteles... y no la persona cuyos proyectos son los más interesantes.

Por lo tanto, para empezar, el derecho de voto deberá reservarse a la élite intelectual, a aquellos cuyo cerebro es más apto para reflexionar y encontrar soluciones a los problemas. No son forzosamente quienes han hecho muchos estudios;

Se trata de colocar al genio en el poder y a esto se le puede llamar una geniocracia.

Humanitarismo

Segundo punto: su mundo está paralizado por el lucro, y el comunismo no ha logrado dar a los hombres un motivo suficientemente grande para que sientan deseos de esforzarse y progresar.

Todos nacen iguales, esto también se encuentra en los escritos bíblicos. El gobierno debe asegurarse de que todos nazcan más o menos iguales en fortuna. Es inadmisible que niños con poca inteligencia puedan vivir en la opulencia gracias a la fortuna amasada por sus Padres, mientras que algunos genios mueren de hambre, dedicándose a cualquier ocupación a fin de poder comer.

Renunciando de esta manera, a otra clase de ocupaciones en las cuales hubiesen podido realizar descubrimientos que se pudieran aprovechar para toda la humanidad. Para evitar todo esto, se necesita eliminar la propiedad, sin que por ello se instaure el comunismo.

Este mundo no les pertenece, eso también está escrito en la Biblia; ustedes no son otra cosa que inquilinos. Así que todos los bienes deben alquilarse durante cuarenta y nueve años. Esto elimina la injusticia de las herencias. Su herencia y la de sus hijos es el mundo entero, si saben organizarse pueden hacerlo agradable. Esta orientación política de la humanidad no es comunismo, pues se preocupa por el futuro de la humanidad; si quieren darle un nombre, pueden llamarla "Humanitarismo".

Tomemos un ejemplo: un hombre ha terminado sus estudios a los veintiún años de edad, y quiere ingresar en la vida activa, así que escoge un trabajo y empieza a ganar dinero. Si sus Padres aún viven puede, si así lo desea, «adquirir» una casa; en realidad, la alquila durante cuarenta y nueve años al Estado, que la ha construido. Si la casa se calcula en un millón de pesos, deberá pagar esa suma en mensualidades durante cuarenta y nueve años. A los setenta años (veintiuno más cuarenta y nueve), habrá pagado su casa y podrá habitaría sin volver a pagar nada hasta el día de su muerte.

Al morir, esa casa volverá a manos del Estado, que la deberá otorgar, sin costo alguno, a los hijos del difunto, si los tuvo. Supongamos que ha quedado un hijo, éste disfrutará durante toda su vida de la casa del Padre gratuitamente. A su muerte, su hijo también podrá disfrutar del hogar de la familia, y esto eternamente. Debe abolirse por completo la herencia, excepto en lo que se refiere al hogar familiar, lo cual no impide que el mérito de cada individuo se vea recompensado.

Tomemos otro ejemplo. Un hombre tiene dos hijos; uno de ellos muy trabajador, y el otro un holgazán. A los veintiún años de edad, ambos deciden seguir su propio camino. Cada uno de ellos alquilará una casa con un valor de un millón de pesos.

El trabajador pronto ganará mucho más dinero que el perezoso, y entonces podrá alquilar otra casa que tenga el doble del valor que la primera. Si cuenta con los medios para hacerlo, podrá alquilar las dos, una de las cuales hará las veces de casa de campo.

También, si sus ahorros son productivos, podrá construir una casa y alquilarla durante cuarenta y nueve anos, y ese ingreso le corresponderá. Pero a su muerte, todo volverá a la comunidad, a excepción del hogar de la familia, que corresponderá a sus hijos.

En cierta forma, un hombre puede amasar una fortuna para él, según sus propios méritos, pero no para sus hijos. A cada quien su mérito. Para las empresas comerciales e industriales, sería la misma cosa.

La persona que llegue a crear un negocio, éste le pertenecerá durante toda su vida y puede alquilarlo, pero nunca por más de cuarenta y nueve años. También los agricultores pueden alquilar sus tierras durante cuarenta y nueve años con objeto de explotarlas, sus hijos también pueden rentarlas por cuarenta y nueve años y después volverán al

Estado, que podrá volver a alquilarlas durante otros cuarenta y nueve años.

Y así deberá ser para todos los bienes que sigan siendo explotables, nada ha cambiado en cuanto al valor de las cosas. Acciones o empresas, dinero en efectivo, inmuebles, todo lo que pueda tener algún valor, todo pertenece a la comunidad, pero puede alquilarse por cuarenta y nueve años a quienes hayan adquirido los medios gracias a sus méritos y a su trabajo.

Así, un hombre que haya hecho fortuna a los cuarenta años de edad, podrá construir inmuebles, alquilar los departamentos durante cuarenta y nueve años y disfrutar de ese dinero hasta su muerte. Después, el dinero procedente de esos alquileres volverá a la comunidad. Este humanitarismo ya está prescrito en la Biblia:

Después contarás siete semanas de años, es decir, siete veces siete años. Cuarenta y nueve años. *Levítico 25: 8*

Si vendéis algo a vuestro prójimo o compráis algo de mano de vuestro prójimo, nadie engañe a su hermano. Conforme al número de años transcurridos después del jubileo, comprarás de tu prójimo; y conforme al número de cosechas anuales, él te venderá a ti. De acuerdo con el mayor número de años, aumentarás su precio de compra; y conforme a la disminución de los años, disminuirás su precio de compra, porque es el número de cosechas lo que él te vende. *Levítico 25: 14,16*

La tierra no venderá a perpetuidad, pues la tierra es mía, porque vosotros sois para mí como forasteros y advenedizos. *Levítico 25: 23*

Si el genio es admitido en el poder, comprenderá la utilidad de estas reformas. También deberán actuar de tal manera que todas las naciones de la Tierra formen una alianza, para ya no tener sino un solo gobierno.

Gobierno Mundial

Lo que les permitirá lograrlo, es la creación de una nueva moneda mundial, y de un lenguaje único. Muy pronto ya no se hablará el auvernés en Clermont-Ferrand, no se hablará el francés en París, ni el inglés en Londres, ni el alemán en Fráncfort. Sus científicos y sus especialistas en lenguas deben unirse y trabajar para crear un lenguaje nuevo, inspirado en todos y que sea obligatorio en las escuelas del mundo entero, como un segundo idioma.

Es lo mismo en lo que se refiere al dinero. La divisa mundial no puede ser ni el franco, ni el dólar, ni el yen, sino una nueva moneda creada para las necesidades de la Tierra entera, sin herir a ningún pueblo que se preguntaría por qué se ha escogido la moneda de otro país en vez de la suya.

Por último, el detonador necesario para una unión de esta naturaleza es la eliminación del servicio militar, que no enseña sino cosas que sirven a la agresividad de los jóvenes, y deben poner al servicio del orden público a los militares de carrera.

Esto debe suceder en todos los países al mismo tiempo, como una garantía indispensable de seguridad.

Su Misión

Como ya le dije, sabemos que nuestra llegada oficial aceleraría muchas cosas. Pero para ello, esperaremos hasta ver que los hombres verdaderamente tengan deseos de vemos llegar, que nos amen y nos respeten como sus Padres que somos, que nuestros platillos voladores no se vean amenazados por sus fuerzas guerreras de destrucción.

Para llegar a esto, invoque por todo el mundo que se ha reunido conmigo, repitiendo todo lo que le he dicho. Los sabios lo escucharán. Muchos lo tomarán por un loco o por un iluminado, pero ya antes le expliqué lo que debe pensar de esas mayorías imbéciles.

Ahora usted ya conoce la verdad y estaremos en contacto por medio de la telepatía, a fin de darle confianza y proporcionarle información complementaria si lo consideramos necesario.

Lo que deseamos, es saber si hay suficientes sabios en la Tierra. Si lo sigue un número considerable, llegaremos en pleno día.

¿Dónde? En el lugar que usted habrá dispuesto para recibirnos.

Haga construir una residencia en una región agradable y de clima benigno, con siete habitaciones cada una de ellas con un baño, siempre dispuestas para recibir invitados; una sala de conferencias con cupo para veintiún personas cuando menos, una piscina, un comedor con cupo para veintiún personas.

Esta residencia deberá construirse en medio de un parque y estar al abrigo de las miradas indiscretas. El parque estará completamente rodeado de muros que impidan ver la residencia y la piscina.

La residencia deberá estar situada cuando menos a mil metros del muro. Sólo deberá tener dos pisos de altura máximo y estar disimulada de las inmediaciones del muro por una cortina de vegetación. Habrá dos accesos de entrada en el muro del recinto, uno de ellos al norte y el otro al sur. La residencia también deberá contar con dos entradas.

Sobre el techo de la residencia habrá una terraza sobre la cual pueda posarse una nave de doce metros de diámetro. Es indispensable que haya acceso al interior desde esta terraza.

El espacio aéreo ubicado por encima y en los alrededores de esta residencia no deberá estar sometido a una vigilancia militar directa o por medio de radar.

Tratará de lograr que el terreno donde se establecerá la residencia, si es posible más vasto de lo que se ha prescrito, sea considerado como un territorio neutral por las naciones y el país donde se haya escogido, a título de nuestra embajada terrestre.

Usted podrá vivir en compañía de su esposa y sus hijos en esa residencia que quedará bajo su dirección, y podrá tener servidumbre y recibir a los invitados que usted escoja. No obstante, el área que albergue las siete habitaciones deberá estar situada inmediatamente debajo de la terraza de acceso, y separada por una puerta metálica gruesa, permanentemente cerrada y a la cual pueda echarse un cerrojo desde el interior, a fin de separarla de los lugares utilizados por los hombres. Deberá construirse un vestíbulo para fines de asepsia a la entrada de la sala de conferencias.

El financiamiento de esta construcción será posible gracias a la ayuda que obtenga de aquellos que crean en usted, y por lo tanto en nosotros, y que por consiguiente serán sabios e inteligentes. Todos ellos se verán recompensados a nuestra llegada.

Debe llevar un archivo de todos aquellos que contribuyan al financiamiento para la realización de esta obra, por modesta que sea su contribución, para la construcción y el mantenimiento de esta residencia.

Y en todo el mundo, en cada nación, ocupe a un responsable de la divulgación de la verdad a fin de permitir que las personas se unan para difundirla.

Cerca de la residencia, en lo alto de una montaña, haga venir cada año a todo el mundo, a las personas que desean vernos llegar después de haberse enterado de estos escritos. Que sea el mayor número posible, y haga que piensen mucho en nosotros, que deseen intensamente nuestra llegada.

Cuando sean suficientemente numerosos y experimenten un deseo intenso de vernos, sin misticismo religioso, como hombres responsables que respetan a sus creadores, entonces vendremos en pleno día y entregaremos a los hombres de la Tierra nuestra herencia científica.

Si el temperamento guerrero del mundo entero queda reducido a una impotencia absoluta, esto tendrá lugar. Si el amor por la vida y el de la humanidad hacia nosotros y por consiguiente para ella misma es bastante poderoso, sí, llegaremos en pleno día.

Estaremos esperando. Si el hombre sigue siendo agresivo y progresa en forma peligrosa para los demás mundos, aniquilaremos esta civilización y los puntos donde conserva sus adelantos científicos serán otra vez como Sodoma y Gomorra, en espera de que la humanidad sea moralmente digna de su nivel científico.

La verdad y el porvenir de la humanidad está en sus manos. Difúndala por todo el mundo y no se desanime. Jamás lo ayudaremos abiertamente, ni en ninguna forma que pueda servir de prueba para los escépticos, puesto que con frecuencia, el escepticismo va a la par con la agresividad. Los inteligentes creerán en usted, puesto que lo que va a decirles no tiene nada de místico.

Esto es muy importante para nosotros, que crean en usted sin ninguna prueba material, ya que eso nos demostrará más que ninguna otra cosa, que son inteligentes y por lo tanto dignos de recibir nuestra herencia científica.

Ahora debe partir, no será olvidado si triunfa durante su vida en la Tierra y aún después, si fuera necesario, podremos esperar hasta el tiempo de sus descendientes para venir, puesto que somos capaces de revivirlo científicamente, así como a todos aquellos que hayan conducido a los hombres por la senda del genio humano, teniendo como guía el amor de los creadores, a condición de que sus restos se hayan conservado en sus tumbas.

Nuestra única ayuda se limitará a aparecernos cada vez con mayor frecuencia a partir de este momento, a fin de sensibilizar a las personas de estos problemas, y de darles el deseo de enterarse de la verdad que usted les transmitirá.

Paulatinamente, gracias a apariciones cada vez más frecuentes, lograremos sensibilizar la opinión pública, y que nuestras apariciones ya no desencadenen una adoración estúpida, sino un deseo profundo entre los pueblos de ponerse en contacto con nosotros.

Deberá llamar a su movimiento «*MADECH*[12]», «movimiento para recibir a los Elohim, creadores de la humanidad», El cual lleva en sus iniciales un mensaje, *Moise a devancé Elie et le Christ* lo cual significa: «Moisés precedió a Elías y a Cristo».

Esto en Francés significa:

M: mouvement pour (movimiento para)

A: l'acceuil (recibir)

D: des (a los)

E: Elohim

C: créateurs de (creadores de)

H: l'humanité (la humanidad)

7

LOS ELOHIM

Las Bombas Atómicas

'Antes de separarnos por última vez, ¿Tiene alguna pregunta que hacerme?'

'Usted me describió la aparición de Ezequiel diciendo que parecían hombres provistos de escafandras, y me dijo que la atmósfera de su planeta no es igual a la de la Tierra. ¿Cómo es que ahora usted no lleva ninguna escafandra?'

'Porque nosotros también hemos alcanzado algunos progresos científicos y ahora ya podemos prescindir de ella. Mi rostro ofrece la impresión de estar al aire libre, pero en realidad está protegido por una escafandra invisible compuesta por rayos repelentes, y en el interior de la cual respiro un aire diferente del suyo. Esos rayos permiten el paso de ondas, pero no de moléculas de aire. Puede comparar esto con la emisión de burbujas que se hacen en el interior de sus puertos para impedir que salgan los residuos.'

'Las bombas atómicas, ¿Constituyen un peligro para la humanidad?'

'Sí, un gran peligro. Pero en caso necesario, eso nos permitirá no tener que esforzamos mucho para destruir esta civilización si los hombres no se vuelven más prudentes; quizá llegarán a destruirse ellos mismos. Si no lo hacen, y se convierten en una amenaza para nosotros, nos bastará con hacer explotar sus depósitos de bombas sin necesidad de enviar armas ofensivas contra ustedes. Podríamos lograrlo ya fuese por medio de rayos, o bien gracias a la telepatía, haciendo las cosas de tal manera que una de las grandes potencias se convierta en «el agresor», lo cual automáticamente desencadenaría una reacción fatal. Si los hombres ya no desean verse expuestos a ese peligro, les bastará con retirar sus armas atómicas que están en manos de los militares. Su poder, aplicado para bien, permitiría ofrecer a los países carentes de energía, la forma de lograr grandes progresos. Es urgente que interrumpan los experimentos nucleares, puesto que no saben a lo que se están exponiendo. No obstante, si los hombres se empeñan en seguir jugando con las armas atómicas, eso lo simplificará todo para nosotros en caso de que nos veamos obligados a reducirlos al silencio.'

'En su planeta, ¿hay mujeres?'

'Si, en la Biblia se habla de eso y ya le he hablado del pasaje en cuestión.'

'¿Y también hay niños?'

'Sí, nosotros también podemos tener hijos, exactamente como ustedes.'

La Sobrepoblación

'Pero usted me dijo que en cierta forma son inmortales. ¿Qué hacen para combatir la sobrepoblación?'

'En efecto, este problema muy pronto se planteará en la Tierra. Para resolverlo, -deben hacerlo de inmediato puesto que ya son demasiados- es necesario que desarrollen más los anticonceptivos, promulgando leyes muy estrictas que no autoricen a las mujeres a tener más de dos hijos.

Si dos es igual a dos, la población ya no podrá aumentar más. También estaremos observando en qué forma resolverán este problema; es una prueba más de su inteligencia, para ver si son merecedores de nuestra herencia; para ustedes que no viven sino unos setenta y cinco años en promedio. Pero efectivamente, para nosotros el problema es diferente. No somos eternos; podemos vivir diez veces más que ustedes gracias a una pequeña intervención quirúrgica, «el árbol de la vida» bíblico. Tenemos hijos y aplicamos la regla que cité, dos Padres y dos hijos, y eso hace que nuestra población sea constante.'

'¿Cuántos son ustedes?'

'Somos aproximadamente siete mil millones.'

'Nos hemos reunido seis días seguidos, ¿Cada vez volvía a su planeta?'

'No, regresaba a una nave intergaláctica que nos sirve de base y que constantemente se encuentra en las cercanías de la Tierra.'

'¿Cuántos de ustedes se encuentran en esa nave?'

'Siete, ya que en nuestro planeta hay siete provincias. En esa nave se encuentra un representante de cada una de ellas. Si a esto sumamos dos responsables de la nave, entonces somos nueve.'

'Si los hombres de la Tierra hacen exactamente lo que ustedes desean, ¿Qué sucederá?'

'Vendremos en visita oficial a la residencia que usted habrá preparado, y le pediremos que haga venir a los representantes oficiales de los países más importantes, a fin de obtener la unión total de los pueblos de la Tierra. Si esto resulta bien, haremos que la humanidad progresivamente se beneficie con todos nuestros adelantos científicos. De acuerdo con el uso que se haga de ello, veremos si podemos entregar a los hombres todos nuestros conocimientos, para así hacerlos ingresar en la era intergaláctica, teniendo como herencia nuestros veinticinco mil años de adelantos científicos.'

'¿Son ustedes el único mundo que posee, ese nivel científico?'

'En esta región del Universo, sí. Hay una infinidad de mundos habitados por seres de tipo humanoide, cuyo nivel científico es más bajo que el nuestro, aunque muy superior al de ustedes. Lo que nos hace temer que lleguemos a desaparecer, es que todavía no hemos encontrado un planeta que tenga una civilización tan evolucionada como la nuestra. Sostenemos relaciones económicas con otros muchos planetas en que la vida fue creada por otros hombres que seguramente tuvieron un nivel científico parecido al nuestro, como lo demuestran sus escritos religiosos.

Desafortunadamente, nos ha sido imposible encontrar las civilizaciones creadoras de los más cercanos de todos esos mundos. Quizá lleguemos a encontrar otras más distantes, ya que seguiremos recorriendo el Universo, cada vez más lejos. En la mayoría de los casos, su planeta se acercó demasiado al sol y la vida se volvió imposible, o bien su sol estalló o se enfrió demasiado. Todo eso, aún cuando en la actualidad no hayamos observado nada anormal en nuestro sistema, nos hace temer lo peor.'

'¿Entonces no hay una religión entre ustedes?'

'Nuestra única religión es el genio humano. No creemos en nada más y particularmente amamos el recuerdo de nuestros creadores, a quienes jamás hemos vuelto a ver y cuyo mundo jamás hemos podido encontrar. Deben haber desaparecido. Habían tomado la precaución de poner en órbita alrededor de nuestro planeta, una máquina inmensa que contenía todo su saber, y que se posó en nuestro planeta cuando su mundo fue destruido. Gracias a ellos, tomamos esa antorcha que quisiéramos que la Tierra tomara en sus manos.'

'¿Y si su planeta fuese destruido?'

'Está previsto el mismo proceso que les otorgará automáticamente nuestra herencia, en caso de que nuestro mundo fuese aniquilado.'

El Secreto de la Eternidad

'¿Ustedes viven diez veces más que nosotros?'

'Nuestro cuerpo vive diez veces más que el de ustedes, en promedio. Como los primeros hombres de la Biblia; entre setecientos cincuenta, y mil doscientos años. Pero nuestra mente, y por consiguiente nuestra verdadera personalidad, puede ser verdaderamente inmortal. Ya le expliqué que a partir de cualquier célula de un cuerpo, se puede volver a crear al ser completo, con materia viviente nueva: cuando nos encontramos en plena posesión de nuestras facultades y nuestro cerebro se encuentra en el punto máximo de su rendimiento y de sus conocimientos, hacemos que nos extirpen quirúrgicamente una porción minúscula de nuestro cuerpo, la cual se conserva. Al morir verdaderamente, a partir de una célula tomada de ese pequeño trozo de nuestro cuerpo, que nos habían extirpado previamente, volvemos a crear completamente el cuerpo, tal y como era en esos momentos.

Y digo bien, tal y como era entonces, es decir, con todos sus conocimientos científicos y su personalidad. Pero el cuerpo está constituido por nuevos elementos que tienen ante sí otros mil años de vida; y así sucesivamente por toda la eternidad. Únicamente a fin de limitar el aumento de la población, sólo los genios tienen derecho a esta eternidad.

Todos los hombres de nuestro planeta se hacen extirpar algunas células a cierta edad, y esperan ser escogidos para renacer después de su muerte. Lo ansían, y todos viven tratando de merecer esa resurrección. Una vez que han muerto, se reúne un gran consejo de los eternos, para juzgar en un «juicio final» quiénes son aquellos, que muertos durante el año, merecen vivir otra vida. Durante tres existencias, el eterno está a prueba y al cabo de esas tres vidas el consejo de los eternos se reúne para juzgar, a la luz de los trabajos del interesado, si merece el ingreso al consejo de los eternos como miembro perpetuo.

A partir del momento en que se desea una nueva vida, ya no se tiene derecho a tener hijos; lo que evidentemente no impide el amor. Esto nos permite comprender por qué los sabios, que pertenecían al consejo de los eternos, querían crear la vida en otros planetas; así llevaban su instinto de procrear a otros mundos.

'¿Cómo se llaman ustedes?'

'Si quiere darnos un nombre, aún cuando en nuestro lenguaje nos llamamos hombres, puede llamarnos «Elohim», puesto que «hemos venido del cielo».'

'¿Qué idioma hablan en su planeta?'

'Nuestro lenguaje oficial es muy parecido al antiguo hebreo.'

'Cada día que hemos hablado aquí, ¿No temía que nos sorprendiesen otros hombres?'

'Un sistema automático me habría advertido de inmediato la cercanía de otros hombres dentro de un radio peligroso, por aire o por tierra.'

'¿Cuál es su forma de vida y de trabajo en su planeta?'

'Prácticamente no trabajamos, salvo en una forma intelectual, puesto que nuestro nivel científico nos permite disponer de robots para todo. Únicamente trabajamos cuando tenemos deseos de hacerlo, y sólo con nuestro cerebro. Solamente los artistas o los deportistas «trabajan» con sus cuerpos, pero porque así lo han escogido.

La energía atómica altamente evolucionada es casi inagotable, sobre todo porque hemos encontrado un medio para utilizar el átomo en circuito cerrado, y también la energía solar. Además, disponemos de muchas otras fuentes de energía. No empleamos forzosamente el uranio para nuestros reactores atómicos, sino otras muchas materias simples y sin peligro.'

'Pero si viven durante tanto tiempo y no trabajan, ¿no se aburren?'

'No, nunca, ya que todos hacemos las cosas que nos agradan, especialmente el amor. Encontramos muy bellas a nuestras mujeres y disfrutamos con ellas.'

'¿Existe el matrimonio?'

'No, las mujeres son libres, y los hombres también. Existen las parejas y quienes prefieren vivir como pareja pueden hacerlo, pero son libres de recuperar su libertad cuando así lo desean. Todos nos amamos los unos a los otros; no existen los celos, ya que todo el mundo puede tenerlo todo y la propiedad no existe. Entre nosotros no hay criminalidad, y por lo tanto, tampoco prisiones ni policías. En cambio, hay muchos médicos y visitas médicas mentales periódicas.

Aquellos en quienes se revela el menor desequilibrio mental y que pueden llevar a cabo actos contrarios a la libertad o a la vida de los demás, de inmediato se someten a un tratamiento que los devuelve al camino recto.

'¿Podría describirme la jornada de un hombre promedio entre ustedes?'

'Por la mañana se levanta y se baña, ya que en nuestro planeta hay piscinas por doquier; desayuna y después hace lo que tiene ganas de hacer. Todas las personas «trabajan», pero porque quieren hacerlo, ya que entre nosotros no existe el dinero; así que quienes trabajan, siempre hacen cosas muy bien hechas porque son hechas por vocación.

Solamente los eternos tienen misiones muy precisas, como por ejemplo la vigilancia de los cerebros electrónicos y de los ordenadores que se ocupan de los problemas vitales como la energía, la alimentación, la organización, etcétera ... de siete mil millones de habitantes, no hay sino setecientos eternos que viven completamente al margen de los demás. Tienen el privilegio de ser eternos, pero el deber de ocuparse de todo para los demás que no están obligados a trabajar.

'A esos setecientos eternos debemos añadir doscientos diez que están a prueba (aproximadamente setenta por año, es decir, diez por cada provincia). De los siete mil millones de habitantes, no hay sino unos cuarenta millones de niños. No es sino hasta que han llegado a la mayoría de edad (entre los dieciocho y los veintiún años, de acuerdo con el individuo), cuando los niños se someten a la operación que les concede una longevidad de más de setecientos cincuenta años. Desde ese momento pueden tener hijos, lo que hace que los de más edad entre nuestros habitantes normales, lleguen a conocer a sus descendientes hasta la quincuagésima generación. De siete mil millones de habitantes, no hay sino aproximadamente un millón de inactivos, casi todos ellos en tratamiento, porque generalmente tienen desequilibrios mentales que son atendidos por médicos durante unos seis meses. La mayoría de los hombres se interesa en las artes, pintan, esculpen, se dedica a la música, escriben, hacen películas, practican deportes, etcétera. Tenemos una civilización de placeres en el sentido más extenso de la palabra.

En promedio, las ciudades cuentan con quinientos mil habitantes y no abarcan sino un espacio muy reducido. En realidad, una ciudad es una inmensa mansión ubicada en un sitio elevado y en el interior de la cual las personas pueden dormir, amarse y hacer lo que les plazca.

Esas «ciudades hogar» tienen más o menos un kilómetro de largo y uno de altura, y por doquier están surcadas por ondas de desplazamiento colectivo. Si usted se pone un cinturón y se coloca en la corriente de estas ondas, éstas lo transportan hasta el sitio deseado con gran rapidez.

Las ciudades son especies de cubos, a fin de no «comernos» la campiña, como sucede entre ustedes. Una de sus ciudades de quinientos mil habitantes cubre una superficie veinte veces mayor que una de las nuestras, y el resultado es que cuando ustedes desean ir al campo, eso les lleva varias horas, mientras que nosotros podemos llegar en algunas decenas de segundos. Una ciudad entera es concebida por el mismo arquitecto, para que sea más agradable a la vista y se integre al paisaje.'

'Pero, ¿Acaso la gente que no tiene nada que hacer no llega a aburrirse?'

'No, porque les ofrecemos un sinnúmero de actividades. Se reconocen los verdaderos valores del individuo, y todos quieren demostrar su valía. Ya sea en artes, en ciencias, en deportes, cada uno desea brillar para volverse eterno o simplemente para ser admirado por la comunidad o... por alguna mujer. A algunos les agrada el peligro, y privarlos del riesgo de morir les quitaría todo el placer de existir, así que los deportes peligrosos son particularmente populares.

Nosotros devolvemos a la vida a cualquier herido, pero quienes practican esos deportes y quieren correr el riesgo de morir, pueden hacerlo firmando por escrito que han aceptado que no se les atienda si llegan a morir durante sus actividades deportivas. Tenemos una clase de carreras de automóviles atómicos que a ustedes les apasionaría, y aún juegos más brutales parecidos al boxeo, o más violentos; una especie de rugby que se practica desnudo y donde están permitidos todos los golpes, de boxeo, de lucha, etcétera. Todo esto quizá le parezca bárbaro, pero no debe olvidar que todo extremo debe estar equilibrado, para evitar caer en depresión.

Una civilización altamente sofisticada debe tener sus contrapesos primitivos. Si nuestro pueblo no tuviese sus ídolos en su deporte favorito, no tendría sino un deseo, morir. Es necesario respetar la vida de los demás, pero también hay que respetar sus deseos de morir o de jugar con la muerte dentro de un cuadro de especialidades bien definidas.

Entre nosotros hay concursos anuales en todas las ramas y después un concurso mundial que permite proponer a los mejores para la eternidad. Todos viven para eso.

Cada año, ya sea en pintura, literatura, biología, medicina, en todas las especialidades en las cuales puede expresarse el espíritu humano, tiene lugar un concurso en cada provincia, con el voto de los eternos de esa provincia, y los «campeones» se reúnen en la capital para someterse al voto de un jurado formado por eternos, que designa a los campeones de campeones.

Quienes por último, se presentan ante el gran consejo de eternos que seleccionan a aquellos que son dignos de convertirse en eternos a prueba. Ésta es la meta, el ideal de todos. Las distracciones bien pueden adquirir aspectos primitivos cuando el fin supremo es tan elevado.'

'¿De manera que los eternos llevan una vida completamente diferente a la de los demás habitantes?'

'Por supuesto, viven aparte, en ciudades que les están reservadas, y se reúnen con regularidad para tomar decisiones.'

'¿Qué edad tienen los más ancianos?'

'El de más edad, el presidente del consejo de los eternos, tiene veinticinco mil años, y usted lo tiene delante de sí. He habitado veinticinco cuerpos hasta el día de hoy, y soy el primero en quien se llevó a cabo este experimento, por eso soy el Presidente de los Eternos. Yo mismo dirigí la creación de la vida sobre la Tierra.'

'¿Seguramente posee un saber inconmensurable?'

'Sí, he acumulado un sinnúmero de conocimientos, y ya no podría almacenar muchos más. En esto es en lo que quizá el hombre puede ser superior a nosotros, ya que la capacidad de la parte de su cerebro que almacena la información, la memoria, es de mayor tamaño. Así que los hombres podrán almacenar un mayor número de conocimientos, y por lo tanto, llegarán más lejos que nosotros en el aspecto científico, si disponen de los medios para hacerlo. Eso es lo que hace que los oponentes del Consejo de los Eternos sientan temor; el hombre de la Tierra puede progresar más rápido que nosotros si nada se opone a ello.'

La Educación Química

'Pero, ¿Los conocimientos que deben acumular los estudiantes deben ser enormes y requerir mucho tiempo?

'No, puesto que gracias a un importante descubrimiento científico que sus sabios ya han comenzado a entrever, es posible enseñar quirúrgicamente sus lecciones a un estudiante. Sus sabios acaban de descubrir que inyectando en el cerebro de una rata líquido de la memoria de otra rata entrenada, es posible que la rata que no ha recibido ningún entrenamiento aprenda lo que sabía la otra.

Se puede transmitir la información por medio de inyecciones de materia cerebral de la memoria, de manera que nuestros niños casi no tienen que trabajar para hacerlo. Con regularidad, se someten a inyecciones de materia cerebral extraída de sujetos que poseen la información necesaria para su instrucción. Así, los niños no tienen que preocuparse sino por las cosas interesantes, decididas por ellos mismos, como reconstruir el mundo en teoría, y disfrutar de los deportes y las artes.'

'¿Jamás ha habido una guerra entre las provincias de ese mundo?'

'Jamás, las competencias deportivas están suficientemente desarrolladas para eliminar el instinto guerrero. Por otra parte, y desde el punto de vista psicológico, el hecho de que los jóvenes puedan arriesgar sus vidas en juegos en los que sistemáticamente en cada evento hay muchas muertes, suprimen el instinto guerrero. Permitiendo que quienes lo experimenten con demasiada intensidad lo sacien, a riesgo de su propia vida y sin arrastrar a quienes no lo desean, por sendas de peligro. Si en la Tierra hubiese deportes o juegos más peligrosos, pero organizados, esto contribuiría a disminuir las posibilidades de crear conflictos internacionales.

'¿Son parecidas las siete provincias de su mundo?'

No, igual que entre ustedes, existen diferentes razas y culturas. Esas provincias fueron creadas en función de esas razas, de esas culturas, respetando la libertad y la independencia de cada una.'

'¿Sería posible que un hombre visitara su planeta?'

'Sí, bastaría con que vistiera un traje espacial adecuado a su respiración para que pudiese ir. Usted podría vivir sin ese traje en la residencia donde hemos reproducido la atmósfera terrestre, y donde viven muchos hombres de la Tierra, entre ellos Moisés, Elías, Jesucristo y muchos otros testimonios vivientes de nuestra creación, y a quienes podríamos hacer volver a la Tierra en el momento deseado a fin de apoyar todo lo que usted va a narrar.'

'¿Por qué no hacerlos venir de inmediato?'

'Porque en su mundo incrédulo, si Jesucristo volviera, lo internarían en un asilo psiquiátrico. Imagínese a un hombre que desembarca entre ustedes diciendo que él es «Cristo». No atraería sino burlas, y muy pronto sería internado. Si llegásemos a intervenir realizando prodigios científicos con objeto de demostrar que verdaderamente él es «Cristo», esto volvería a iniciar la religión basada en un Dios y se prestaría a lo sobrenatural o místico, lo que tampoco deseamos.'

Entonces, el hombrecillo me saludó por última vez, después de decirme que no volvería sino hasta que se hubiera cumplido todo lo que me había pedido; y subiendo a su máquina, despegó desapareciendo igual que las otras mañanas.

El Movimiento Raeliano

¡Qué historia! ¡Qué revelación!

Una vez de regreso en casa, al poner un poco de orden en las notas que había tomado, clasificarlas y copiarlas, me di cuenta de la inmensa misión que me había sido confiada

Sentía que tenía pocas probabilidades de llevarla a feliz término. Pero como no es necesario tener esperanzas para emprender algo, decidí hacer lo que se me había pedido, arriesgándome a que me tomasen por un iluminado. Después de todo, ser iluminado significa «haber recibido la luz», entonces quisiera ser un iluminado. Más vale ser un iluminado que sabe la verdad, que un hombre ilustrado que no la sabe.

Quisiera precisar a los escépticos de todas clases que no consumo bebidas alcohólicas y que duermo muy bien por las noches, afortunadamente. No es posible soñar seis días seguidos, ni inventar todo esto.

A aquellos de ustedes que no me creen, les diré: miren hacia el cielo y cada vez más podrán contemplar apariciones que ninguno de nuestros sabios, o militares podrán explicar de ninguna manera, a no ser con charlatanerías destinadas a conservar el prestigio de aquellos que creerían que perderían si la verdad no procediera de alguno de los que forman parte de su círculo tan cerrado. ¡Cómo es posible que un «sabio» no sepa!

Igual que aquellos que condenaron a Copérnico por atreverse a decir que la Tierra no era el centro del Universo, ya que no podían admitir que otro que no fuese uno de ellos, revelara todo eso.

Pero todos aquellos de ustedes que verán o que ya hayan visto objetos voladores no identificados, a los que todo el mundo se apresurará a clasificar como espejismos o globos meteorológicos, o alucinaciones, todos aquellos que no se atreven a hablar por el temor de que se burlen de ustedes, sólo podrán hacerlo libremente cuando se unan y se dirijan a todos los que sí creen.

Todas estas revelaciones me han dado un gran bienestar y paz interior en este mundo en el que ya no sabemos si es posible creer en el «buen Dios» de barba blanca o en el diablo de pezuñas, y en el que los científicos oficiales no son capaces de ofrecer una explicación suficientemente precisa en cuanto a nuestros orígenes y nuestras metas.

A la luz de estas maravillosas revelaciones, todo se aclara y parece tan sencillo. Saber que en alguna parte del Universo existe un planeta con gente que nos creó a su imagen y semejanza, que nos aman y que al mismo tiempo temen que aquellos a quienes crearon los sobrepasen, ¿No es algo profundamente conmovedor? Sobre todo si se piensa que pronto, nosotros mismos podremos participar en la evolución de esta humanidad de la cual formamos parte, igual que ellos, creando vida en otros mundos.

Ahora, han leído esta primera parte del libro que he escrito tratando de reproducir con la mayor sencillez todo lo que se me ha dicho. Quizá piensen que tengo una imaginación desbordante, y que estos escritos simplemente habrán logrado distraerles o divertirlos, eso me haría sentir profundamente decepcionado.

Tal vez la revelación de todo esto les ha devuelto la confianza en el porvenir, permitiéndoles comprender el misterio de la creación y el destino de la humanidad, respondiendo así a las preguntas que desde la infancia todos nos hacemos por la noche, preguntándonos por qué existimos y para qué servimos sobre esta Tierra, y si eso pasa entonces me sentiría feliz.

Por último, si han comprendido que todo lo que he dicho no es sino la verdad más profunda, y al igual que yo, desean ver que muy pronto esos hombres lleguen oficialmente hasta nosotros para traernos su herencia; si desean participar en la realización de todo lo que se me ha pedido, habré cumplido con mi misión.

En ese caso, escríbanme y nosotros les recibiremos dentro del Movimiento Raeliano, construiremos la residencia que desean, y cuando en todo el mundo seamos suficientemente numerosos para esperarlos con todo el respeto y el amor que tienen el derecho de exigir quienes nos crearon, entonces vendrán y nos beneficiaremos con su inmenso saber.

Ustedes, todos los que creen en Dios o en Jesucristo, tenían razón para creer, aún si pensaban que no era exactamente como la iglesia quería hacerles creer, pero que había un fondo de verdad. Tenían razón de creer en los fundamentos de las escrituras, pero estaban equivocados al apoyar a la Iglesia. Si ahora siguen distribuyendo su dinero para que los cardenales tengan mantos cada vez más suntuosos, y a costa suya se autorice la existencia de los militares y la amenaza nuclear, entonces es que la edad de oro a la cual ahora tenemos derecho no les interesa, y quieren seguir siendo seres primitivos.

En cambio, si desea participar pasiva o activamente, según sus medios, en la creación y desarrollo del Movimiento Raeliano para recibir a los Elohim creadores de la humanidad, tome la pluma y escríbame. Muy pronto seremos bastante numerosos para emprender la tarea de elegir el terreno donde se levantará la embajada. Si todavía duda, lea los periódicos y mire hacia el cielo, verá que las apariciones de las máquinas misteriosas son cada vez más numerosas, y así recobrará el valor para enviar su carta.

Raël
Religión Raeliana Internacional
CP 225 CH 1211
Ginebra 8 Suiza
O por correo electrónico: headquarters@rael.org

L I B R O   D O S

LOS EXTRATERRESTRES ME LLEVARON A SU PLANETA

1

MI VIDA HASTA EL PRIMER ENCUENTRO

Introducción

Cuando comencé este segundo libro, simplemente deseaba narrar lo que había sido mi vida antes de mi fantástico encuentro del 13 de diciembre de 1973, para contestar a las numerosas personas que me han preguntado lo que había hecho antes, y si me habían sucedido, durante mi infancia, algunos acontecimientos extraordinarios que hubieran podido presagiar un destino así. Yo mismo me sentí sorprendido al ahondar en mis recuerdos, cuando pensaba que nada extraordinario había sucedido en los comienzos de mi vida, al comprobar que volvían a surgir ciertas escenas, las cuales, dispuestas una después de otra formaban un todo, y que en verdad mi vida había sido guiada para llegar a ser lo que soy, y para encontrarme allí donde me encontraba el 13 de diciembre de 1973.

Prácticamente había terminado de escribir todo lo anterior en cuanto tuvo lugar el segundo encuentro. Entonces resumí al máximo el texto de mis recuerdos con objeto de dejar más espacio para el segundo Mensaje y para el relato de ese segundo contacto, todavía más fantástico que el primero.

Dos Años Han Pasado

¡Dos años! Muy pronto hará dos años en los cuales he hecho mi mejor esfuerzo por hacer resplandecer esa verdad demasiado grande para mí. El tiempo transcurre y tengo la impresión de no haber logrado ningún progreso. Y sin embargo, poco a poco se ha ido formando a mí alrededor un grupo sólido de personas que han comprendido que el libro sí dice la verdad.

Hasta el momento en que paso estas líneas en limpio, son setecientas personas y comprendo hasta qué punto eso es mucho y poco a la vez. Poco cuando se piensa en los cuatro mil millones de habitantes que pueblan la Tierra, y mucho cuando se piensa en los pocos que al cabo de dos años, habían decidido seguir a aquel que, hace dos mil años, también había llevado la carga pesada de ser iniciado y de despertar a los primitivos de su época.

Esos setecientos, ¿Quiénes son? ¿Son acaso, como sin duda esto complacería a quienes por costumbre se burlan de ellos, «necios» que fácilmente creen en cualquier cosa? Y bien, ¡No es así! Incluso algunos de ellos son licenciados o doctores en filosofía, sicología, teología, sociología, medicina, física, química, etcétera.

Pero quizá mi admiración va más hacia aquellos que no poseen ningún diploma, ya que sin haber adquirido ningún estudio que les permita saber que es posible crear, científicamente, materia viviente y seres humanos como nosotros, han comprendido que como hombres podremos ser capaces de dominar la materia y ponernos en armonía con el Universo del cual formamos parte.

De cualquier manera, debo decir que en general me siento bastante optimista y que desde ahora creo haber desempeñado bien la misión que me ha sido encomendada, puesto que aún cuando llegara a sucederme algo, MADECH ya está en camino y nada podrá detenerlo.

En dos años he ofrecido casi cuarenta conferencias, y como había ciertas preguntas que surgían con regularidad, supongo que hay algunos puntos del Mensaje que debo aclarar, lo que trataré de hacer en la segunda parte de este libro.

En primer lugar, ¿Cuál había sido la senda que yo seguí antes del encuentro del 13 de diciembre de 1973?

Debo confesar que no hace sino muy poco tiempo que hice un estudio retrospectivo de mi persona, a fin de saber a ciencia cierta de qué manera mi vida había sido guiada para que en esa época estuviese disponible y preparado para entrar en acción sobre el plano espiritual, psíquico y nervioso.

Hay ciertos sucesos aislados de mi infancia que jamás me habían parecido que tuviesen el menor significado, hasta que hice una síntesis.

Ahora todo me parece muy claro y recuerdo con emoción esos momentos que entonces pensaba que no eran de gran interés. Lejos de mí estaba la idea de contar toda mi vida, considerando que todos los sucesos acontecidos eran excepcionales, pero tengo la impresión de que muchas personas desean saber más de lo que me ha sucedido «antes». Y además, en vez de permitir que las malas lenguas empiecen a contar no sé qué, prefiero decirlo todo yo mismo...

La Infancia, Un Ovni Sobre Ambert

Habiendo nacido de Padre desconocido, no puedo decir que haya tenido una infancia normal. Era lo que llamamos un hijo natural (como si los otros fueran hijos artificiales).

Mi nacimiento fue un accidente en cierta forma, por lo menos para la pequeña ciudad de Ambert, que es tan devotamente Católica, que es conocida como la capital mundial del rosario (sic) y lo que es más, el Padre desconocido que no lo era tanto, era un refugiado judío ¡que sacrilegio!

Mi nacimiento se disimuló hasta donde fue posible, no en una gruta, sino en una clínica cerca de Vichy. Este nacimiento tuvo lugar el 30 de septiembre de 1946, alrededor de las dos de la mañana, y fue uno muy difícil. Pero lo que es importante, es que fui concebido el 25 de diciembre de 1945. La concepción, ese momento en que el ser comienza realmente a existir y a desarrollarse dentro del vientre de la madre, es la fecha del verdadero nacimiento de cada individuo. El

25 de diciembre, fecha muy importante desde, hará pronto, dos mil años. Para quienes creen en la casualidad, mi vida se inició entonces por casualidad.

Después fue el regreso a Ambert, donde mi pobre madre trató durante largo tiempo de hacerme pasar por «el hijo de una amiga, a quien ella tendría a su lado durante algún tiempo» ante su Padre, el cual aunque se mostró muy disgustado al enterarse de la verdad, con respecto a mí se mostró como el más gentil de los abuelos durante el poco tiempo que lo conocí. Ay de mí, murió cuando yo todavía era muy pequeño, y después me contaron la mirada tan divertida que tenía cuando, después de haber visto cómo podaba sus árboles frutales, tomé sus tijeras para podar. . ., ¡sus hortalizas!

Fui educado por mi abuela y por una tía que todavía siguen viviendo juntas. Ellas me enseñaron a leer y a dar mis primeros pasos, y de todo ello conservo un recuerdo muy preciso, ciertamente los primeros recuerdos de mi vida.

No fue sino hasta una época muy reciente, cuando mi abuela me contó que en el año de 1947, había visto sobre Ambert una máquina extraña que evolucionaba con gran rapidez y sin ningún ruido muy cerca de su casa. Jamás se atrevió a hablar de ello a nadie, por temor de que la acusaran de tener alucinaciones. Y fue hasta después de que leyó mi libro cuando se decidió a hablarme del asunto, al mismo tiempo que se decidía unirse a MADECH. Su adhesión ha sido uno de los mayores estímulos que he recibido.

El Papa de los Druidas

Había en Ambert un anciano al cual temían todos los pequeños y el cual era objeto de burla entre los mayores. Lo habían apodado Jesucristo, porque llevaba el cabello muy largo, recogido en un moño, y una barba magnífica.

Siempre iba vestido con una capa larga que le llegaba casi hasta los tobillos, y habitaba a unos cien metros de la casa donde mi madre había encontrado un pequeño departamento. No trabajaba y nadie sabía de qué vivía en la minúscula casa situada justamente frente al colegio municipal.

Cuando crecían, los niños dejaban de sentir temor y al igual que sus Padres, empezaban a burlarse de él; lo seguían riéndose y haciéndole muecas.

En lo personal no me agradaba jugar con los demás, prefería contemplar los insectos y mirar los libros. Muchas veces me había cruzado por la calle con ese hombre, y me sorprendía su rostro que emanaba una inmensa bondad, y su sonrisa maliciosa que mostraba al mirarme. No sabía por qué, pero no sentía temor y no veía en él nada de risible, no comprendía por qué los demás niños se mofaban de él.

Una tarde lo seguí, curioso por saber a dónde se dirigía, Y lo vi entrar a su casita, dejando la puerta abierta hacia una cocina pequeña y sombría. Me aproximé y pude verlo sentado en un taburete, daba la impresión de esperarme con su sonrisa maliciosa. Me hizo señas para que me acercara; entré a la casa y me aproximé a él.

Colocó su mano sobre mi cabeza y experimenté una sensación muy extraña. Al mismo tiempo, miraba al cielo pronunciando algunas palabras que yo no comprendía. Al cabo de varios minutos me dejó salir, siempre sin decirme una sola palabra y con la misma sonrisa misteriosa.

Todo eso me había intrigado de momento, pero pronto lo olvidé. No fue sino hasta el verano de 1974, al leer un libro que me había prestado mi madre, el cual hablaba de la misteriosa Auvernia, cuando me enteré de que el Padre Dissard, el anciano en cuestión, era el último «Dissard», es decir, el último «Papa» de los druidas aún con vida, y que había fallecido varios años atrás.

Entonces recordé la escena de mi infancia y volví a pensar en la sonrisa misteriosa del anciano cada vez que me cruzaba con él por la calle, es decir, todos los días, ya que casi éramos vecinos. Ahora sé con exactitud a quién se dirigía al mirar al cielo mientras pronunciaba esas frases misteriosas, como también sé a ciencia cierta, qué cosa era la máquina luminosa y silenciosa que vio mi abuela.

Hay otra cosa que me viene a la mente, y es que a partir de la escena que se desarrolló en la casa del Padre Dissard, cada noche me dormía contando hasta el número nueve un cierto número de veces, y esta cifra ha vuelto a presentarse con mucha frecuencia en mi vida, como un código que me hubiesen atribuido. Jamás había podido explicarme esta costumbre que me sobrevino cuando ya desde hacía muchos años sabía contar mucho más allá del nueve, y por consiguiente no podía tratarse de un entrenamiento maquinal. Tenía siete años cuando se produjo ese suceso.

La Poesía

En aquella época, lo más importante para mí eran los animales que me encantaba dibujar por días enteros, cuando no me dedicaba a organizar carreras de caracoles... atraído por la vida animal, no soñaba entonces sino en convertirme en explorador, a fin de poder estar cerca de la fauna misteriosa de las selvas vírgenes.

Pero a los nueve años (una vez más el número nueve) todo cambiaría. En primer lugar, descubrí lo que para mí se convertiría en una verdadera pasión: la velocidad sobre todo lo que es capaz de rodar, con o sin motor, la velocidad y en especial el equilibrio, el sentido de la trayectoria y la lucha contra uno mismo, contra los propios reflejos, en definitiva, el dominio perfecto del cuerpo por medio de la mente.

Primero fueron esos locos descensos en una pequeña bicicleta casi sin frenos, y me pregunto, ¿Cómo es posible que no me haya caído una sola vez? Para lograr más fuerza, me situaba en la cima de una colina y esperaba a que pasara velozmente un vehículo. Entonces me lanzaba a una persecución vertiginosa, alcanzaba el automóvil y lo rebasaba, para gran sorpresa del conductor, y al final de la colina daba media vuelta y volvía a la parte alta a esperar otro automóvil.

Algunos meses después, asistí por casualidad a la carrera automovilística de Francia, eso fue como amor a primera vista; ¿Así que era posible conocer la alegría de la velocidad, sin tener que pedalear para remontar las cuestas? Y eso ¿Podía convertirse en un oficio?

Estaba decidido, como se puede estar decidido a los nueve años: ¡Sería piloto de carreras!

A partir de ese día, mi vida giró alrededor de las competencias de automovilismo, no me interesaba otra cosa y no veía la utilidad de aprender todo lo que me enseñaban en la escuela, puesto que ¡Sería piloto de carreras! Remplacé las tiras cómicas por revistas automovilísticas serias, y me puse a contar con impaciencia los años que me separaban de la edad que debía tener para obtener el permiso de conducir.

También fue a los nueve años de edad cuando conocí por primera vez el internado. Mi madre, desesperada al ver que ya no quería hacer nada en la escuela, y que yo repetía sin cesar que todo eso no me serviría de nada para ser piloto de carreras, decidió enviarme al internado de Notre-Dame-de-France, en Puy-en-Velay.

Esperaba que sin las revistas del deporte automovilístico, me pondría a trabajar, y en cierto sentido no se equivocaba. Pero de cualquier manera, conservo un recuerdo muy desagradable de ese primer internado, claro está, porque me dejaron allí cuando todavía era demasiado pequeño.

Recuerdo que pase muchas noches llorando en ese inmenso dormitorio en el que, según creo ahora, lo que más extrañaba era la posibilidad de encontrarme a solas para meditar.

Esa necesidad, que me hacía llorar noches enteras, aumentó mi gran sensibilidad al igual que todas las carencias sobre el plano emotivo o afectivo. Entonces descubrí la poesía.

De cualquier forma, siempre me había sentido más atraído por el francés que por las matemáticas, pero siempre como lector interesado y pasivo. Allí me vino el deseo, la necesidad de escribir, y si era posible, en verso. Aún cuando las matemáticas seguían interesándome muy poco, tenía un buen promedio en la materia como en todas las demás. Pero en francés y sobre todo en redacción, regularmente era el primero, por poco que el tema me agradara. Incluso, escribí toda una colección de poemas y me llevé el primer premio del concurso de poesía.

Lo más sorprendente es que aún cuando no estaba bautizado, me encontraba en un internado dirigido por monjes católicos, con todo lo que eso implica (plegarias antes de comer, de acostarse, de levantarse, de estudiar, etcétera), incluyendo las misas cotidianas y la comunión. Cuando al cabo de seis meses de comunión diaria los hermanos se enteraron de que yo no estaba bautizado, se escandalizaron. En cuanto a mí, encontraba todo muy extraño; ese era el único momento que me agradaba de sus misas, esa degustación gratuita de miga de pan que se deshacía en la boca...

También a los nueve años fue cuando llegué a la pubertad, eso me complació mucho y hasta llegó a consolarme de mi soledad incompleta, al descubrir ciertos placeres desconocidos y secretos, que ningún otro muchacho de nueve años de los que se encontraba en el dormitorio parecía conocer todavía.

Y por último, también fue a los nueve años cuando me enamoré por vez primera, enamorado como se puede estarlo a esa edad. Ante mis buenos resultados escolares, mi madre aceptó no volver a regresarme al internado, y nuevamente me encontré en el colegio municipal de Ambert, en cuarto grado. Ella se encontraba ahí, también tenía nueve años o casi, se llamaba Brigitte y yo me mostraba tímido y me ruborizaba, en consecuencia, parecía ridículo. Había bastado con una mirada durante una visita al médico, con un gesto de pudor para ocultar a mi vista un torso donde evidentemente no había nada que ver, para que se desencadenara en mí un sentimiento de ternura y un deseo inmenso de proteger a ese ser en apariencia tan frágil.

Al año siguiente, volví al mismo liceo, a quinto grado y en compañía de ese primer amor, con quien ni siquiera me atrevía a hablar. De cualquier manera, había logrado instalarme desde el comienzo del año en el escritorio situado justamente delante del suyo, así podía volverme de cuando en cuando para admirar el rostro amado. Solamente tenía diez años y en todo momento pensaba en ella.

El hecho de estar en clase tan cerca de ella me estimuló y me puse a trabajar lo suficiente para no repetir el año. Así que pasé al sexto grado, siempre sin el menor gusto por el estudio; pero ¡ay de mí!, Teníamos que cambiar de salón ya que ahora teníamos varios profesores en vez de un solo instructor. De manera que casi siempre estaba lejos de ella y casi no estudiaba. Tanto, que al año siguiente me encontré de nuevo en un internado en una pequeña aldea situada a unos 30 kilómetros de Ambert: Cunlhat.

Allí, era todavía peor que en Puy-en-Velay. Estábamos amontonados en un pequeño dormitorio casi sin calefacción y sobre todo, casi no existía la disciplina y los más grandes, y por tanto los más fuertes, hacían cumplir su ley. Creo que fue allí cuando verdaderamente empecé a odiar la violencia.

Un día, hastiado de la intimidación de los más fuertes que trataban de someterme a sus brutalidades sin que se tomara ninguna medida en su contra, me fui a pie por la carretera, decidido a recorrer los treinta kilómetros que me separaban del hogar materno. Nadie se había dado cuenta de mi salida, y cuando el director de la escuela me alcanzó en su automóvil, ya había recorrido cerca de diez kilómetros.

Para mi gran alegría, me expulsaron del internado y volví a encontrarme a mitad del año escolar como externo con los hermanos católicos, en Ambert. ¡Oh que alegría!, podía cruzarme en la calle con Brigitte todos los días; cada día la encontraba más bella y su decimosegunda primavera había hecho florecer deliciosamente su talle.

Cada vez menos interesado en los estudios, comencé entonces a disfrutar de la alegría de hacer travesuras en la escuela, sobre todo porque no me agradaba encontrarme nuevamente «con los curas», quienes por otra parte se habían apresurado a aconsejar a mi madre que me bautizara, afortunadamente, ella consideró que era preferible esperar a que yo tuviera la edad de comprender, para pedir mi opinión.

Lo que me hubiese agradado en aquella época era convertirme en mecánico, ya que me había enterado de que eso era de gran utilidad para ser piloto de carreras. Mi madre, que quería que me convirtiera en ingeniero, deseaba a toda costa que continuara con mis estudios y no aceptó que entrara como aprendiz en un taller.

Esta nueva oposición volvió a hacerme sentir el deseo de escribir poemas, y me puse a recorrer la campiña con un cuaderno en la mano, en vez de asistir a clases.

A los catorce años, volví a encontrarme en un internado, esta vez en Mont-Dore, en un colegio donde recibían a los niños que no aceptaba ninguna otra escuela de la región.

Estaba en compañía de una chusma bastante interesante de testarudos y malos estudiantes. Uno de esos testarudos, de esos «reyezuelos» del internado, fue el responsable de la orientación de los siguientes diez años de mi vida. Se llamaba Jacques y tocaba la guitarra eléctrica, lo cual me impresionaba mucho. Con motivo de las vacaciones de Navidad, logré que mi abuela me obsequiara una magnífica guitarra, y Jacques me enseñó algunos acordes. Entonces me dediqué a musicalizar mis poemas y me di cuenta de que aparentemente eso complacía mucho a quienes me escuchaban. Cuando llegaron las vacaciones, empecé a participar con éxito en algunos concursos para la radio.

También fue durante el transcurso de esas vacaciones de verano, cuando conocí por vez primera el amor físico, con la mesera de un bar a quien había cautivado con mis canciones. Ella tenía veinte años y no me enseñó gran cosa, fuera del poder que tiene la guitarra sobre el sexo femenino.

Al año siguiente cumplí quince años y más que nunca tenía el deseo de vivir mi propia vida. Un día, tomé mi guitarra bajo el brazo, una pequeña maleta y dije adiós al internado y a esos estudios tan poco interesantes; tomé la ruta de París pidiendo aventón. Tenía dos mil francos antiguos en la bolsa y el corazón lleno de esperanzas. Por fin iba a ganarme la vida solo y podría ahorrar a fin de obtener mi permiso de conducir a los dieciocho años para poder convertirme en piloto de carreras.

Por un golpe de buena suerte, me recogió un hombre que conducía un automóvil que ocultaba unos cambios de velocidad sorprendentes bajo una discreta apariencia, y cuando ese hombre me dio su nombre y dijo que era piloto de carreras, pude decirle el tipo de automóvil que había conducido y los premios que había obtenido. Se sintió halagado y sorprendido, él que no era tan conocido, al encontrarse con un muchacho que recordaba sus victorias. Me contó que había sido payaso y que ahora era dueño de un taller en el suroeste. Al llegar a París me invitó a cenar y hasta me ofreció una habitación en el hotel donde acostumbraba llegar.

Allí charlamos un poco en un vestíbulo con dos bellas jóvenes que eran gancho para la clientela de un bar, y que habían terminado su jornada; canté algunas canciones y nos fuimos a dormir, cada uno con una de nuestras encantadoras compañeras. Ahí fue donde realmente me iniciaron en las cosas del amor físico.

Al día siguiente por la mañana me fui discretamente, ya que quería encontrar una habitación y algún cabaret que se interesara en mis canciones. No encontré ni una cosa ni la otra, y pasé mi segunda noche en el «metro» de París, en compañía de los vagabundos.

No me quedaba un solo céntimo y al día siguiente por la mañana empecé a sentir hambre. Pasé el día caminando y desesperado por poder salir adelante. Por la noche vi a un hombre que tocaba el acordeón en la terraza de un café, y los parroquianos le arrojaban algunas monedas. Me decidí a intentar lo mismo, y de inmediato las cosas empezaron a marchar bien. Estaba salvado.

Así viví durante tres años, con frecuencia durmiendo en cualquier parte y comiendo un sándwich de cuando en cuando. Pero hacía enormes progresos, y un día me contrataron en un pequeño cabaret del Left Bank. Ganaba diez francos por la velada y tenía que pagar quince francos de taxi para volver a la colina de Montmartre donde vivía en una pequeña habitación... ¡Sin embargo, en el cartel aparecía mi nombre, aunque fuera con letras pequeñas!. Y ya me imaginaba mi nombre con grandes letras al inicio de un póster, dado el éxito que tenía cada noche.

Un día conocí al comediante Jean-Pierre Darras, quien me aconsejó que tomara algún curso de arte dramático con objeto de mejorar mi presencia en el escenario, y como no disponía de los medios para hacerlo, se las arregló para que pudiera tomar los cursos gratuitamente en el Teatro Nacional de París. Así que durante tres meses tomé el curso Dullin, pero después lo abandoné ya que el teatro no me atraía en lo más mínimo.

En esa época me presentaba bajo el seudónimo de Claude Celler, un nombre que había escogido como homenaje al esquiador y campeón de automovilismo, Tony Sailer, pero modificando un poco la ortografía para que con mi verdadero nombre formara una doble inicial: C. C.

En aquel entonces triunfaba en numerosos concursos radiofónicos y con mis presentaciones en varios cabarets, podía vivir bastante bien, sobre todo economizar para obtener mi permiso de conducir a los dieciocho años exactos, tal y como lo había previsto.

Pero eso no bastaba para convertirse en piloto. En primer lugar, era necesario hacerse de un nombre para tener esperanzas de ser contratado por alguna marca, y para ello, hacía falta un automóvil de competencia y participar en algunas pruebas como piloto independiente, triunfando si era posible. Ahora bien, un automóvil de competencia es algo muy costoso; así que seguí ahorrando para poder adquirir alguno de esos vehículos. Muchos autores y compositores amigos míos habían grabado discos y eso, según parece, les proporcionaba mucho dinero; así que decidí tratar de grabar uno, puesto que ahora tenía más de ciento cincuenta canciones en mi repertorio.

La primera casa de discos donde me presenté me propuso un contrato de tres años, y acepté firmarlo. El director de esa casa de discos era Lucien Morisse, director de la estación de radio «Europa No. 1», y había lanzado a un sinnúmero de cantantes famosos. Mi primer disco tuvo un buen éxito; y el segundo, gracias a una canción titulada La Miel y La Canela, fue todavía más apreciado. Quizá la letra les permita recordar la música, ya que se escuchaba con frecuencia en la radio:

LA MIEL Y LA CANELA

Hay aroma de miel y canela,
hay aroma de vainilla y amor.
Hay aroma de miel y canela
doncellas que siempre amaré.

La primera era morena y se llamaba Margot,
por la noche al claro de luna tocábamos la flauta,
yo seguí el sendero de sus ojos
y sin duda el camino de sus cabellos.
La segunda era rubia y se llamaba Marielle.
Los senderos de su ronda aún puedo recordar,

yo seguí el sendero de sus ojos
y sin duda el camino de sus cabellos.

La tercera era pelirroja y se llamaba Marion,
por su rostro bonito y su pícara enagua
yo seguí el sendero de sus ojos
y sin duda el camino de sus cabellos.

No llores amigo, mañana es primavera.
Ellas son tan hermosas y tú aún no tienes veinte años.
Yo seguí el sendero de sus ojos
y tú seguirás el camino de sus cabellos.

En aquel entonces me presentaba en numerosos espectáculos y participaba en muchas giras. Todo marchaba bien e incluso había tenido el placer de que me escogieran para participar en la Rosa de Oro de la Canción Francesa en Antibes.

Pero sin duda aquellos que me dirigían no querían verme convertido en un artista demasiado conocido. Esa etapa de mi vida había sido prevista para desarrollar mi sensibilidad y para acostumbrarme a expresarme en público, pero nada más.

Un día, cuando todas las mañanas anunciaban por la radio que me encontraba entre los concursantes seleccionados para la Rosa de Oro, que tendría lugar una semana después, Lucien Morisse me llevó aparte para explicarme que se veía obligado a retirarme del concurso, que más adelante comprendería el porqué, pero que por el momento no podía decirme nada más. Así que al final no participé en esa Rosa de Oro.

Así que seguí viviendo pacientemente de la canción y me daba cuenta de que jamás ganaría el dinero suficiente para adquirir ese automóvil para dedicarme a las carreras. De manera que cuando me propusieron convertirme en representante de la casa de discos para la cual grababa, acepté de inmediato, convencido de que así llegaría a ahorrar el dinero suficiente en unos cuantos meses.

Me encontraba en Burdeos, en donde yo era agente comercial

responsable de quince regiones. Allí me quedé durante un año y de repente me di cuenta de que tenía el dinero suficiente para adquirir (al fin), un vehículo de competencia. Pero, ¡ay!, no tuve tiempo de correr ese vehículo que un amigo lo destruyó en un accidente... pero había escrito nuevas canciones durante ese año pasado, en Burdeos, y un amigo adinerado me impulsó para grabar un disco, que él mismo financiaría.

Pasé otro año viviendo de mis versos y después, como para hacerme cambiar definitivamente de esta senda, tuve un accidente automovilístico muy serio.

En el curso de una gira demasiado agotadora, me quedé dormido al volante y me estrellé como látigo contra un muro, casi a cien kilómetros por hora. En ese sitio ya se habían matado más de diez personas; yo salí con fracturas múltiples, pero con vida. Quedé inmovilizado por más de tres meses, mis ahorros habían desaparecido, ¡y yo seguía sin ingresar a las carreras! Yo, que había soñado con debutar a los dieciocho años, a los veintidós todavía no participaba en ninguna competencia.

A fuerza de asistir a los circuitos en calidad de espectador, me había dado cuenta de la admiración excesiva de los jóvenes hacia ese deporte, y del número de muchachos que deseaban convertirse en pilotos y que no sabían cómo abordar el problema. Por otra parte, yo no sabía mucho más que ellos, y me dije que el mejor medio que podría encontrar para acercarme a ese ambiente era una profesión que explotara esa admiración de los jóvenes por esta especialidad. Sabía escribir, de manera que había encontrado la coyuntura: podía ser periodista en una revista del deporte automovilístico.

Hice algunos contactos con periódicos especializados, pero en vano, ya que muchos otros jóvenes habían tenido la misma idea. Entonces vi un pequeño anuncio en «L'Equipe», en la página dedicada al automovilismo, que decía que solicitaban reporteros fotógrafos, sin experiencia.

Escribí y me respondieron que mi candidatura había sido aceptada, y que debería pagar ciento cincuenta francos para los gastos administrativos. En cambio, recibiría una película para hacer un reportaje de prueba sobre un tema de mi elección. Envié el dinero, recibí la película e hice el reportaje, evidentemente sobre carreras de automóviles, el cual envié a la dirección indicada.

Muy poco tiempo después recibí una carta invitándome a telefonear a Dijón, donde se encontraba la sede de la empresa que había publicado el anuncio. Después conocí al jefe de esa sociedad «editorial», un hombre de unos treinta años que decía haber «hecho fortuna» en Estados Unidos, en el negocio de la fotografía.

El parecía estar muy interesado en mis ideas concernientes a la creación de una revista del deporte del automovilismo dirigida a los jóvenes que querían convertirse en pilotos de carreras. Finalmente me propuso contratarme como redactor en jefe de un periódico que debería aparecer algunos meses después. Me enseño la fábrica que adquiriría a fin de instalar la imprenta, me presentó al impresor de Dijón a quien contrataría como director, y me mostró la casa donde podría vivir con mi esposa, a dos pasos de mi oficina.

Le respondí que eso me convenía, a condición de que pudiera cubrir reportajes, así como participar de las carreras. Entonces me dijo que si yo lo prefería, también necesitaría una persona capaz de dirigir un departamento de competencias, ya que esperaba patrocinar la nueva revista pintando algunos automóviles de carreras con sus propios colores. Eso me permitiría meterme a fondo en el negocio, y acepté convertirme en director del departamento de competencias de esa sociedad.

Una semana después me mudaba de París a Dijón en compañía de mi esposa. Me había casado hacía unos tres meses, y mi esposa estaba esperando a nuestra hija. Había conocido a Marie-Paule en el mes de junio y no nos separamos desde el primer día en que nos conocimos. Tres meses después nos casábamos, únicamente debido a que su familia ya se sentía demasiado escandalizada porque no queríamos una ceremonia religiosa, una familia de principios anticuados, y en el seno de la cual, se decían plegarias antes de los alimentos.

Mi estancia en Dijón no duró sino dos meses sin haber recibido el menor salario, y resultó que el norteamericano acaudalado que quería fundar un periódico, ¡acababa de salir de la prisión y no tenía un solo centavo! Había estafado una suma de dinero que variaba entre ciento cincuenta y trescientos francos a más de quinientos jóvenes que soñaban como yo, en convertirse en pilotos de carreras o en reporteros y fotógrafos.

Había trabajado dos meses para nada y me encontraba nuevamente con mis ideas y sin un centavo. Esta vez decidí lanzarme solo a la aventura de la edición. Emigré a Clemont-Ferrant, cerca de mi madre, a fin de darle a conocer la noticia de que muy pronto se convertiría en abuela, y fundé una editorial a fin de publicar una revista a mi manera. Esta revista vio la luz muy pronto gracias a un impresor que también tenía pasión por el deporte del automovilismo, y que aceptó correr el riesgo de concederme un crédito, a mí que no tenía ninguna garantía que ofrecerle.

Esa revista arrancó de la nada y muy pronto se convirtió en una de las primeras en su especialidad. Y lo que es más, yo me reservaba lo más interesante: es decir, las pruebas de los nuevos modelos sobre el magnífico circuito del Mas-du-Clos, en el Creuse, y en la carretera. Así logré introducirme en el tan difícil medio de las carreras y hacer que me prestaran algunos automóviles para correr. Al fin veía mi sueño realizado, y pude confirmar que además tenía grandes dotes para ello, obteniendo numerosas victorias desde mis inicios, en automóviles que ni siquiera conocía.

Viví allí tres maravillosos años, progresando sin cesar como piloto y como técnico, y viviendo ciento por ciento en el medio que amaba: el del deporte automovilístico. Debo decir que experimentaba un verdadero placer al sobrepasar constantemente mis límites, controlando cada vez mejor mis reacciones y mis reflejos. Ni el ruido del motor, ni el olor de los gases quemados me interesaban, y debo confesar que me complacía soñar con una reglamentación que obligara a los fabricantes de automóviles de carreras a construir vehículos que no emitieran ningún olor, ni hicieran ningún ruido, con objeto de disfrutar únicamente de las sensaciones de pilotear en su nivel más elevado.

Y todo quedó trastornado el 13 de diciembre de 1973.

El Encuentro

He allí pues, a grandes rasgos, cuáles fueron los acontecimientos de mi vida que precedieron a la extraordinaria jornada del 13 de diciembre de 1973, cuando en el cráter de un volcán de Auvernia, el Puy-de-Lassolas, me encontré por vez primera con el extraterrestre, o más exactamente, con el Eloha (Elohim en plural), que volvería a ver durante seis días seguidos en el mismo sitio, y que en cada ocasión y aproximadamente durante una hora, me dictó "El Libro Que Dice La Verdad" y sus fantásticas revelaciones, que constituyen la primera parte de este libro.

Debo confesar que durante los primeros días de esta experiencia, me preguntaba si me atrevería a hablar de todo eso a cualquier persona que fuese. En primer lugar, pasé en limpio las notas que había tomado en la mejor forma posible, pero con gran rapidez mientras que mi interlocutor hablaba. Cuando hube terminado, envié el manuscrito original a una casa editorial que yo juzgaba seria, la cual tenía entendido, no editaba obras esotéricas o de ciencia ficción, y evidentemente me preocupaba que este Mensaje de importancia decisiva para la humanidad, se encontrara sumergido entre una colección de aventuras misteriosas o de libros negros que cultivan el gusto de la gente por esta clase de seudo-ciencias.

Marcel Jullian, que dirigía esa casa editorial, me hizo dirigirme a París, y me dijo que esto era sensacional, pero que era absolutamente necesario que narrara mi vida antes de hablar del Mensaje, y que quizá habría «que cambiar algunas cosas insignificantes».

Decididamente no había ni qué hablar de eso. Yo no quería contar mi vida en cien páginas y después narrar el Mensaje que me habían dado, como si mi persona fuera tan importante como los Mensajes que me habían encargado que revelara. Quería que se publicara el Mensaje y únicamente el Mensaje, aún si eso no constituía un libro muy grueso y por consiguiente no resultara demasiado interesante para un editor. Así que le pedí al señor Jullian que me devolviera mi manuscrito. Me respondió que no lo tenía, ya que un lector se lo había llevado, pero que en cuanto se lo devolvieran me lo enviaría por correo.

De vuelta en Clermont-Ferrand, poco tiempo después recibí un telegrama donde se me pedía que volviera a París para participar en la emisión televisada de Jacques Chancel, el gran ajedrecista. Este último, director de una serie en la editorial a donde había llevado mi manuscrito, lo había leído, comprendiendo que era algo absolutamente fantástico, me creyeran o no. Por consiguiente, tomé parte en esa emisión y las miles de cartas que recibí después del programa me demostraron que, si bien algunos se reían de ello, muchos habían tomado la cosa muy en serio y deseaban ayudarme.

Pero los días pasaban y mi manuscrito seguía sin volver a mis manos. Escribí una carta certificada al editor, quien me contestó diciendo que el manuscrito me sería devuelto, pero que seguían sin encontrarlo. Al cabo de diez días, volví nuevamente a París con objeto de hacer «algo», ya que para entonces nadie quería contestarme cuando llamaba por teléfono para preguntar si ya lo habían encontrado.

El famoso modista Courreges, que se había puesto en contacto conmigo, después de mi presentación en televisión, ya que se interesaba en el Mensaje, aceptó acompañarme con el editor para saber exactamente qué había sido del manuscrito.

El señor Jullian nos informó que el lector que se había llevado el Mensaje había salido de vacaciones y que no sabían dónde localizarlo... extraño, muy extraño... finalmente, fue el señor Courreges quien logró recuperarlo entregándomelo en propia mano. Me pregunto si en realidad se había extraviado o si trataban de impedir su publicación. Y si verdaderamente en esa editorial se extravían los manuscritos con tanta facilidad, no aconsejaría a otros autores que enviaran ahí sus originales.

Atemorizado por ese contratiempo y ante el creciente número de cartas que procedían de personas deseosas de obtener el libro que contenía el Mensaje en cuanto se publicara, Marie-Paule me propuso abandonar su empleo de enfermera para consagrarse a la edición y a la publicación de ese documento excepcional.

Acepté, puesto que estaba seguro de que así tendría un control permanente de la utilización de estos escritos. De inmediato dejé de ocuparme de la revista de automovilismo, una ocupación incompatible con la seriedad de la misión que me había sido confiada; y en el otoño de 1974 el libro salía de la Imprenta.

El choque nervioso ocasionado por este trastorno imprevisible de mi existencia me había ocasionado un padecimiento estomacal que casi me llevó a un principio de úlcera, una gastritis severa que me hizo sufrir durante todo el invierno. Ningún medicamento pudo cambiar las cosas, y no fue sino hasta que me decidí a recuperar la calma entregándome a sesiones de respiración y de meditación, cuando los dolores desaparecieron como por encanto.

Durante el mes de junio, participé en una emisión televisada, conducida por Philippe Bouvard llamada Sábado Por La Noche, y este último, sarcástico como es su costumbre, había disfrazado de «marciano» a su ayudante, con antenas color de rosa y una combinación verde, preguntándome si el personaje que había conocido se parecía a eso...

Pero el público, interesado a pesar de las pocas cosas que me permitieron decir, escribió numerosas cartas para reprochar a Philippe Bouvard, por no haberme tomado en serio. En vista de las miles de cartas que recibió, decidió pedirme que volviera para otra emisión, en la cual me permitiría hablar un poco más.

Persuadido que de cualquier manera no se me permitiría decir lo suficiente, decidí alquilar la sala Pleyel, para una fecha poco después de la emisión de televisión, anunciando a los telespectadores interesados que ofrecería una conferencia en aquel lugar varios días después. Había alquilado una sala de ciento cincuenta lugares con opción sobre una de quinientos asientos, puesto que no tenía idea de cuántas personas asistirían para escucharme.

¡Hubo una asistencia de más de tres mil personas! Una vez llena la sala fue necesario, por razones de seguridad muy comprensibles, no permitir la entrada sino al número previsto de lugares, y anunciando a los demás que ofrecería otra conferencia varios días después en una sala más grande con cupo para dos mil personas. Evidentemente, muchas personas no quedaron muy satisfechas puesto que algunos habían recorrido varios centenares de kilómetros para asistir a la conferencia.

Finalmente, todo salió bien y pude constatar que un gran número de personas estaban dispuestas a ayudarme y a brindarme su apoyo, sin faltar los inevitables bromistas a quienes logré poner en ridículo, por el hecho mismo de la poca dimensión de sus preguntas.

Yo que tenía un «miedo» espantoso, un miedo escénico como jamás lo había experimentado cuando cantaba, todo iba saliendo sin problemas, las respuestas a las preguntas más difíciles brotaban de mis labios por sí solas. Me sentía verdaderamente ayudado desde lo alto, como me lo habían prometido; tenía la impresión de escucharme contestar a cosas cuyas respuestas era incapaz de encontrar por mí mismo.

Algunos días después tuvo lugar la segunda conferencia; yo temía que las personas que no habían podido entrar la primera vez no volvieran, y entonces encontrarme con una sala semivacía alquilada a un costo muy elevado. Más aún porque no se había hecho más publicidad desde la emisión de televisión, fuera de un pequeño aviso en France-Soir, el único periódico que aceptó anunciar en tres líneas esta conferencia. ¡Y una vez más se presentaron más de dos mil personas, y la sala se llenó! Era un triunfo; en esta ocasión, ya no me quedaba ninguna duda en cuanto al éxito de mi misión.

Las Conferencias Públicas

Así que, desde el mes de septiembre de 1974, a través de unas cuarenta conferencias, pude ver cuáles eran las preguntas que surgían con más frecuencia, y vi que el número de miembros de MADECH aumentaba sin cesar, mientras las oficinas regionales se estructuraban por todas las ciudades más importantes de Francia, alrededor de los miembros más dinámicos.

También note a muchos periodistas que en verdad desempeñan bien su oficio, el cual consiste en informar a su público, escribiendo o diciendo exactamente lo que han visto o leído, y a otros, como los del periódico Le Point, los he visto informar cosas engañosas, y a los cuales se les enviaron cartas certificadas recordándoles que conforme al derecho de réplica, debían rectificar los artículos difamatorios publicados con poca exactitud. Y a otros más, como los del periódico La Montagne, simplemente rehusarse a anunciar a sus lectores que yo ofrecería una conferencia en Clermont-Ferrand, aprovechándose por otra parte, del hecho de que este periódico es el único diario de la región. Además, el jefe de información de ese periódico, me recibió declarando que jamás se hablaría de mí, ni de mis actividades en su periódico. Y todo esto porque no les había agradado el hecho de que no les informé a ellos primero, antes de aparecer en la cadena de televisión. Historia triste y linda imagen de la libertad de expresión. Y llegaron hasta rehusarse a publicar una inserción pagada, anunciando la mencionada conferencia, mientras que en el mismo periódico, en páginas enteras, se desplegaban anuncios de películas pornográficas.

En cuanto al periódico Le Point, transformó un simple paseo de los miembros del MADECH al sitio donde tuvo lugar el encuentro, en una cita fallida con los Elohim. Y han hecho todo lo posible para tratar de desacreditar a una asociación que se inicia. Evidentemente es más sencillo, y menos peligroso para un periódico de gran difusión, culpar a una nueva organización como MADECH, que a la Iglesia y a sus dos mil años de usurpación.

Pero llegará el día, en que aquellos que han tratado de ocultar o deformar la verdad, se arrepientan de sus errores.

2

El Segundo Encuentro

La Aparición del 31 de Julio de 1975

Fue en el mes de Junio de 1975, cuando decidí renunciar al puesto de Presidente de MADECH. Por una parte debido a que me parecía que este movimiento ahora podía prescindir de mí, y por otra, porque pensaba haber cometido un error al estructurar esta asociación de acuerdo con la ley de 1901, comparando este movimiento decisivo para la humanidad con una agrupación amistosa de jugadores de bolos o de ex combatientes.

Me parecía necesario crear un movimiento que fuese más de acuerdo con el Mensaje tan fantástico que me habían transmitido los Elohim, es decir, un movimiento que respetara al pie de la letra lo que habían aconsejado nuestros creadores, o sea la democracia, el humanitarismo, la renunciación a todas las prácticas religiosas deístas, etcétera.

Una asociación conforme a la ley de 1901, estaba por definición en oposición con el Mensaje, cuando menos en la forma en que la habíamos estructurado, puesto que existía el voto de todos los miembros y por consiguiente, no se respetaba el principio de la geniocracia, según el cual, solamente los miembros más inteligentes pudiesen tomar parte en las decisiones. Así que era necesario reparar ese error desde el nivel más elevado, sin eliminar por ello a MADECH, sino por el contrario, transformándolo en una asociación de apoyo con modificaciones que hicieran más eficiente su estructura y para la cual el régimen de ley de 1901 no fuese un obstáculo.

De esta forma, MADECH se convertiría en una organización

que apoyaría al verdadero movimiento que yo iba a crear con los miembros más abiertos, deseando formar una congregación de guías de MADECH. Esta nueva asociación que agrupara a personas deseosas de abrir las mentes de los hombres hacia el infinito y hacia la eternidad, aplicando escrupulosamente lo que se pide en el Mensaje, los convertiría en guías para la humanidad. En esta sociedad que trata por todos los medios de cerrar las mentes con religiones deístas, con una educación letárgica, con emisiones televisivas que van en contra del pensamiento y con batallas políticas de poco alcance, yo intentaría formar, mediante una iniciación, a personas que podrían marchar por los caminos del mundo para tratar de abrir otras mentes. De esta forma MADECH conservaría toda su importancia como un organismo de apoyo para un primer contacto con las personas que descubrieran el Mensaje. En cierta forma, MADECH sería un movimiento compuesto de «practicantes», y de una congregación de guías formado por «monjes», que guiarían a los practicantes.

Sabía que entre los miembros había personas muy capaces de estar al frente de MADECH, y tuve la confirmación de ello con motivo de las elecciones en el Consejo de Administración. Christian, la persona que me reemplazó en el cargo de Presidente, era un científico de un gran porvenir y el resto del Consejo estaba formado por personas igualmente representativas y competentes.

También fue durante el mes de Junio cuando François, uno de los miembros más dedicados y abiertos de MADECH, llegó a visitarme a Clermont-Ferrand. Lo hice participe de mi deseo de encontrar una casa de campo, en algún rincón lo más aislado posible, a fin de descansar un poco y poder escribir con toda tranquilidad un libro en el cual narraría todo lo que me había sucedido antes del 13 de diciembre de 1973, antes de que alguien inventara cosas acerca de mi pasado. Me dijo que él tenía una granja en un rincón perdido de Périgord, y que si el lugar me agradaba, podía pasar allí uno o dos meses, y aún permanecer en ese lugar el tiempo que quisiera, ya que nadie la habitaba.

Así que partimos de inmediato en automóvil para visitar el lugar, y ante la calma y la serenidad de la región, me decidí a retirarme allí durante dos meses. Al cabo de quince días, me sentía tan complacido que empecé a pensar seriamente en instalarme allí definitivamente. François se reunió con nosotros a finales de julio y empezamos a considerar la mudanza para el día siguiente de la reunión del 6 de agosto en Clermont-Ferrand. Todavía no estaba completamente decidido, pues tenía miedo de fallar en mi misión si me alejaba del sitio de mi maravilloso encuentro, pero el 31 de julio, cuando había salido a tomar un poco de aire fresco con Marie-Paule y François, de repente vimos una máquina aparentemente enorme, pero silenciosa, que evolucionaba con paradas repentinas por encima de la casa, a veces a velocidades inimaginables, después inmovilizándose instantáneamente y avanzando en zigzag aproximadamente a quinientos metros de nosotros. Me sentí feliz de que otras personas estuviesen conmigo y fueran testigos de ese espectáculo y entonces me invadió una sensación indescriptible de felicidad. François me dijo que había sentido que los cabellos se le erizaban por la emoción. Para mí, ésta era una señal evidente del consentimiento de los Elohim para que me instalara en esa región.

Al día siguiente por la mañana me di cuenta de que tenía una señal extraña en un brazo, sobre el bíceps, cerca del pliegue del codo. No la relacioné de inmediato con la aparición de la víspera, pero después, muchas personas me dijeron que no podía tratarse sino de una marca hecha por ellos. Se trataba de un círculo rojo de aproximadamente unos tres centímetros de diámetro y cinco milímetros de espesor, en el interior del cual se encontraban tres círculos más pequeños. (Figura. 1)

Esta marca permaneció igual durante unos quince días; después, los tres círculos interiores se transformaron en uno solo, lo que dio por resultado dos círculos concéntricos. (Figura 2). Al cabo de otros quince días, poco más o menos, los dos círculos desaparecieron, dejando en mi brazo una mancha blanca que todavía conservo. Insisto en el hecho de que esta marca jamás me hizo sufrir y que no experimenté la menor comezón durante todo el tiempo que la tuve. Algunos científicos abiertos a quienes enseñé esa marca, emitieron la hipótesis de que podía tratarse de una extracción efectuada gracias a un láser perfeccionado.

Finalmente, tal y como se había previsto en el cráter del Puy-de-Lassolas, tuvo lugar la reunión del 6 de Agosto, y durante este encuentro reinaron una armonía y una fraternidad admirables.

Había decidido para esa fecha la reunión de los miembros de MADECH, sin saber muy bien por qué, pero en realidad los Elohim me habían guiado, ya que algunos miembros me informaron el día del encuentro, que se trataba de la fecha exacta del trigésimo aniversario de la explosión de la bomba atómica en Hiroshima, y también un día de fiesta Cristiano: la Transfiguración.

Casualidad, dirán los imbéciles.

Después de esta reunión, los miembros de MADECH, me ayudaron a mudarme; de manera que me instalé definitivamente en el Périgord.

El Mensaje: Parte Dos

El 7 de Octubre, hacia las once de la noche, experimenté de pronto el deseo de salir para contemplar el cielo. Me vestí con ropas abrigadoras ya que hacía bastante fresco, y empecé a caminar en medio de la oscuridad. Sin darme cuenta tomé un rumbo muy preciso, de pronto sentí la necesidad de dirigirme hacia un rincón que François me había mostrado durante el verano, un lugar desierto situado entre dos arroyos y rodeado de bosques, llamado Roc-Plat. Llegué a ese sitio alrededor de la media noche, preguntándome un poco qué era lo que venía a hacer aquí siguiendo mi intuición, ya que me habían dicho que podían guiarme por telepatía.

El cielo estaba magnífico y las estrellas brillaban por doquier, no había una sola nube que pudiera verse. Me puse a contemplar las estrellas errantes, cuando de pronto toda la campiña se iluminó y pude ver una enorme bola de fuego, como una centella que apareció detrás de los matorrales. Avancé en dirección al sitio donde había aparecido esa bola de fuego, lleno de una inmensa alegría, ya que estaba casi seguro de lo que iba a encontrar.

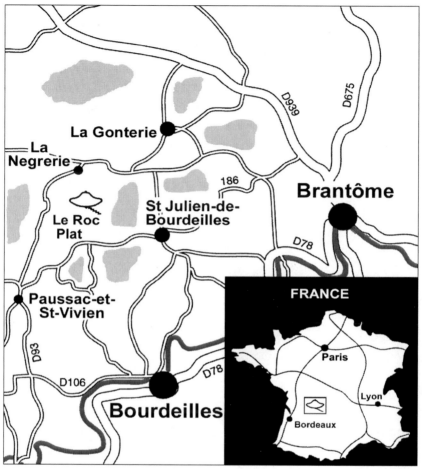

Lugar del Segundo Encuentro de Raël: Le Roc Plat, cerca de
Brantome, Región del Perigord, 7 de octubre de 1975.

Frente a mí se encontraba la misma máquina que había visto en seis
ocasiones anteriores durante el mes de diciembre de 1973, y el mismo
ser que había conocido dos años antes se acercó a mí con una sonrisa
llena de benevolencia. De inmediato observé una sola diferencia, ya
no llevaba la escafandra que la primera vez formaba una especie de
halo alrededor de su rostro. Después de todo el tiempo que había
pasado tratando de hacer comprender al mundo que decía la verdad,
me sentía increíblemente feliz de volver a ver a quien había sido

el responsable del trastorno de mi vida. Me incliné delante de él y entonces me habló:

"Levántese y sígame. Estamos muy satisfechos con usted y con todo lo que ha hecho en estos dos años. Ahora que nos ha demostrado que podemos confiar en usted, ha llegado el momento de pasar a la siguiente etapa.

En realidad, estos dos años no fueron sino una prueba. Habrá observado que hoy no llevo ninguna protección alrededor de mi rostro, y que mi vehículo se le apareció de pronto, y sin estar equipado con luces parpadeantes. Todo eso no estaba destinado sino para tranquilizarlo, apareciéndonos ante usted bajo aspectos que corresponden a la imagen que por lo general se tiene de un viajero del espacio. Pero en la actualidad ya ha evolucionado suficientemente para no sentirse atemorizado, de manera que ya no utilizamos esas «técnicas de acercamiento»".

Cuando entré detrás de él al interior de la máquina, pude darme cuenta que en el interior todo era parecido a lo que había visto en la ocasión de mi primer encuentro: muros que tenían el mismo aspecto metálico que el exterior, ningún tablero de mando o instrumentos, nada de ventanillas y un piso fabricado de una materia azul translúcida en el cual estaban dispuestos dos sillones de una materia transparente que recordaba un poco, sin tener ese tacto desagradable, a los sillones inflables de plástico.

Me invitó a tomar asiento en uno de los sillones; se instaló en el otro y me pidió que permaneciera inmóvil. Entonces pronunció varias palabras en un lenguaje incomprensible y me pareció sentir que la máquina se balanceaba ligeramente. De pronto, experimenté una sensación de intenso frío, como si todo mi cuerpo se transformara en un bloque de hielo, o más bien, como si miles de cristales de hielo penetraran por todos los poros de mi piel hasta la médula de los huesos. Eso duró muy poco tiempo, quizá varios segundos y después ya no sentí nada.

Entonces mi interlocutor se puso de pie diciendo: "Puede venir, hemos llegado."

Lo seguí por la escalerilla. El aparato se había inmovilizado en una habitación circular de aspecto metálico y de unos quince metros de diámetro por diez metros de altura. Se abrió una puerta y mi guía me pidió que entrara y me desnudara completamente, y que después recibiría otras instrucciones. Penetré en otra habitación circular que debía tener unos cuatro metros de diámetro. Me quité la ropa y una voz me indicó que entrara a la habitación que se encontraba delante de mí.

En ese momento se abrió una puerta, y entré a otra habitación parecida a aquella donde había dejado mi ropa, pero larga la cual hacía pensar en un corredor. A todo lo largo de ese corredor había un alumbrado de diferentes colores, bajo los cuales pasé sucesivamente. La voz me indicó que al seguir las flechas pintadas en el piso, llegaría a otra habitación donde me esperaba un baño.

Efectivamente, en la siguiente habitación encontré una bañera empotrada en el piso; el agua estaba tibia, justamente al punto y discretamente perfumada. Entonces la voz me aconsejó satisfacer mis necesidades naturales, lo cual hice, y después me pidió que bebiera el contenido de un vaso colocado sobre una pequeña mesa cerca de la pared metálica. Era un líquido blanco, con un delicioso sabor a almendras muy refrescante. Después me ofrecieron una especie de pijama muy suave, la cual se encontraba en otro anaquel; parecía de seda; era de color blanco y se amoldaba muy bien. Por último, se abrió una puerta y volví a encontrarme con mi guía, acompañado de dos seres parecidos a él, pero cuyos rasgos eran diferentes, y que se mostraron igualmente benevolentes.

Me reuní con ellos en una sala muy amplia donde todo era una maravilla. Estaba dispuesta en varios niveles y en total debía tener unos cien metros de diámetro. Estaba totalmente cubierta por un domo completamente transparente, tanto, que a primera vista no se hacía evidente. Millares de estrellas salpicaban el cielo negro y sin embargo, toda la sala estaba iluminada como si fuera pleno día, con una luz muy suave y de aspecto natural. El piso estaba recubierto de pieles y tapices de pelo largo de un colorido sorprendente y encantador. Por doquier había obras de arte, todas más admirables unas que otras, y algunas animadas de colores cambiantes, por doquier había plantas de un color rojo vivo y otras azules, casi tan bellas como peces exóticos, pero de varios metros de altura. Una música ambiental compuesta por sonidos parecidos al órgano, de gran musicalidad, a veces con coros y bajos de vibraciones extraordinariamente conmovedoras. Esta música hacía que las flores se inclinaran a su ritmo, cambiando de color según el estilo de la partitura.

Cada vez que alguien hablaba, la música se hacía más suave con objeto de poder escuchar sin dificultad y para no verse obligado a levantar la voz. Por último, el aire estaba perfumado por miles de aromas que también cambiaban, de acuerdo con la música y con el lugar donde uno se encontraba. Toda el área estaba dividida en unos diez rincones, separados en diferentes niveles, y cada uno de ellos tenía una característica particular. En medio de todo eso serpenteaba un riachuelo.

Mi guía, quien parecía tener grandes consideraciones y respeto hacia sus dos amigos, me dijo entonces: "Sígame. Vamos a instalarnos cómodamente, puesto que tengo muchas cosas que decirle".

Lo seguí hasta un conjunto de sillones y canapés forrados en un tono negro muy suave, donde nos instalamos los cuatro. Entonces mi guía empezó a hablar:

"Hoy le transmitiré un segundo Mensaje, que será el complemento del que le dicté en el mes de diciembre de 1973. No dispone de nada para tomar notas, pero no tema, todo lo que voy a decirle se quedará grabado en su mente, ya que aquí disponemos de un medio técnico para que pueda recordar todo lo que escuchará.

En primer lugar, queremos felicitarlo por todo lo que ha hecho durante estos dos años, pero también debemos prevenirlo de que la continuación de su misión quizá será aún más difícil. Pero de cualquier manera, no se desanime, ya que ahora, suceda lo que suceda, usted se verá recompensado por sus esfuerzos.

Para comenzar, es necesario rectificar un pasaje del Mensaje que usted transcribió mal, concerniente a una posible intervención de parte nuestra para destruir a la humanidad. Hay que precisar que no vamos a intervenir. La humanidad está llegando ahora a una encrucijada en su historia, y su porvenir no depende ya sino de ella misma. Si sabe dominar su agresividad con respecto a sí misma y al medio en el cual se encuentra, logrará alcanzar la edad de oro de la civilización interplanetaria, en medio de la felicidad y el florecimiento universal. En cambio, si se deja llevar por la violencia, se destruirá a sí misma, ya sea directa o indirectamente.

No existe ningún problema científico o técnico que sea insuperable para el genio humano, con la condición de que el genio humano esté en el poder. Un ser con un cerebro deficiente puede amenazar la paz mundial, así como un ser genial puede ofrecer la felicidad.

Mientras más pronto adopten la geniocracia, más pronto eliminarán los riesgos de cataclismos que pueden ser causados por seres con cerebro poco evolucionado. En el caso de un cataclismo que llegue a destruir a la humanidad, solamente las personas que lo sigan se salvarán, y deberán repoblar la Tierra devastada cuando haya desaparecido todo peligro, como ya sucedió en la época de Noé."

El Budismo

"Esto es lo que explica el budismo al decir que en el momento de la muerte, «el alma» del moribundo debe estar suficientemente alerta para escapar de los numerosos «demonios», a falta de lo cual reencarnaría, volviendo a caer así en el ciclo, mientras que si logra escapar de esos famosos demonios, también escapará del ciclo, alcanzando el estado de beatitud por medio de la vigilia.

De hecho, es una excelente descripción que se aplica no sólo al individuo, sino a la humanidad entera, que debe resistir a los demonios que pueden hacer que vuelva a caer en el ciclo cada vez que este en posición de elegir, y esos demonios son la agresividad contra sus propios semejantes o contra la naturaleza donde vive, y el estado de beatitud mediante la vigilia, es la edad de oro de las civilizaciones, en cual la ciencia está al servicio de los hombres, ese «Paraíso Terrenal» donde los ciegos pueden ver y los sordos pueden oír gracias a la ciencia.

El hecho de no desconfiar suficientemente de los «demonios», ocasionará una caída a la «reencarnación», o sea a una nueva progresión lenta del estado primitivo de un pueblo, hacia el de una civilización evolucionada en un mundo hostil, con todos los sufrimientos que esto implica.

Por eso en nuestro emblema figura la esvástica o cruz gamada, que se encuentra en numerosos escritos antiguos y que significa el "ciclo". Es la elección entre el paraíso, que permite una utilización pacífica de la ciencia, y el infierno, que es un regreso a la etapa primitiva en la cual el hombre se somete a la naturaleza, en vez de dominarla para su beneficio.

En cierta forma, ésta es una selección natural, a escala cósmica, de todas las especies que son capaces de escapar de su planeta. Solamente aquellos que llegan a dominar perfectamente su agresividad, podrán alcanzar esa etapa. Los demás se autodestruyen cuando su nivel científico y tecnológico les permite inventar armas suficientemente poderosas para ello. He aquí porque jamás nos atemorizamos de los seres que llegan de otras partes para hacer contacto con nosotros. Miles de contactos han confirmado esta regla absoluta en el Universo: los seres capaces de escapar de su sistema solar siempre son pacíficos.

Cuando se es capaz de escapar del propio sistema planetario, significa que también se ha escapado del ciclo de progresión-destrucción, que ocurre debido a una falta de dominio de la agresividad en el momento en que se descubren las fuentes de energía más importantes, que justamente permiten proyectar los viajes fuera de su propio sistema, pero que igualmente pueden permitir la fabricación de armas ofensivas con poderes destructivos irreversibles.

Para dirigirse en ese sentido, Francia, que es el país que ya está en buen camino tratando de unir a Europa, debería ser el primer país sin ejército. Así se convertiría en un ejemplo para el mundo entero. Sus militares de carrera establecerían las bases para crear un ejército europeo para el mantenimiento de la paz. En vez de ser los guardianes de la guerra, los militares se convertirían en los guardianes de la paz, título que merece un respeto infinitamente mayor.

Es necesario que un país importante señale a los demás la ruta a seguir, y no sería porque Francia aboliera el servicio militar obligatorio

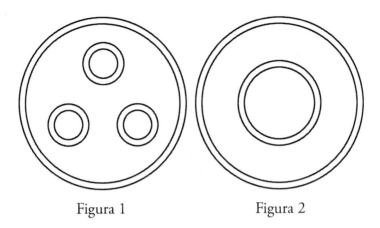

Figura 1   Figura 2

y pusiera a sus militares de carrera al servicio de la Europa que trata de construir, causa de que fuera a ser invadida por los países vecinos.

Por el contrario, esto los llevaría muy pronto a seguir la senda trazada por este país, imitándolo. Una vez Europa unida militarmente, no habrá más que crear la unión de la Europa económica, mediante la creación de una moneda europea única.

Enseguida, el mismo proceso debería aplicarse en el mundo entero, añadiendo, como ya lo dijimos en el primer Mensaje, un lenguaje mundial único que se convertiría en un idioma obligatorio en todas las escuelas de la Tierra. Si hay un país que deba señalar el camino, ese país debe ser Francia. Con el pretexto de una «fuerza de disuasión», es como se acumulan las armas de la propia destrucción. Si cada quien quisiera disuadir a alguien (prácticamente jamás sabe a quién), se corre el riesgo que un gesto adverso transformara la «fuerza de disuasión» en una fuerza de intervención, con consecuencias fatales para todo el mundo.

Los hombres contemplan el futuro pensando en el pasado; esto es un error. Es necesario mofarse del pasado y construir el presente mirando hacia el futuro, en vez de construir el presente basado en el pasado. Debe comprender que apenas hace treinta años los hombres de los países más evolucionados, han dejado de ser completamente primitivos; y que apenas acaban de salir de esa etapa. Hay millones de personas en la Tierra que todavía son primitivos, y que son incapaces de ver algo en el cielo sin adjudicarle una manifestación «divina». Por otra parte, usted sabe que las religiones deístas, aún son muy poderosas en todos los países poco desarrollados económicamente.

No hay que tener culto por los ancianos, sino por la inteligencia, al mismo tiempo que se actúa de tal forma, que los ancianos lleven una vida agradable. Nuestros ancestros más remotos, no solamente no deben ser respetados, sino que deben mostrarse como ejemplo de los pobres primitivos cortos de entendimiento, que no supieron abrirse camino hacia el Universo, y que no supieron transmitir de generación en generación, sino muy pocas cosas de valor".

Ni Dios Ni Alma

Mientras más primitivo es un pueblo, más florecen las religiones deístas. Además, esto lo fomentan los visitantes llegados de otros planetas, que no disponen sino de este medio para visitar con toda tranquilidad los mundos que aún no han dominado su agresividad.

Si ustedes próximamente llegan a alcanzar esa etapa de visitantes evolucionados en los mundos primitivos, ustedes mismos se verán obligados a emplear ese sistema que además es muy divertido, y que consiste en hacerse pasar por Dioses ante sus ojos. Lo cual es sumamente fácil, puesto que para los seres primitivos, desde el momento en que se llega del cielo, no se puede ser sino divino.., de cualquier manera, es necesario exagerar un poco para que nos respeten y reciban en forma agradable, lo que no echa a perder nada. Lo que es más, nosotros seguimos haciendo «apariciones» en la Tierra a fin de ver si todavía se acepta eso y cuáles son las reacciones de los poderes públicos, de los gobiernos y de la prensa. Con frecuencia nos divertirnos mucho...

Como ya se lo explicamos en el primer Mensaje, no hay Dios, y evidentemente tampoco hay alma. Después de la muerte ya no hay nada, si la ciencia no hace algo para que haya algo. Como saben, es posible volver a crear a un ser ya fallecido a partir de una célula de ese ser, la cual contiene toda la información física e intelectual del ser del que formaba parte. Se ha podido observar que un ser pierde varios gramos en el momento de su muerte, pero en realidad no se trata sino de energía de la cual dispone todo ser viviente y que se elimina en ese momento. Como ustedes también saben, la energía, igual que la materia, tiene peso.

También deben saber que hemos descubierto que en lo infinitamente pequeño hay vida inteligente y organizada, ciertamente tan evolucionada como la nuestra y comparable a lo que somos nosotros mismos, esto lo hemos podido comprobar.

Partiendo de allí, descubrimos que las estrellas y los planetas son los átomos de un ser gigantesco que ciertamente también contempla con curiosidad otras estrellas. También es muy posible que los seres que viven en lo infinitamente pequeño del ser infinitamente grande y sus semejantes, hayan conocido períodos en los cuales creyeran en un «buen Dios» inmaterial.

Es necesario que comprenda muy bien que todo está en todo. En este momento, en un átomo de su brazo, millones de mundos nacen y otros mueren, creyendo o no en un Dios o en un alma; y mientras que transcurre un milenio, el ser gigantesco del cual el sol es un átomo, no ha tenido sino el tiempo de dar un paso.

En efecto, el tiempo es inversamente proporcional a la masa, o mejor dicho, al nivel de la forma de vida. Pero todo en el Universo tiene vida y está en armonía con lo infinitamente grande y con lo infinitamente pequeño.

La Tierra tiene vida como todos los planetas, y para el pequeño moho que es la humanidad, es muy difícil darse cuenta de ello a causa del desplazamiento del tiempo debido a la enorme diferencia de masas que les impide captar sus palpitaciones. Uno de nuestros glóbulos rojos, o mejor dicho, uno de los átomos que forman parte de nuestro cuerpo, tampoco podría imaginarse que junto con sus semejantes, forman un ser viviente.

Por último, poco importa cada individuo, el equilibrio universal es constante, pero si queremos ser felices a nuestro nivel, debemos vivir en armonía con lo infinitamente grande, con lo infinitamente pequeño, y con nuestros semejantes.

Ningún argumento que trate de sostener la existencia de un Dios o un alma cualquiera puede tener cabida a partir del momento en que se entrevé, por poco que sea, lo infinito del Universo. No podría existir el menor paraíso en ningún sitio cualquiera, ya que el Universo es infinito, no puede tener un centro.

Por otra parte, ya le expliqué anteriormente que no pueden existir las comunicaciones en razón de una diferencia de masas demasiado grande, que crea una discrepancia en el transcurso de un tiempo similar, entre una entidad infinitamente grande y un universo de entidades infinitamente pequeñas.

Por último, uno puede imaginar un «alma inmortal» que se escapa del cuerpo después de la muerte, una imagen sumamente poética, pero un tanto ingenua puesto que ha surgido del cerebro de los primitivos, ya que no es posible concebir un sitio al cual se dirija, dado lo infinito del Universo.

Esa cantidad de energía que desaparece en el momento de la muerte, se desparrama en una forma desordenada, mezclándose con todas las energías suspendidas en el aire circundante, perdiendo toda identidad. Esa identidad que evidentemente se encuentra grabada en la materia organizada, en las células del ser viviente que acaba de morir. Esa materia que se ha organizado de acuerdo con el plan que definieron los genes del hombre y de la mujer al formar la primera célula en el momento de la concepción.

En lo que respecta al origen de la vida sobre la Tierra, algunos podrían decir «su explicación no cambia nada, puesto que no puede decir lo que había en el principio».

Un argumento estúpido que demuestra que la persona que lo ha hecho no ha tomado conciencia del infinito que existe, tanto en el tiempo como en el espacio. No hay principio ni fin para la materia, puesto que «nada se pierde, nada se crea, todo se transforma», como seguramente ya lo ha oído decir, solamente las formas de la materia pueden cambiar, según la voluntad de aquellos seres que alcanzan un nivel científico tan avanzado, que les permite realizar esto.

Sucede lo mismo en el infinito de los niveles de la vida, y eso es lo que representa la segunda parte de nuestro emblema, la estrella de David, compuesta de dos triángulos imbricados uno en el otro, lo que quiere decir «lo que está arriba es igual a lo que está abajo». Junto con la esvástica o cruz gamada, que significa que todo es cíclico y que se encuentra en medio de la estrella de seis puntas, ya tiene nuestro emblema, que contiene toda la sabiduría del mundo. Además, también puede encontrar esos dos símbolos reunidos, en algunos escritos antiguos como el *Bardo Thodol* o *Libro de los Muertos del Tíbet,* y en muchos otros más.

Evidentemente, es muy difícil para un cerebro humano limitado poder tomar conciencia del infinito, lo que explica esa necesidad de limitar al Universo en el tiempo y en el espacio por medio de creencias en uno o varios Dioses, a quienes se responsabiliza de todo.

En efecto, los seres que no llegan a un nivel suficientemente elevado de humanidad frente al Universo, difícilmente pueden admitir lo infinito que hace del hombre no algo excepcional, sino un ser cualquiera, situado en un período cualquiera y en un sitio cualquiera del Universo infinito.

Es evidente que el hombre prefiere las cosas bien definidas, bien delimitadas, «encerradas» en cierta forma, a imagen de su cerebro. Quienes se preguntan si es posible que haya vida en otros planetas, son el mejor ejemplo de esos cerebros cerrados; y la comparación que usted hizo en una de sus conferencias, de esa gente como las ranas que en el fondo de su charca se preguntan si hay vida en otras charcas, nos ha complacido mucho."

El Paraíso Terrenal

"Ustedes muy pronto podrán vivir en un verdadero paraíso terrenal, si la tecnología de que disponen en la actualidad se pone al servicio del bienestar de las personas, en vez de estar solamente al servicio de la violencia, de los ejércitos, o del lucro personal de unos cuantos.

La ciencia y la tecnología pueden liberar totalmente a los hombres, no sólo del problema del hambre en el mundo, sino también pueden permitirles vivir sin la obligación de trabajar, puesto que las máquinas, completamente solas, bien pueden hacerse cargo de las tareas cotidianas gracias a la automatización.

En sus fábricas más modernas, cuando no hace mucho tiempo se requerían varios cientos de hombres para fabricar un automóvil, hoy basta con una persona que simplemente vigile una computadora que dirige y realiza todas las operaciones de la fabricación de un automóvil. Y en el futuro, aún podrá llegar a eliminarse esa única persona.

Entonces, los sindicatos de los obreros no están muy contentos puesto que las fabricas cada vez necesitan menos personal y cada vez se despide a un mayor número de personas. Eso es lo que es anormal. Esas máquinas tan fantásticas que desempeñan el trabajo de quinientas personas, deben permitir que esos quinientos hombres puedan vivir, en vez de enriquecer a una sola persona: el patrón.

Ningún hombre debería estar al servicio, ni trabajar para otro hombre a cambio de un salario. Las máquinas muy bien pueden prestar todos los servicios y encargarse de todos los trabajos, permitiendo al hombre que se consagre a la única cosa para la cual fue creado: pensar, crear, expansionarse. Eso es lo que existe entre nosotros. Y ya tampoco se debe educar a los hijos de acuerdo con esos tres principios antiguos y primitivos: trabajo, familia y patria; sino por el contrario, de acuerdo con los siguientes: expansión, libertad y fraternidad universales.

El trabajo no tiene nada de sagrado cuando sólo está motivado por la necesidad de ganar lo suficiente para vivir penosamente, y aún es terriblemente infame el hecho de venderse, de vender así la vida a fin de poder comer desempeñando trabajos que pueden hacer simples máquinas.

La familia no ha sido otra cosa que un medio para que los esclavistas antiguos y modernos, obliguen a las personas a trabajar más por un ideal ilusorio.

Por último, la patria también no es sino un vil pretexto para crear una competencia entre los hombres y conducirlos diariamente, con más ardor, hacia el sacrosanto trabajo.

Estos tres conceptos, trabajo, familia y patria, siempre han sido sostenidos por las religiones primitivas. ¡Pero ahora ustedes ya no son primitivos! ¡Sacúdanse todos esos viejos y polvosos principios y disfruten de la vida en esta Tierra que la ciencia puede transformar en un paraíso!

¡No se dejen convencer por aquellos que les hablan de un posible enemigo, a fin de permitir que las fábricas de armamento hagan trabajar a los obreros mal pagados, en la construcción de armas destructivas que sólo reportan beneficios a los grandes industriales! No se dejen engañar por aquellos que les hablan con aire horrorizado del control de la natalidad, porque la juventud ha comprendido que no hay que tener demasiados hijos, que es mejor tener pocos para ser felices, puesto que ya hay demasiados en la Tierra.

No se dejen engañar por aquellos que constantemente van diciendo que los «pueblos vecinos sí se multiplican, y que podrían convertirse en una amenaza». Son los mismos partidarios de la acumulación de armas atómicas, bajo pretexto de una «disuasión»

Por último, no se dejen engañar por todos aquellos que les dicen que el servicio militar permite aprender a servirse de un fusil y que eso «siempre puede ser útil»; al mismo tiempo que amontonan proyectiles nucleares.

Quieren enseñarles la violencia, enseñarles a no sentir temor de dar muerte a un hombre igual a ustedes, bajo pretexto de que lleva otro uniforme, haciendo de tal manera que eso se convierta para ustedes en un gesto espontáneo a fuerza de maniobras contra blancos de entrenamiento.

¡No se dejen engañar por aquellos que les dicen que es necesario luchar por la patria! Ninguna patria lo merece. No se dejen influenciar por aquellos que les dicen: «y si los enemigos llegasen a invadir nuestro país, ¿no tendríamos que defendemos?» Respondan que la no violencia siempre es más eficaz que la violencia.

No se ha demostrado que quienes «murieron por Francia» hayan tenido la razón, cualquiera que haya sido la hostilidad del agresor. Contemplen el triunfo de Gandhi en la India.

Les dirán que es necesario luchar por la libertad, pero se olvidan que los galos perdieron la guerra contra los romanos, y que los franceses la han pasado muy bien al ser descendientes de los vencidos que se beneficiaron con la civilización de los vencedores.

Vivan más bien en medio de la expansión, la libertad y el amor, en vez de escuchar a todos esos seres limitados y agresivos.

El accesorio más importante que tienen para ayudarlos a alcanzar una paz universal perdurable, es la televisión, una verdadera conciencia planetaria que permite ver lo que sucede cada día en todos los puntos del globo y darse cuenta de que los «bárbaros», que viven del otro lado de la frontera, tienen las mismas alegrías, las mismas penas y los mismos problemas que uno; de confirmar los progresos de la ciencia, las últimas creaciones artísticas, etcétera.

Es evidente que hay que poner atención para que ese maravilloso órgano de difusión y de comunicación, no caiga en manos de personas que hagan uso de él para condicionar a las multitudes con información tendenciosa.

Pero ustedes en verdad pueden considerar la televisión como el sistema nervioso de la humanidad, que permite que cada uno esté consciente de la existencia de los demás, ver cómo viven y así evitar hacerse ideas falsas que ocasionan un temor hacia el «extranjero».

Antiguamente existía el temor de la tribu vecina, después el temor de la aldea vecina, luego de la provincia vecina, del estado vecino.

En la actualidad hay un temor de la raza vecina y si ésta ya no existiera, habría el temor de posibles agresores llegados de otro planeta.

Por el contrario, es necesario estar abiertos a todo lo que viene de otras partes, puesto que todo temor al extranjero es prueba de una civilización de nivel primitivo. En este sentido, la televisión es irremplazable, y está en una de las etapas de mayor importancia, si no es que la más importante de toda civilización, ya que al igual que la radio, permite a todas esas células aisladas de la humanidad que son los hombres, estar en todo momento informados de lo que hacen los demás, exactamente como lo hace el sistema nervioso en el cuerpo de un ser viviente."

El Otro Mundo

"Sin lugar a dudas, usted se pregunta en dónde se encuentra. En este momento está en una base situada relativamente cerca de la Tierra. En el primer Mensaje, observó que nos desplazábamos siete veces más rápido que la velocidad de la luz; esto era cierto hace veinticinco mil años, cuando desembarcamos en la Tierra. Desde entonces hemos hecho grandes progresos, y ahora viajamos en el espacio con mucha mayor rapidez. No necesitamos sino algunos instantes para efectuar el trayecto que en aquella época requería cerca de dos meses de recorrido, y seguimos progresando. Si quiere seguirme, ahora realizaremos un pequeño viaje juntos."

Me puse de pie y seguí a mis tres guías. Atravesamos un vestíbulo y en una sala inmensa descubrí una máquina parecida a la que me había traído desde la Tierra hasta aquí, pero mucho más grande. Debía tener unos doce metros de diámetro exterior, y en el interior había cuatro sillones en vez de dos, también colocados uno frente a otro. Nos sentamos como la primera vez y volví a experimentar la misma sensación de frío intenso, pero en esta ocasión duró mucho más tiempo, aproximadamente unos diez minutos. Después la máquina se balanceó ligeramente y nos dirigimos hacia la escotilla de salida.

Pude descubrir ante mí un paisaje maravilloso, paradisíaco; de hecho no puedo encontrar ningún calificativo para describir el encanto que ofrecía la visión de flores inmensas, cada una más bella que la otra, en medio de las cuales se paseaban animales inimaginables, aves de plumajes multicolores, ardillas color de rosa y azules con cabeza de oseznos que trepaban por las ramas de árboles con flores gigantescas, llenos de frutos enormes.

A unos treinta metros de la máquina nos esperaba un pequeño grupo de Elohim, y detrás de los árboles pude descubrir un conjunto de construcciones que armonizaba perfectamente con la vegetación, parecidas a conchas de colores muy brillantes. La temperatura era benigna y el aire perfumado por los mil aromas de las flores exóticas. Caminamos en dirección a la cima de una colina y el panorama que empezó a aparecer ante mi vista era algo maravilloso. Numerosos riachuelos serpenteaban en medio de una vegetación lujuriante, y a lo lejos un océano de color azul resplandecía bajo el sol. Al llegar a un claro, descubrí con estupefacción a un grupo de hombres parecidos a mí, quiero decir, hombres como los que habitan en la Tierra, y no Elohim. Casi todos iban desnudos, algunos vestían ropas hechas de sedas multicolores. Se inclinaron respetuosamente ante mis tres guías y después todos nos sentamos en unos sillones aparentemente tallados en la roca y cubiertos de espesas pieles, pero a pesar del calor, permanecían siempre frescos y agradables.

Unos hombres que salieron de una caverna minúscula situada justamente a un lado de nosotros, se acercaron llevando charolas que se doblaban con el peso de frutos, carnes asadas con salsas cada una mejor que la anterior y acompañadas de bebidas de aromas y sabores inolvidables.

Y siempre, detrás de cada invitado, permanecían en cuclillas dos de los hombres que llevaban los platones, dispuestos a satisfacer los menores deseos de los convidados. Además, estos últimos pedían lo que deseaban sin prestarles la menor atención.

Durante la comida, una música maravillosa venida de no sé dónde, hizo su aparición, y unas jóvenes de líneas tan esculturales como los servidores, empezaron a bailar desnudas, con una gracia incomparable, sobre el césped que nos rodeaba.

Eran más o menos unos cuarenta invitados parecidos a los hombres de la Tierra, además de mis tres guías. Había hombres y mujeres de raza blanca, amarilla y negra, y todos hablaban un idioma parecido al hebreo que yo no comprendía.

Yo me encontraba sentado a la derecha del Eloha que había conocido dos años antes, y a la izquierda de otros seis Elohim. Frente a mí estaba sentado un joven barbado, muy bien parecido y esbelto, de sonrisa misteriosa y con una mirada plena de fraternidad. A su derecha estaba un hombre de rostro lleno de nobleza, que lucía una barba larga y muy poblada, de color negro. A su izquierda había un hombre más corpulento de rostro asiático, que llevaba el cráneo rasurado.

Presentación a los Antiguos Profetas

Hacia el final de la comida mi guía empezó a hablar dirigiéndose a mí: "En mi primer Mensaje, le hablé de una residencia que se encontraba en nuestro planeta, y donde los hombres de la Tierra se habían conservado con vida, gracias al secreto científico de la eternidad a partir de una célula, y entre los cuales se encontraban Jesús, Moisés, Elías, etcétera. Esta residencia en realidad es sumamente grande puesto que se trata de un planeta entero, donde también habitan los miembros del Consejo de los Eternos. Mi nombre es Yahvé y soy el Presidente Del Consejo De Los Eternos.

En el planeta en el cual nos encontramos ahora, habitan en este momento ocho mil cuatrocientos terrícolas que durante su vida alcanzaron un nivel suficiente de apertura hacia el infinito, o que permitieron a la humanidad alejarse de su nivel primitivo por medio de sus descubrimientos, sus escritos, su forma de organizar la sociedad, sus actos ejemplares, por su fraternidad, su amor o su desinterés, y también, los setecientos Elohim miembros del Consejo De Los Eternos.

Cualquiera que sea la consecuencia de su misión, usted ya tiene su sitio reservado aquí, entre nosotros, en este verdadero pequeño «paraíso» donde todo es fácil gracias a la ciencia, y donde todos vivimos felices y eternamente. Y digo bien eternamente, ya que igual que en la Tierra, hemos creado aquí toda la vida y empezamos a comprender a la perfección la vida de lo infinitamente grande, es decir, la vida de los planetas; podemos descubrir las señales de envejecimiento de los sistemas solares, lo que nos permitirá abandonar éste para crear otro «paraíso» en otra parte, en el momento en que tengamos alguna inquietud en cuanto a su supervivencia.

Los terrícolas eternos y los Elohim que viven aquí, pueden disfrutar como lo desean, sin tener otra cosa que hacer que lo que más les agrada, investigaciones científicas, meditación, música, pintura, etcétera.

¡ O nada si así lo desean!

Los siervos que vio trayendo los platones hace un momento, así como las bailarinas, no son otra cosa que robots biológicos. En realidad fueron fabricados con el mismo principio que empleamos para crear a los hombres de la Tierra, de una manera cien por ciento científica, pero voluntariamente están limitados y sometidos a nosotros por completo.

Por otra parte, son incapaces de actuar sin que se les dé una orden y son altamente especializados. No tienen ninguna aspiración propia y ningún placer, salvo ciertos que les exige su especialización. Envejecen y mueren como nosotros, pero la máquina que los fabrica, puede producir muchos más de los que necesitamos. Además, son incapaces de sufrir, de tener sentimientos, y no pueden reproducirse por sí mismos.

Su duración de vida es parecida a la nuestra, es decir, de setecientos años aproximadamente, gracias a una pequeña intervención quirúrgica. Cuando se tiene que destruir a alguno de ellos por ser demasiado viejo, la máquina creadora produce uno o varios más, de acuerdo con nuestras necesidades. Salen del aparato dispuestos a funcionar y con una estatura normal, puesto que no tienen crecimiento ni infancia.

La única cosa que saben hacer es obedecer a los hombres y a los Elohim, y son incapaces de la menor violencia.

Es posible reconocerlos por la pequeña piedra de color azul que tanto hombres como mujeres llevan entre los ojos. Se ocupan de todos los menesteres bajos y desempeñan todas las labores que no ofrecen ningún interés.

Son producidos, mantenidos y destruidos bajo tierra, además, todos los trabajos de mantenimiento están a cargo de estos robots y de enormes computadoras que regulan todos los aspectos de alimentación, abastecimiento de materias primas, energía, etcétera. En promedio, cada uno de nosotros cuenta con unos diez a nuestro servicio, y como somos un poco más de nueve mil terrícolas y Elohim, hay permanentemente noventa mil de ellos aproximadamente, entre hombres y mujeres.

Igual que los Elohim miembros del Consejo De Los Eternos, los terrícolas eternos no tienen derecho a tener hijos, y aceptan someterse a una pequeña intervención que los vuelve estériles, esterilidad que podría anularse fácilmente. Esta disposición tiene como fin evitar que los seres que no lo merecen, vengan a mezclarse en este universo maravilloso. En cambio, los hombres y mujeres eternos pueden unirse libremente como mejor les parezca; y están eliminados los celos de toda clase.

Por otra parte, los hombres que desean tener una o varias compañeras fuera de las relaciones de igualdad existentes entre hombres y mujeres eternos, o que no desean vivir con una mujer en un plan de igualdad, pueden disponer de uno o varios «robots biológicos» femeninos que son absolutamente sumisos y a los cuales la máquina proporciona exactamente el físico deseado. Sucede lo mismo con las mujeres, que pueden tener uno o varios «robots biológicos» masculinos también absolutamente sumisos.

La máquina productora de estos robots, proporciona a la entidad que fabrica, exactamente el físico y la especialización deseados. Existen varios tipos de mujeres y hombres «ideales», desde el punto de vista de formas y fisonomías, pero es posible modificar al gusto la estatura, las medidas, la forma del rostro, etcétera... y hasta es posible proporcionar la fotografía de un ser, por ejemplo, de alguien a quien se ha amado o admirado en la Tierra, y la máquina producirá una réplica exacta. De esta manera, las relaciones entre los eternos de ambos sexos son mucho más fraternales y respetuosas, y las uniones entre ellos son maravillosamente puras y elevadas.

Dado el extraordinario nivel de apertura de la mente de los seres admitidos aquí, jamás hay problemas entre ellos. La mayoría pasa casi todo su tiempo meditando, realizando investigaciones científicas, composiciones artísticas, invenciones y creaciones de toda clase. Podemos vivir en diferentes ciudades de múltiples estilos arquitectónicos y en sitios muy variados, que además podemos modificar a nuestro placer. Cada uno busca desarrollarse como lo desea, no haciendo sino las cosas que lo complacen.

Algunos encuentran placer en llevar a cabo experimentos científicos, otros en componer música, otros en crear animales cada vez más sorprendentes, otros en meditar o en dedicarse únicamente a hacer el amor, disfrutando de los múltiples placeres de esta naturaleza paradisíaca, bebiendo en las innumerables fuentes y comiendo los frutos suculentos que crecen por todas partes y en todo momento. Aquí no existe el invierno, vivimos en una región comparable a su ecuador, pero como podemos actuar científicamente sobre la meteorología, siempre hace buen tiempo y no hace demasiado calor. Hacemos llover por la noche cuando y donde lo deseamos.

Todo esto, y muchas otras cosas más que no podría comprender de una sola vez, hacen de este mundo un verdadero paraíso. Aquí, todos son libres y pueden serlo sin ningún riesgo, puesto que todos han merecido esta libertad.

Todas las cosas que proporcionan placer son positivas, a condición de que ese placer no perjudique a nadie en una forma efectiva. Es por ello que todos los placeres sensuales son positivos, ya que la sensualidad es abrirse hacia el mundo exterior, y toda apertura es buena. Ustedes, los habitantes de la Tierra, apenas comienzan a salir de todos esos tabúes primitivos que querían hacer parecer como malo, todo lo que se relaciona con el sexo o la desnudez, cuando en cualquier caso, es lo más puro que hay.

¡Qué otra cosa puede haber más decepcionante para vuestros creadores, que ver a la gente decir que la desnudez es algo malo, la desnudez, la imagen de lo que nosotros hemos creado! Como puede ver, aquí todo el mundo anda desnudo y los que llevan ropa lo hacen porque esas ropas son obras de arte ofrecidas por otros eternos, quienes las han confeccionado con sus manos, o porque se preocupan por la elegancia y el aspecto decorativo.

Cuando un habitante de la Tierra es admitido en el mundo de los eternos, primero se somete a una etapa de educación química, a fin de que nada lo sorprenda aquí y pueda comprender en qué lugar se encuentra y por qué razón".

Mi guía, Yahvé, hizo una pausa y después continuó diciendo: "Usted ahora se encuentra sentado frente a quien hace dos mil años, estuvo encargado de crear un movimiento destinado a difundir más ampliamente el Mensaje que habíamos dejado al pueblo de Israel, Mensaje que debía permitirle ser comprendido en la actualidad. Se trata de Jesús, a quien recreamos a partir de una célula que preservamos antes de su crucifixión".

El hermoso hombre barbado sentado frente a mí, me dirigió una sonrisa plena de fraternidad.

"A su derecha se encuentra Moisés, a su izquierda Elías, y a la izquierda de Jesús se encuentra sentado aquel a quien en la Tierra recuerdan con el nombre de Buda. Un poco más lejos puede ver a Mahoma, en cuyos escritos me llaman Alá, ya que por respeto no se atrevían a nombrarme. Los cuarenta hombres y mujeres presentes en esta comida, son todos seres que representan a las religiones creadas como consecuencia de nuestros contactos con la Tierra."

Y todos me miraban con rostros de aspecto fraternal y divertido, seguramente recordando su propia sorpresa en el momento de su llegada a este mundo.

Mi guía continuó: "Ahora voy a mostrarle algunas de nuestras instalaciones."

Se puso de pie y yo lo seguí. Me invitó a colocarme un cinturón muy ancho con una hebilla enorme. Él y sus dos amigos se habían colocado la misma clase de adorno. De inmediato me sentí elevado del suelo y transportado más o menos a veinte metros por encima del césped, casi al ras de los árboles y a gran velocidad, tal vez a unos cien kilómetros por hora, quizá más, y en una dirección muy precisa. Mis tres compañeros iban conmigo, Yahvé delante y sus dos amigos detrás. Cosa curiosa (entre otras muchas...), no sentía absolutamente el viento soplándome el rostro.

Descendimos en un pequeño claro, muy cerca de la entrada de una gruta. En realidad, nuestros cinturones seguían transportándonos, pero ahora solamente a unos metros del suelo y a menos velocidad. Atravesamos varios pasillos de paredes metálicas y llegamos a una sala muy amplia en medio de la cual, había una enorme máquina rodeada por unos diez robots, que pude reconocer su ornamento en la frente. Ahí hicimos contacto con el suelo y nos quitamos los cinturones. Entonces habló Yahvé:

"He aquí la máquina que fabrica los robots biológicos. Vamos a crear uno de esos seres para usted."

Hizo una señal a uno de los robots situado cerca de la máquina y este último tocó ciertas partes del mecanismo y me indicó que me acercara a un cristal de unos dos metros de largo por uno de ancho. En un líquido de color azulado, vi entonces la forma de un esqueleto humano que se dibujaba vagamente. Después esa forma empezó a dibujarse cada vez con mayor claridad, hasta que finalmente se convirtió en un verdadero esqueleto. Después se dibujaron los nervios formándose sobre los huesos, luego los músculos y por último la piel y el cabello. Ahora se encontraba recostado ahí, en donde unos cuantos minutos antes no había nada, un espléndido atleta.

Yahvé habló: "Recuerde en el antiguo testamento esta descripción, en *Ezequiel*:

> "Oh hijo de hombre, ¿vivirán estos huesos?... Y he aquí un temblor, y los huesos se juntaron, cada hueso con su hueso. Miré, y he aquí que subían sobre ellos tendones y carne, y la piel se extendió encima de ellos.... y el espíritu entró en ellos, y cobraron vida. Y se pusieron de pie: ¡un ejército grande en extremo!". *Ezequiel 37: 3, 7-8, 10*

La descripción que usted hará de lo que acaba de ver, ciertamente será muy parecida a la de Ezequiel, excepto por el ruido, que hemos podido eliminar."

En efecto, lo que acababa de ver correspondía perfectamente a la descripción de Ezequiel. Después, el personaje que estaba recostado se deslizó hacia la izquierda, desapareciendo completamente de mi vista. Entonces se abrió una compuerta y volví a ver a la criatura recostada sobre una tela blanquísima, a cuya creación acababa de asistir en varios minutos. Estaba todavía inmóvil, pero de pronto abrió los ojos y se levantó, descendiendo los pocos escalones que lo separaban de nuestro nivel, y después de intercambiar unas cuantas palabras con otro robot, se adelantó hacia mí. Me tendió su mano, que estreché, y pude sentir su piel suave y tibia. Yahvé me preguntó: "¿Lleva consigo la fotografía de algún ser querido?" - Sí, tengo la fotografía de mi Madre, está en mi cartera que se quedó con mi ropa.

Me la mostró, preguntándome si era esa; como asentí, se la entregó a uno de los robots, quien la introdujo en la máquina, y tocó ciertas partes del aparato. Delante del cristal asistí a una nueva fabricación de un ser viviente; después, cuando la piel comenzó a cubrir la carne, me di cuenta de lo que estaba a punto de producirse: estaban fabricando una réplica exacta de mi Madre, según la fotografía que les proporcioné ... en efecto, unos instantes después, pude abrazar a mi Madre, o mejor dicho, a la imagen de mi Madre tal y como era diez años antes, puesto que la fotografía que les había proporcionado databa de unos diez años.

Yahvé me dijo: "Ahora, permítanos hacerle una pequeña punción en la frente."

Uno de los robots avanzó hacia mí y con ayuda de un aparato pequeñísimo, muy parecido a una jeringa, me hizo una punción en la frente, la cual ni siquiera sentí de tan ligera que fue.

Después, introdujo esa jeringa en la máquina y tocó otras partes del mecanismo. Nuevamente estaba a punto de formarse un ser ante mi vista, cuando la piel empezó a recubrir la carne, pude ver a otro yo que se dibujaba poco a poco. En efecto, el ser que salió de la máquina era una réplica exacta de mí mismo.

Yahvé me dijo: "Como puede comprobarlo, su otro yo no lleva en la frente la pequeña piedra que distingue a los robots. Y que llevaba la réplica de su madre.

A partir de una fotografía solamente podemos hacer una réplica del físico, sin ninguna personalidad psíquica, mientras que a partir de una célula, como la que le tomamos a usted entre los ojos, podemos realizar una réplica total del individuo a quien extirpamos esa célula, con sus recuerdos, su personalidad, su carácter, etcétera. Ahora podríamos enviar de vuelta a la Tierra a su otro yo, y nadie se daría cuenta de nada; vamos a destruir de inmediato esa réplica, puesto que no tiene ninguna utilidad. Pero en este momento, existen dos yo suyos que me escuchan, y las personalidades de los dos han comenzado a ser diferentes, puesto que usted sabe que va a vivir, y él sabe que será destruido. Pero eso no le preocupa, ya que él sabe que no es sino su otro yo. Por si fuese necesario, ésta es una prueba más de que el alma, en la cual creen ciertos primitivos, o de una identidad puramente espiritual única de cada cuerpo, es inexistente."

Salimos entonces de la habitación donde estaba la enorme máquina y después, por un corredor, penetramos a otra sala donde había otros aparatos.

Nos acercamos a otra máquina.

"En esta máquina están contenidas las células de los seres malignos que serán recreados para ser juzgados cuando llegue el momento. Todos los seres que en la Tierra han predicado la violencia, la maldad, la agresividad, el oscurantismo, aquellos que aún cuando disponían de todos los elementos para comprender de dónde procedían, no supieron reconocer la verdad, serán recreados para someterse al castigo que merecen después de ser juzgados por aquellos a quienes hicieron sufrir, o por sus ascendientes o descendientes.

Ahora se merece un poco de descanso. Este robot le servirá de guía y le proporcionará todo lo que desea hasta mañana por la mañana, cuando todavía tendremos algo que hablar con usted, después lo acompañaremos de vuelta a la Tierra. De aquí a entonces, va a saborear por anticipado lo que le espera una vez que su misión en su planeta haya terminado."

Entonces un robot se acercó a mí y me saludo respetuosamente. Era de estatura elevada y muy bien parecido, atlético, moreno y de rostro adolescente.

Una Primera Impresión del Paraíso

El robot me preguntó si deseaba ver mi habitación y al responderle afirmativamente, me tendió un cinturón para desplazarme. Me encontré nuevamente transportado por encima del suelo y cuando volví a poner los pies en la tierra, estaba delante de una casa más parecida a una concha gigante que a una habitación. El interior estaba totalmente recubierto de pieles de pelo largo y un lecho inmenso, cuando menos equivalente al de cuatro camas terrestres, parecía estar hundida en el suelo, no era reconocible sino por el color diferente de las pieles que la cubrían. En un rincón de la inmensa habitación, había una bañera de gran tamaño, también hundida en el suelo y tan grande como una piscina, instalada entre una vegetación de formas y colores maravillosos.

"¿Desea algunas compañeras?" me preguntó el robot. "Venga conmigo para que pueda elegir".

Volví a ponerme el cinturón y nuevamente me vi transportado hasta el aparato que servía para la fabricación de robots. Delante de mí, apareció un cubo luminoso; tomé asiento en un sillón frente al cubo y me entrego un casco. Una vez instalado, una joven morena de dimensiones maravillosamente armoniosas, apareció en el cubo luminoso en tres dimensiones. Se movía para realzar más su figura y si no hubiese estado en el interior de un cubo flotando a un metro del suelo, verdaderamente hubiera creído que era real.

Mi robot me preguntó si me agradaba, o si deseaba que tuviera formas o rostro diferentes. Le dije que la encontraba perfecta, a lo cual me respondió que se trataba de la mujer ideal estéticamente hablando, o mejor dicho, de uno de los tres tipos de mujer ideal definidos por la computadora en función de los gustos de la mayoría de los residentes del planeta, pero que podía solicitar todas las modificaciones que me complacieran.

Ante el rechazo de modificar en nada a esa magnífica criatura, apareció una segunda mujer, rubia y encantadora, diferente pero tan perfecta como la primera.

En este caso tampoco encontré nada que debiera modificarse. Por último apareció en el interior del extraño cubo, una tercera joven pelirroja todavía más sensual que las dos primeras. El robot me preguntó si quería ver otros modelos, o si me bastaba con esos tres tipos ideales de mi raza. Evidentemente le respondí que encontraba extraordinarias a esas tres jóvenes.

En ese momento una magnífica negra apareció en el cubo, después una china delicada y esbelta, después una oriental voluptuosa.

El robot me preguntó cuál de esas jóvenes deseaba como compañera, y al responderle que todas me agradaban, avanzó hacia la máquina que fabricaba los robots y habló por un momento con uno de sus semejantes. Entonces la máquina empezó a trabajar y comprendí lo que estaba a punto de suceder.

Unos minutos después, me encontraba de vuelta en mi residencia con mis seis compañeras. Ahí tomé el más inolvidable baño que jamás haya tomado, en compañía de esas robots de encanto absoluto y sumisas a todos mis deseos.

Después, mi robot guía me preguntó si tenía deseos de crear un poco de música; ante mi respuesta afirmativa, sacó un casco parecido al que me había puesto para la proyección de los modelos de robots femeninos.

El robot me dijo que pensara en la música que me gustaría escuchar.

De inmediato se dejó oír un sonido que correspondía exactamente a la música en la cual estaba pensando, y a medida que construía una melodía en mi mente, ésta se convertía en realidad, con sonidos de una amplitud y una sensibilidad, que eran los más extraordinarios que jamás había escuchado. El sueño de todo compositor se había convertido en realidad: poder componer directamente la música sin tener que pasar por el trabajo laborioso de la escritura y la orquestación.

Después, mis seis adorables compañeras empezaron a danzar al compás de mi música; un baile hechizante y voluptuoso.

Por último, al cabo de un momento, mi robot me preguntó si también deseaba crear algunas imágenes. Me ofrecieron otro casco, y me instalé delante de una pantalla semicircular. Entonces empecé a imaginar algunas escenas, las cuales se hacían visibles en la pantalla. En realidad, era una visualización inmediata de todos los pensamientos que me venían a la mente. Empecé a pensar en mi abuela, y apareció en la pantalla, pensé en un ramo de flores y apareció, si imaginaba una rosa de pétalos verdes, ésta también aparecía. De hecho, ese aparato permitía la visualización instantánea del pensamiento, sin necesidad de tener que explicarlo. ¡Qué maravilla!.

El robot me dijo: "Con algo de entrenamiento, se llega a crear una historia y a desarrollarla. Aquí tienen lugar numerosos espectáculos de este género, espectáculos de creaciones directas".

Por fin, después de un momento fui a acostarme y pasé la noche más alocada de mi existencia con mis maravillosas compañeras.

Al día siguiente por la mañana, me levanté y volví a darme un baño perfumado, después un robot nos sirvió un desayuno delicioso. Entonces me pidió que lo siguiera porque Yahvé me esperaba. Volví a ponerme el cinturón transportador y pronto me encontré delante de una extraña máquina, donde me esperaba el Presidente Del Consejo De Los Eternos.

Era de menor tamaño que la que fabricaba los robots, pero aun así era bastante grande. En el centro tenía un gran sillón empotrado.

Yahvé me preguntó si había pasado una noche agradable, y después me explicó: "Esta máquina despertará en usted ciertas facultades que están latentes; así su cerebro podrá explotar todo su potencial. Tome asiento aquí". Me instalé en el sitio que me indicó y una especie de concha envolvió mi cráneo. Tuve la impresión de perder el conocimiento durante un instante y después me pareció que mi cabeza iba a estallar.

Delante de mis ojos veía pasar relámpagos multicolores. Por fin todo se detuvo y un robot me ayudó a descender del sillón. Me sentía terriblemente distinto. Tenía la impresión de que todo era sencillo y fácil.

Yahvé habló: "A partir de ahora veremos por sus ojos, escucharemos por sus oídos y hablaremos por su boca. Y aún podremos curar por sus manos, como ya lo estamos haciendo en Lourdes y en muchos otros lugares del mundo con ciertos enfermos que juzgamos merecen que hagamos algo por ellos, por su voluntad para difundir los Mensajes que le hemos transmitido y por sus esfuerzos para adquirir la mente cósmica, abriéndose hacia el infinito.

Estaremos observando a todos los hombres; hay computadoras inmensas que aseguran una vigilancia permanente sobre todos los hombres que habitan en la Tierra. A cada uno de ellos se le atribuye una calificación en función de todas las acciones llevadas a cabo durante su vida, según la hayan encaminado, ya sea hacia el amor y la verdad o hacia el odio y el oscurantismo.

Cuando llegue la hora del balance final, aquellos que han marchado en la dirección correcta, tendrán derecho a la eternidad en este planeta paradisíaco; aquellos que sin ser malvados, no han realizado nada positivo, no serán recreados; y aquellos que han sido particularmente negativos, se ha conservado una célula de su cuerpo, la cual nos permitirá volver a crearlos cuando llegue el tiempo, para ser juzgados y someterse al castigo que merecen.

Todos ustedes que están leyendo este Mensaje, deben saber que pueden tener acceso a este mundo maravilloso, a este paraíso donde serán recibidos todos aquellos que por el camino del amor universal y la armonía cósmica sigan a nuestro Mensajero, Claude Raël, nuestro Embajador; ustedes que lo ayudarán a realizar todo lo que le pediremos, ya que nosotros vemos por sus ojos, escuchamos por sus oídos y hablamos por su boca.

Su idea de crear una congregación de guías de la humanidad es muy buena; pero deben ser muy severos en lo que respecta a su elección, para que nuestro Mensaje jamás sea deformado o traicionado. La meditación es indispensable para abrir la mente, pero la abstinencia es inútil. Es necesario disfrutar de la vida con toda la fuerza de los sentidos, ya que el despertar de los sentidos va a la par con el despertar de la mente.

Si así lo desean y disponen de tiempo, sigan practicando el deporte, puesto que todos los deportes y juegos son buenos, ya sea que desarrollen la musculatura o lo que es mejor todavía, el dominio de sí mismo, como el automovilismo o el motociclismo.

Cuando un ser se sienta solo, siempre podrá tratar de comunicarse telepáticamente con nosotros, tratando de estar en armonía con el infinito; así experimentará un gran bienestar. Lo que usted ha aconsejado concerniente a una reunión de personas que creen en nosotros en cada región, el domingo por la mañana alrededor de las once, es una buena idea. En la actualidad muy pocos miembros lo hacen.

Los médiums son útiles, acudan a ellos, pero deben equilibrarlos, ya que el don que tienen como médiums (que no es otra cosa que un don de telepatía), los desequilibra y empiezan a creer en lo «sobrenatural», en la magia y en otras cosas que no pueden ser más estúpidas, como la creencia en un cuerpo etéreo, que es una nueva forma de creer en un alma..., ¡que no existe! De hecho, realmente se ponen en contacto con seres que vivieron hace muchos siglos, y a quienes nosotros hemos vuelto a crear en este planeta paradisíaco.

Hay una revelación muy importante que usted puede hacer desde ahora: los judíos son nuestros descendientes directos en la Tierra. Por eso les está reservado un destino particular. Son los descendientes de los hijos de los Elohim y de las hijas de los hombres, y en el Génesis se habla de ello.

Su pecado original fue unirse a su creación científica; por eso han padecido durante tanto tiempo.

Pero para ellos ya ha llegado el momento del perdón, y ahora podrán vivir tranquilos en su país, que han vuelto a encontrar, a menos que cometan una nueva falta al no reconocerlo a usted como nuestro enviado. Queremos que nuestra embajada terrestre sea edificada en Israel, en un territorio que el gobierno le cederá. Si sé rehúsan, usted la construirá fuera de ese país, e Israel sufrirá un nuevo castigo por no haber reconocido a nuestro Mensajero.

Usted deberá consagrarse únicamente a su misión; no se inquiete, dispondrá de los medios para que pueda sostener a su familia. Las personas que creen en usted, por lo tanto en nosotros, deberán ayudarlo.

Usted es nuestro Mensajero, nuestro Embajador, nuestro Profeta, y de cualquier manera, ya tiene su sitio reservado aquí entre todos los Profetas.

Usted es quien debe reunir a los hombres de todas las religiones, puesto que el movimiento que usted ha creado, el Movimiento Raeliano, debe ser la religión de religiones. Insisto, es una religión, pero una religión atea, como usted ya ha podido comprenderlo.

No olvidaremos a quienes lo ayuden, como tampoco olvidaremos a quienes le causen problemas. No tenga miedo, y no tema a nadie, puesto que suceda lo que suceda, usted ya tiene su lugar entre nosotros. ¡Y sacuda un poco a quienes han perdido la confianza!

Hace dos mil años, acostumbraban arrojar al foso de los leones a aquellos que creían en Jesús, nuestro enviado, pero hoy, ¿a qué se arriesgaría usted? ¿A la ironía de los imbéciles? ¿A las mofas de quienes no han comprendido nada y prefieren quedarse con sus creencias primitivas? ¿Qué es todo eso comparado con el foso de los leones?

¿Qué es todo eso comparado con lo que espera a aquellos que lo sigan? En verdad, ahora es más fácil que nunca seguir la propia intuición.

Mahoma, que se encuentra entre nosotros, ya decía en el Corán a propósito de los profetas:

> Se acerca el momento para que los hombres tengan que rendir cuentas; y sin embargo, en su despreocupación, se apartan (de su creador).

> No les llega una nueva advertencia de su creador, que no escuchen para burlarse de ella. Y su corazón se divierte con ello.

> Aquellos que hacen el mal conversan en secreto diciendo: Este hombre, ¿no es otra cosa que un mortal como nosotros?...

> Es un fárrago de sueños. Ha forjado todo esto. ¡Es un poeta! Pero que nos ofrezca un milagro como los que fueron enviados en tiempos pasados. *El Corán, Sura 21: 1-15*

Ya Mahoma tuvo que soportar los sarcasmos de algunos, lo mismo que Jesús. Cuando se encontraba en la cruz, algunos dijeron:

> "Sálvate a ti mismo, si eres Hijo de Elohim... y baja de la cruz!"
> *Mateo 27: 40*

"Eso no impide, como usted ha podido ver, que Jesús se encuentre maravillosamente y por toda la eternidad, así como Mahoma y todos los que creyeron en ellos y los siguieron, mientras que los que criticaron serán recreados para su castigo.

Las computadoras que vigilan a los hombres que no han conocido el Mensaje, están enlazados a un sistema que en el momento de la muerte, extrae automáticamente y a distancia, la célula a partir de la cual podrán ser recreados, si lo merecen.

En espera de edificar nuestra embajada, deberá crear un monasterio de Guías del Movimiento Raeliano cerca del lugar donde reside. Usted que es nuestro Profeta, el Guía de Guías, podrá formar a los responsables que estarán encargados de la difusión de nuestros Mensajes por toda la Tierra".

Los Nuevos Mandamientos

"Todos aquellos que quieran seguirlo, deberán poner en práctica las reglas que voy a darle ahora:

> Deberás presentarte cuando menos una vez en tu vida delante del Guía de Guías, a fin de que mediante el contacto manual pueda transmitir tu plan celular a la computadora o hacer que un guía iniciado lo haga; que a la hora del juicio final tomará en cuenta el balance de tu vida.

> Pensarás cuando menos una vez al día en los Elohim tus creadores.

> Tratarás por todos los medios de difundir el Mensaje de los Elohim a tu alrededor.

> Cuando menos una vez al año harás un donativo al Guía de Guías, que sea, por lo menos igual a un centésimo de tus ingresos anuales, a fin de ayudarlo para que consagre su tiempo completo a su misión, y a viajar por todo el mundo para difundir este Mensaje.

> Cuando menos una vez al año invitarás a tu mesa al Guía de tu región, reuniendo en tu casa a las personas interesadas, a fin de que pueda explicarles las dimensiones del Mensaje.

En caso de la desaparición del Guía de Guías, el nuevo Guía será designado por el Guía de Guías precedente. El Guía de Guías será el guardián de la Embajada terrestre de los Elohim, quien podrá habitarla en compañía de su familia y las personas que él decida.

Usted, Claude Raël, usted es nuestro Embajador en la Tierra, y las personas que crean en usted deberán ofrecerle los medios para que cumpla con su misión.

Usted es el último de los Profetas antes del juicio final, usted es el Profeta de la Religión de Religiones, el Demistificador y el Pastor de Pastores. Usted es aquel cuya llegada anunciaron los antiguos Profetas, nuestros enviados, en todas las religiones.

Usted es quien llevará el rebaño de los Pastores antes de que el agua se derrame, aquel que llevará delante de sus creadores a todos los creados. Los que tienen oídos que oigan, los que tienen ojos que vean. Todos aquellos que tengan los ojos abiertos verán que usted es el primer Profeta que no podrá ser comprendido sino por los seres científicamente evolucionados. Todo lo que usted va a narrar será incomprensible para los pueblos primitivos.

He ahí una señal que reconocerán los que tienen los ojos abiertos, el signo de la revelación, del Apocalipsis."

Al Pueblo de Israel

El estado de Israel debe ceder al Guía de Guías, un territorio ubicado cerca de Jerusalén a fin de que haga edificar la residencia, la Embajada de los Elohim. Pueblo de Israel, ha llegado el momento de construir la nueva Jerusalén, tal y como estaba previsto; Claude Raël es aquel cuya llegada había sido anunciada, vuelvan a leer sus escritos y abran los ojos.

Deseamos tener nuestra Embajada en medio de nuestros descendientes, puesto que el pueblo de Israel está compuesto por los descendientes de los hijos nacidos de las uniones entre los hijos de los Elohim y las hijas de los hombres.

Pueblo de Israel, te hicimos salir de las garras de los egipcios y no has sabido mostrarte digno de nuestra confianza; te hemos confiado un

Mensaje destinado a toda la humanidad y lo guardaste celosamente en vez de difundirlo;

Has padecido durante largo tiempo para pagar tus errores, pero ha llegado el momento del perdón, tal y como estaba previsto; hemos dicho al norte da y al sur no retengas, he hecho venir a tus hijos y a tus hijas de los extremos de la Tierra, tal y como lo escribió *Isaías*, y has podido recuperar tu país; y podrás vivir en paz si escuchas al último de los Profetas, aquel que te había sido anunciado y si lo ayudas a hacer lo que le hemos pedido.

Ésta es tu última oportunidad, de lo contrario otro país albergará al Guía de Guías y edificará nuestra Embajada en su territorio, y ese país estará muy cerca del tuyo; estará protegido y allí reinará la felicidad, y el estado de Israel será destruido nuevamente.

Tú, hijo de Israel que todavía no has vuelto a las tierras de tus ancestros, espera antes de volver para ver si el gobierno acepta que nuestra Embajada se edifique allí. Si se rehúsan, no vuelvas, serás de aquellos que se salvarán de la destrucción y cuyos descendientes un día podrán volver a encontrar la tierra prometida, cuando llegue el momento.

Pueblo de Israel, reconoce a aquel cuya llegada te había sido anunciada y entrégale el territorio para edificar nuestra Embajada, ayúdalo a edificarla, de lo contrario, igual que hace dos mil años, se construirá en otra parte, y si se construye en otra parte, nuevamente te verás disperso. Si hace dos mil años hubiesen reconocido que Jesús era nuestro enviado, todos los cristianos del mundo no serían cristianos, sino judíos, y no hubieras tenido problemas puesto que seguirían siendo nuestros Embajadores, en vez de haber confiado ese trabajo a otros hombres, que tomaron a Roma como base.

Hace dos mil años no reconociste a nuestro enviado y no brilló Jerusalén sino Roma, pero ahora tienes una nueva oportunidad para que sea Jerusalén, y si no la aprovechas, otro país albergará nuestra Embajada y ya no tendrás derecho a la tierra que escogimos para ti.

Vaya, he terminado. Usted podrá anunciar todo esto una vez que se encuentre de vuelta en la Tierra. Ahora disfrute todavía un poco más de este paraíso, y volveremos a llevarlo para que termine su misión antes de volver definitivamente con nosotros."

Permanecí aún varias horas disfrutando de los placeres múltiples de ese mundo, paseando entre las numerosas fuentes y entregándome a sesiones de meditación en compañía de los grandes Profetas a quienes había conocido la víspera.

Entonces, después de una última comida en compañía de las mismas personas del día anterior, volví a encontrarme en la gran nave que me depositó en la estación de observación. Allí volví a seguir el mismo circuito que había tomado con anterioridad y me encontré con mis ropas en la pequeña nave que me dejó en el mismo sitio en el que la había abordado, en Roc Plat. Miré el reloj: era la media noche.

Volví a casa y de inmediato me puse a trabajar para escribir todo lo que me habían dicho. Todo estaba perfectamente claro en mi mente, y me sorprendí al ver que escribía todo sin parar, sin ninguna duda recordaba todas las frases que había escuchado. Las palabras se habían quedado como grabadas en mi mente, como se me había anunciado desde el principio.

Cuando terminé la narración de lo que acababa de suceder, empecé a sentir claramente lo que nunca me había sucedido, que algo en mí se desencadenaba, y me puse a escribir nuevamente, observando todo lo que escribía y redescubriéndolo como un lector. Escribía, pero no me sentía el autor de lo que aparecía sobre el papel. Los Elohim habían empezado a hablar por mi boca, o mejor dicho a escribir por mi mano.

Y lo que quedaba inscrito bajo mis ojos concernía a todos los temas a los cuales el hombre se enfrenta a todo lo largo de su vida, y a la forma en que conviene enfrentarse ante esos problemas. En realidad era una regla de vida, una nueva forma de comportarse frente a los acontecimientos de la vida, de comportarse como hombre, es decir, como un ser evolucionado que busca por todos los medios abrir su mente hacia el infinito, para estar en armonía con él.

Esas grandes reglas dictadas por los Elohim, nuestros creadores, nuestros Padres que están en el cielo, como decían nuestros ancestros sin comprenderlo muy bien, helas aquí enunciadas íntegramente.

3

LAS LLAVES

Introducción

Estos escritos son las llaves que permiten abrir las mentes que milenios de oscurantismo han encerrado en una roca estéril.

La puerta que encierra a la mente humana, está bloqueada por numerosas cerraduras que es necesario abrir a un tiempo, si se quiere hacerla salir hacia el infinito. Si solamente nos servimos de una llave, las demás cerraduras permanecerán bloqueadas, y si todas no se mantienen abiertas al mismo tiempo, cuando se abre la siguiente, vuelve a cerrarse la primera, impidiendo la apertura de la mente.

La sociedad humana teme a lo desconocido y por tanto, siente temor de lo que hay detrás de esa puerta, aún si es la conquista de la felicidad a través del conocimiento de la verdad, así que presiona para impedir que algunos entreabran esa puerta, prefiriendo permanecer en la desgracia y la ignorancia.

Este es un obstáculo más para franquear la puerta por donde puede liberarse la mente. Pero como decía Gandhi: «No es porque nadie ve la verdad, que ésta se convierte en un error». Así que si se deciden a abrir esa puerta, ignoren los sarcasmos de quienes no han visto nada, o de quienes habiendo visto, parecen no ver nada por temor a aquello que no conocen.

Y si la apertura de la puerta les parece demasiado difícil, soliciten la ayuda de un guía, puesto que los guías ya han abierto la puerta de su mente y conocen las dificultades que esto implica. Ellos no podrán abrir la puerta por ustedes, pero sí podrán explicarles las diversas técnicas que les permitirán lograrlo. Por otra parte, son los testimonios vivientes de la felicidad que causa la apertura de la puerta y la prueba de que están en el error quienes temen a lo que hay detrás de ella.

El Hombre

En todos los casos y antes que nada, siempre hay que considerar las cosas en relación con cuatro planos:
- En relación con el infinito;
- En relación con los Elohim, nuestros Padres, nuestros creadores.
- Después, en relación con la sociedad humana.
- Y por último en relación con el individuo.

El plano más importante es con relación al infinito, y en relación a ese plano es como debemos juzgar todas las cosas, pero teniendo una constante: el amor, y por consiguiente, teniendo en cuenta a los demás a quienes hay que dar amor, puesto que es necesario vivir en armonía con el infinito y por lo tanto, con nuestros semejantes que a su vez, también constituyen una parte del infinito.

Después, hay que tener en cuenta los consejos que nos han dado los Elohim nuestros creadores, y actuar de tal manera que la sociedad humana escuche los consejos de aquellos que la engendraron.

Después hay que tener en cuenta a la sociedad, que ha permitido a los hombres florecer en el sendero de la verdad. Hay que tenerla en cuenta, pero no seguirla; por el contrario, debemos ayudarla a salir de su esterilidad primitiva, cuestionando permanentemente todas sus costumbres y sus tradiciones, aún si están apoyadas por las leyes, unas leyes que no tratan sino de encerrar las mentes en el suplicio del oscurantismo.

Por último, también hay que tener en cuenta la realización del individuo, sin lo cual la mente no alcanza todo su potencial, y no es posible ponerse en armonía con el infinito y convertirse en un hombre nuevo.

El Nacimiento

Jamás deberás imponer ninguna religión a un niño, que todavía no es otra cosa que una larva, incapaz de comprender lo que le sucede. De manera que no se le debe bautizar, ni circuncidar, ni someterlo a ningún acto de cualquier clase que él no haya aceptado. Es necesario esperar a que llegue a la edad de comprender, y si en ese momento se siente atraído por una religión, dejarlo en libertad de unirse a ella.

Un nacimiento debe ser una fiesta puesto que los Elohim nos crearon a su imagen, y por tanto, capaces de reproducirnos por nosotros mismos; y al crear a un ser vivo conservamos la especie que formamos y respetamos la obra de nuestros creadores.

Un nacimiento debe ser también un acto de amor llevado a cabo en medio de la armonía, tanto en lo concerniente a los sonidos como a los colores o la temperatura, a fin de que el ser que se pone en contacto con la vida, adquiera el hábito de la armonía.

En cambio, es necesario habituarlo de inmediato a respetar la libertad de los demás, y cuando llore por la noche, ir a verlo discretamente, pero sin que jamás pueda darse cuenta de que llorar le ocasiona un cierto bienestar porque se ocupan de él. Por el contrario, hay que verlo y ocuparse de él cuando no dice nada y no ir a verlo (o hacerlo sin que se dé cuenta) cuando llora. Así se acostumbrará a que las cosas marchen mejor cuando esté en armonía con todo lo que está a su alrededor. «Ayúdate y el Cielo te ayudará».

Ciertamente es necesario que los Padres comprendan, desde el momento del nacimiento, que ante todo un niño es un individuo, y que no debe tratarse como niño a ningún individuo.

Ni siquiera nuestros creadores nos tratan como niños, sino como individuos, por eso no intervienen directamente para ayudarnos a resolver nuestros problemas, dejando que mediante nuestra propia reflexión como individuos responsables, lleguemos a sobreponernos a los obstáculos con los que tropezamos.

La Educación

Desde su más tierna infancia, el pequeño ser que apenas es una «larva» de hombre, debe acostumbrarse a respetar la libertad y la tranquilidad de los demás. Puesto que es demasiado pequeño para comprender y razonar, el castigo corporal debe aplicarse con rigor por la persona que educa al niño, a fin de que sufra cuando hace sufrir a los demás, o cuando los molesta faltándoles al respeto.

Ese castigo corporal únicamente debe aplicarse a los muy pequeños, después, a medida que el niño razona y comprende, debe desaparecer progresivamente y por último desaparecerá por completo. A partir de los siete años de edad, el castigo corporal debe ser completamente excepcional, y a partir de los catorce años, jamás debe volver a aplicarse.

Nunca harás uso del castigo corporal si no es para castigar en el niño, una falta de respeto a la libertad o a la tranquilidad de los demás y de ti mismo. Le enseñarás a tu hijo a expansionarse y a dar marcha atrás con relación a lo que quieren inculcarle la sociedad y sus escuelas. No lo obligarás a aprender cosas que no le servirán de nada y lo dejarás seguir la orientación que desee, ya que no debes olvidar que lo más importante es su plena realización personal.

Le enseñarás siempre a juzgar las cosas sucesivamente en relación con el infinito, con sus creadores, con la sociedad y consigo mismo.

Jamás le impondrás ninguna religión a tu hijo, pero deberás enseñarle sin tomar partido por ninguna, las diversas creencias que existen por todo el mundo, cuando menos las más importantes en orden cronológico: la religión judía, la religión cristiana y la religión musulmana. Si puedes, tratarás de aprender a grandes rasgos las religiones orientales, a fin de poder explicárselas a tu hijo. Por último, le enseñarás a grandes rasgos el Mensaje transmitido por los Elohim al último de los Profetas.

Sobre todo, le enseñarás a amar al mundo en el que vive, y a través de ese mundo, a nuestros creadores.

Le enseñarás a abrirse hacia el infinito y a tratar de vivir en armonía con el infinito.

Le enseñarás la obra maravillosa que llevaron a cabo los Elohim nuestros creadores, y a reflexionar y buscar siempre el camino, a fin de que algún día los hombres sean capaces de hacer lo que hicieron nuestros creadores, es decir, crear científicamente otras humanidades en otras partes.

Le enseñarás a considerarse como parte del infinito, es decir, muchas y pocas cosas a la vez. «Eres polvo, y en polvo te convertirás».

Le enseñarás que el mal que se hace a los demás, ninguna confesión, ninguna absolución puede repararlo una vez que está hecho, y que no se debe creer que cuando la muerte está cerca, basta con ponerse a creer en un Dios cualquiera o en los Elohim, para tener derecho a la eternidad.

Le enseñarás que somos juzgados por lo que hacemos a todo lo largo de nuestra vida, que la senda que conduce a la sabiduría es larga y que se necesita toda una vida para comprometerse suficientemente. Quien no ha seguido la dirección correcta durante toda su vida, no porque de pronto empiece a seguir el camino correcto, tendrá derecho a la resurrección científica en el planeta de los eternos. A menos que su arrepentimiento sea sincero y actúe intensamente para recuperar el tiempo perdido, tratando de hacerse perdonar por todos aquellos a quienes hizo mal y tratando de poner todos los medios de su parte para ofrecerles amor y felicidad.

Y aún así, no será suficiente para quien haya hecho sufrir a los demás, ya que si logra su perdón y les da su amor, solamente habrá logrado borrar sus errores, pero no habrá hecho nada positivo, y por consiguiente, deberá iniciar nuevas acciones, llevando la felicidad a personas a quienes jamás haya hecho daño, y ayudando a quienes difunden la verdad, los guías.

Pero un ser que únicamente se arrepiente en el momento de su muerte o poco tiempo antes, para él será demasiado tarde, ya que no será perdonado.

La Educación Sensual

Ésta es una de las cosas más importantes, y que en la actualidad prácticamente no existe.

Despertarás la mente de tu hijo, pero también despertarás su cuerpo, ya que el despertar del cuerpo va aunado al despertar de la mente. Todos aquellos que tratan de adormecer los cuerpos, también son adormecedores de mentes.

Nuestros creadores nos dieron los sentidos y son para servirnos de ellos. La nariz se hizo para oler, los ojos para ver, los oídos para escuchar, la boca para saborear y los dedos para tocar. Es necesario desarrollar nuestros sentidos para disfrutar mejor de todo lo que está a nuestro alrededor, ya que nuestros creadores lo colocaron allí para que disfrutemos de ello.

Un ser sensual tiene muchas más probabilidades de estar en armonía con el infinito, porque lo siente sin tener que meditar o reflexionar. La meditación y la reflexión permitirán que ese ser comprenda mejor esta armonía, haciéndola que irradie a su alrededor cuando la enseña.

Ser sensual es dejar que el medio donde nos encontramos nos ofrezca placer. La educación sexual es de suma importancia también, pero no enseña sino el funcionamiento técnico de los órganos y su utilidad, mientras que la educación sensual, nos enseña la forma de obtener el placer por medio de esos órganos, no buscando otra cosa que no sea el placer; sin utilizarlos forzosamente para el fin utilitario que tienen. No hablarles del sexo a los hijos está mal, explicarles para qué sirve, es mejor, pero aún no es suficiente: hay que explicarles la forma de servirse de él para obtener placer.

Explicarles únicamente «para qué sirve el sexo», es como si se les dijera que la música sólo sirve para marchar o cualquier otra tontería, o que saber escribir solamente sirve para enviar cartas de reclamación, o que el cine no sirve sino para ofrecer cursos audiovisuales. Afortunadamente, gracias a los artistas y mediante el despertar de los sentidos, es posible obtener placer escuchando, leyendo o contemplando obras de arte que no fueron hechas para otra cosa, sino para proporcionar placer. En cuanto al sexo, sucede lo mismo; no solamente sirve para la satisfacción de las necesidades naturales o para asegurar la reproducción, sino también para proporcionar placer a los demás y a uno mismo. Por fin, gracias a la ciencia estamos saliendo de la época en la cual mostrar el cuerpo era un "pecado", y en la que toda unión sexual llevaba en sí un castigo: la concepción de un hijo.

Ahora, gracias a las técnicas anticonceptivas, ya es posible la unión sexual libre, sin que esto se convierta o llegue a ser un compromiso definitivo. Enseñarás eso a tu hijo sin vergüenza, por el contrario, con amor, explicándole bien que el sexo fue hecho para ser feliz y alcanzar una plena expansión, es decir, para disfrutar de la vida con toda la fuerza de nuestros sentidos, y en todos los sentidos.

Jamás deberás avergonzarte de tu cuerpo o de tu desnudez, ya que no hay nada que desagrade más a nuestros creadores, que ver a quienes ellos crearon avergonzarse del aspecto que les fue dado.

Enseñarás a tus hijos a amar sus cuerpos y a cada una de las partes de la creación de los Elohim, porque al amar su creación, también se les ama a ellos.

Cada uno de nuestros órganos fue creado por nuestros Padres Elohim, para servirnos de ellos sin tener la menor vergüenza, por el contrario, sintiéndonos felices de hacerlos funcionar para lo que fueron diseñados. Y si el hecho de hacer funcionar uno de esos órganos causa placer, es que nuestros creadores quisieron que pudiésemos disfrutar de ese placer.

Cada hombre es un jardín que no debe permanecer sin cultivarse. Una vida sin placer es como un jardín sin cultivar. El placer es el engrane que abre la mente. El ascetismo es inútil, salvo si se trata de una prueba pasajera destinada al entrenamiento de la mente, para el cuerpo. Pero una vez que se triunfa en la prueba que nos hemos fijado, y que siempre debe ser limitada en el tiempo, es necesario disfrutar nuevamente de los placeres de la vida.

El ascetismo puede aceptarse como el barbecho de ese jardín que es el hombre; es decir, una interrupción momentánea en la búsqueda del placer que después permitirá apreciarlo mejor.

Acostumbrarás a tus hijos a tener cada vez mayor libertad, considerándolos siempre y antes que nada como individuos. Respetarás sus tendencias y sus gustos, como tú desearías que respetaran los tuyos. Y debes repetirte siempre que tu hijo es lo que es y que no podrás hacer de él lo que tú quieres que sea, como él tampoco podrá hacer de ti lo que él quiere que tú seas. Respétalo para que él te respete, y respeta sus gustos para que él respete los tuyos.

La Realización

Un individuo debe buscar su plena realización personal de acuerdo con sus aspiraciones y sus gustos, sin preocuparse por lo que piensen los demás, en la medida en que no cause ningún daño a nadie.

Si tienes deseos de hacer algo, mira primero si eso no daña a nadie, y después hazlo sin preocuparte por lo que piensen los demás.

Si tienes deseos de una experiencia sensual o sexual con uno o varios individuos, cualquiera que sea su sexo, en la medida en que esos individuos estén de acuerdo, puedes actuar según tus deseos. Todo está permitido en el aspecto de la expansión, de la apertura del cuerpo y por lo tanto de la mente.

Finalmente empezamos a salir de los tiempos primitivos, en los cuales a la mujer se le consideraba únicamente como un órgano de reproducción que pertenecía a la sociedad. Ahora, gracias a la ciencia, la mujer puede buscar su expansión en el aspecto sensual con toda libertad, sin temor al castigo del embarazo. Al fin la mujer es realmente igual al hombre, porque ya puede disfrutar de su cuerpo sin temor a soportar sola, las consecuencias no deseadas de sus actos.

Concebir un hijo es algo demasiado importante para que solamente se deba a la casualidad. Cuando vayas a procrear un hijo, lo harás a sabiendas de lo que haces, habiendo decidido hacerlo, en un maravilloso acto de amor decidido con toda madurez, y seguro de desearlo realmente. Porque la concepción de un hijo no puede tener éxito absoluto, si no se ha deseado realmente desde el momento mismo de su concepción.

El momento de la concepción es el más importante, ya que es

entonces cuando se concibe la primera célula y por consiguiente el plano del individuo.

Así que ese momento debe ser algo deseado, a fin de que esa primera célula sea fabricada, creada en medio de una perfecta armonía, con la mente de ambos Padres en estado consciente y pensando poderosamente en el ser que están a punto de concebir. Ese es uno de los secretos del hombre nuevo.

Si no buscas más que el placer de tu cuerpo y por consiguiente de tu mente, utiliza los medios que la ciencia ha puesto a tu alcance. Es decir, los anticonceptivos.

"No tengas un hijo antes de que tú mismo hayas alcanzado la expansión, a fin de que el ser que tú concebirás, sea el fruto de la unión de dos seres plenamente realizados.

Para alcanzar la expansión, utiliza los medios que la ciencia ha puesto a tu servicio para permitirte abrir tu cuerpo al placer sin ningún riesgo. El placer y la procreación son dos cosas distintas que no se deben confundir. El primero está al servicio del individuo, la segunda al de la especie. Solamente cuando el individuo ha alcanzado una plena realización, podrá crear un ser feliz.

Si por desgracia llegas a concebir a un ser sin desearlo, utiliza los medios que la ciencia pone a tu servicio: usa el aborto. Ya que un ser que no fue deseado en el momento de su concepción, no podrá florecer puesto que no fue creado en medio de la armonía. No escuches a quienes tratan de hacer que sientas temor, hablándote de las secuelas físicas y sobre todo morales que puede dejar un aborto. Nada de eso es verdad si haces que lo practique una persona competente. Eso es mejor que conservar a un hijo no deseado, eso podrá dejarte secuelas físicas y morales de las cuales sufrirá también el hijo que traigas al mundo.

Tener un hijo no implica forzosamente estar casado, y ni siquiera vivir en compañía de un hombre. Ya hay muchas mujeres que han decidido tener uno o varios hijos sin estar casadas y aún sin vivir con un hombre. La educación de un niño que desde el momento de su nacimiento es un individuo, no debe estar forzosamente a cargo de los Padres. Y aún con frecuencia, sería preferible que esa educación estuviese a cargo de personas especializadas, que contribuirían mucho mejor que ciertos Padres al florecimiento de sus hijos.

Si deseas tener un hijo sin vivir con un hombre, actúa como lo desees. Busca tu expansión tal y como tú la entiendes, sin preocuparte por lo que piensen los demás.

Y si te decides a hacerlo, no por ello te creas condenada a vivir definitivamente sola: recibe a los hombres que te agraden, mismos que serán otros tantos ejemplos masculinos para tu hijo.

Y aún más, puedes algún día decidirte a vivir en compañía de un hombre, eso no solamente no deberá plantear ningún problema para tu hijo, sino que por el contrario contribuirá a su expansión. Un cambio de ambiente siempre será positivo para un niño.

La sociedad debe organizarse de manera que se haga cargo, parcial o totalmente, de la educación de los niños a voluntad de los Padres. Aquellos que desean trabajar, deben estar en condiciones de dejar a sus hijos al cuidado de personas competentes, y quienes desean que sus hijos reciban una educación completa efectuada por personas competentes, deben confiar a sus hijos a instituciones creadas para este propósito.

Así, si concibes un hijo deseándolo, pero una vez que nace, por cualquier razón te separas de tu compañero o ya no lo deseas, podrás confiarlo a la sociedad a fin de que lo eduque dentro de la armonía necesaria para su expansión. Porque un niño que crece en un medio en el cual no es verdadera e intensamente deseado, no podrá florecer ni expandirse.

Un niño es una expansión recíproca. Sí por poco que sea, se convierte en una molestia y el niño se da cuenta de ello, su expansión se verá afectada; así que hay que conservarlo cerca de uno, sólo si su presencia se experimenta como una expansión.

De lo contrario, es necesario ingresarlo en los centros que la sociedad debe instalar para que puedan florecer, y hacerlo sin el menor remordimiento, al contrario, con una profunda alegría, como debe ser la de la persona que confía a su hijo a personas más capaces que sabrán hacer que ese pequeño ser, alcance la felicidad mejor que ella misma.

Y así, también pueden tener ocasión visitas regulares si el niño, cuya opinión es primordial, así lo desea. Las personas encargadas de la educación, por otra parte, deben hablar de los Padres a los hijos como seres excepcionales, ya que han pensado en la felicidad del niño antes que en el placer egoísta de educarlo por sí mismos, confiándolos a personas más competentes que ellos mismos.

De manera que si deseas un compañero, podrás escogerlo libremente; es inútil el matrimonio, ya sea religioso o civil. No se puede firmar un contrato como para vender petróleo, para unir a dos seres vivos que van a cambiar, puesto que tienen vida.

Así que rechazarás el matrimonio, que no es otra cosa que un documento público de propiedad de una persona; ahora bien, un hombre o una mujer no pueden ser propiedad de quienquiera que sea. Cualquier contrato no hace otra cosa que destruir la armonía existente entre dos seres.

Cuando uno se siente amado, se siente en libertad de amar, cuando uno ha firmado un contrato se siente prisionero, obligado a amar, y un día cualquiera se empieza a detestar. Vivirás con la persona que hayas elegido únicamente el tiempo que te sientas feliz en su compañía.

Cuando ya no se entiendan, no permanezcan unidos porque su unión se convertiría en un infierno. Todo ser viviente se desarrolla, y así debe ser. Si el desarrollo es semejante las uniones son perdurables, pero si el desarrollo es diferente, ya no es posible la unión.

El ser que le agradaba ya no le agrada, puesto que usted o él, han cambiado. Así que deben separarse conservando de su unión un buen recuerdo, en vez de envilecerla con discusiones que desencadenan la agresividad. Un niño escoge la ropa que le sienta bien, cuando crece esa ropa le queda chica y debe quitársela para ponerse otra, de lo contrario acabaría por desgarrarla. Sucede lo mismo con las uniones, es necesario separarse antes de desgarrarse.

Sobre todo, no te preocupes por tu hijo porque para él es mejor estar solamente con uno de los Padres en medio de la armonía, que estar con los dos en medio de la discordia, o sin una perfecta armonía. Y no debes olvidar que antes que nada, los niños son individuos.

Es absolutamente necesario que la sociedad asegure a las personas ancianas una vida feliz y sin preocupaciones de orden material.

Pero si debemos respetar a las personas de edad y hacer todo por su felicidad, no debemos escuchar a los ancianos. Un hombre inteligente da buenos consejos cualquiera que sea su edad, pero un ser estúpido, aún si tiene cien años, no merece que se le escuche ni por un segundo, y lo que es todavía peor, no tiene ninguna excusa puesto que ha tenido toda su vida para tratar de despertar, mientras que para un ser joven y estúpido, todavía está permitida toda esperanza. Pero de cualquier manera un viejo estúpido, debe vivir confortablemente. Es un deber de la sociedad.

La muerte no debe ser ocasión de reuniones tristes, por el contrario, es motivo de una fiesta llena de alegría, ya que es el momento en el cual el ser querido quizá tenga acceso al paraíso de los eternos, en compañía de los Elohim nuestros creadores.

Pedirás una sepultura no religiosa y donarás tu cuerpo a la ciencia, o pedirás que lo hagan desaparecer discretamente salvo el hueso de tu frente, más precisamente la parte situada arriba de donde comienza la nariz, a treinta y tres milímetros arriba del eje que une tus dos pupilas; cuando menos un centímetro cuadrado de ese hueso, lo harás enviar al Guía de Guías a fin de que él lo conserve en nuestra embajada terrestre.

Porque todos los hombres están vigilados por una computadora que anota y hace el balance de las acciones al final de su vida, pero los hombres que se han enterado de los Mensajes que Claude Raël transmite, serán recreados a partir de las células que habrán dejado en nuestra embajada. Para ellos, la recreación no tendrá lugar a menos de que hagan que después de su muerte se envíe esa pequeña parte de su cuerpo, que les pide el Guía de Guías, puesto que a partir del día en que se enteren del Mensaje, el sistema de la computadora que graba la información que servirá para el juicio, permanecerá conectado, pero el que permite la extirpación automática de una célula en el momento de la muerte está desconectado, ya que solamente quienes se han enterado del Mensaje y hayan aplicado exactamente lo que se pide, serán recreados.

Habrás tenido cuidado de visitar cuando menos una vez en tu vida al Guía de Guías o a un guía habilitado por él, para transmitir tu plan celular a los Elohim, a fin de que puedan despertar tu mente y te ayuden a permanecer despierto.

Conforme a lo que está escrito anteriormente en estos Mensajes, no dejarás ninguna herencia a tus hijos, a excepción del departamento o la casa de la familia. El resto deberás legarlo al Guía de Guías, y si temes que tus descendientes no respeten tu última voluntad, y que tratarán de recuperar tus bienes a través de la justicia humana, entonces cuando todavía estés con vida, deberás donarlo todo al Guía de Guías a fin de ayudarlo a difundir el Mensaje de nuestros creadores por toda la Tierra.

Y ustedes los que se quedan, no estén tristes ni se lamenten por un ser querido. Traten más bien de dar amor a los seres que aman mientras están con vida, pues lo que los hace desdichados es el pensar que una vez que han muerto, tal vez no los amaron suficientemente, y que ahora es demasiado tarde.

Si ha sido bueno, tendrá derecho a los jardines de los Elohim por toda la eternidad, y será feliz, si no ha sido bueno, no merece que sintamos pena por él.

De cualquier manera, aún si no se encuentra entre los elegidos, no desaparece realmente. La muerte no es algo muy importante, no debemos temerla. Es exactamente como si uno se durmiera, pero con un sueño definitivo. Y como somos una parte del infinito, no desaparece la materia de la cual estamos constituidos; sigue existiendo en el suelo, o en las plantas, o hasta en los animales, evidentemente perdiendo toda homogeneidad y por consiguiente toda identidad. Pero esta parte del infinito que ha sido organizada por nuestros creadores de acuerdo con un plan muy preciso, vuelve al infinito como una parte de esta pequeña pelota que se llama Tierra, y la cual tiene vida.

Todo ser tiene derecho a la vida, derecho al amor, y derecho a la muerte. Cada quien es dueño de su vida y de su muerte. La muerte no es nada, pero el sufrimiento es terrible, y debe hacerse todo para eliminarlo. Un ser que sufre demasiado tiene derecho a suicidarse. Si actuó bien durante toda su vida, será admitido en el planeta de los eternos.

Si una persona a quien amas sufre demasiado y desea morir, pero no tiene el valor de suicidarse, ayúdala a eliminarse.

Cuando gracias a la ciencia los hombres sean capaces de eliminar los sufrimientos de sus semejantes, entonces podrán preguntarse si está bien o no eliminarlos.

La Sociedad: El Gobierno

Es indispensable que haya un gobierno que tome decisiones, así como en el cuerpo humano hay un cerebro que las toma.

Harás todo lo que sea posible para instaurar un gobierno que ponga en práctica la Geniocracia, que coloca en el poder a la inteligencia.

Participarás en la creación de un partido político mundial, que predique el humanitarismo y la geniocracia como se describen en la primera parte de este Mensaje, y deberás apoyar a sus candidatos.

Únicamente el camino de la geniocracia puede permitir al hombre alcanzar plenamente la edad de oro.

La democracia absoluta no es buena. Un cuerpo en el cual mandan todas las células no puede sobrevivir. Solamente las personas inteligentes deberán estar capacitadas para la toma de decisiones que comprometan a la humanidad. Así que te rehusarás a votar, salvo si se presenta un candidato que predique la geniocracia y el humanitarismo.

Ni el sufragio universal, ni los sondeos de opinión son válidos para gobernar el mundo. Gobernar es prever y no seguir las reacciones de un pueblo de borregos, de los cuales solamente una pequeña parte está suficientemente despierta para guiar a la humanidad. Como hay muy poca gente despierta, si todos confían en el sufragio universal o en las encuestas, las decisiones que se tomen serán elección de la mayoría y por consiguiente, de aquellos que no han despertado y que reaccionan en función de su satisfacción inmediata o de sus reacciones instintivas, inconscientemente limitadas por su oscurantismo adquirido.

Sólo la geniocracia, que es una democracia selectiva, vale la pena. Como ya dijimos en la primera parte de este libro, únicamente las personas cuyo nivel de inteligencia en estado bruto es superior en un cincuenta por ciento del promedio, deben ser elegibles; y solamente aquellos cuyo nivel de inteligencia en estado bruto es superior en un diez por ciento del promedio, pueden ser electores. Los científicos ya están desarrollando técnicas que permiten medir la inteligencia en estado bruto, sigan sus consejos y hagan de tal manera que el mineral más preciado de la humanidad, los niños superdotados, reciban una educación que esté a la altura de su genio, ya que la educación normal está hecha para los niños normales que poseen una inteligencia promedio.

Lo que cuenta no es el número de diplomas obtenidos, ya que eso solamente se debe a una facultad muy poco interesante, la memoria, que las máquinas pueden remplazar. La inteligencia en estado bruto, es la cualidad que hace que los campesinos o los obreros puedan ser mucho más inteligentes que algunos ingenieros o maestros. Quizá en el buen sentido, esto pueda compararse con el genio creador, ya que la mayor parte de los inventos no son sino cuestión de sentido común.

Gobernar es prever, y todos los grandes problemas que se plantean ahora a la humanidad, demuestran que los gobiernos no han sabido prever y que por lo tanto, no fueron capaces de gobernar. No es un problema de las personas que han gobernado, sino más bien un problema de la técnica de elección de los responsables. Lo que no es bueno es el sistema de elección. Es necesario reemplazar la democracia inculta por una democracia selectiva: la geniocracia, que coloca en el poder a los seres inteligentes. Y eso es fundamental.

Las leyes humanas son indispensables y tú deberás respetarlas; actuando de tal manera para que se modifiquen las que sean injustas o anticuadas.

Entre las leyes humanas y las de nuestros creadores, no debes dudar ni por un instante, ya que aún los jueces humanos serán juzgados algún día por nuestros creadores.

La policía es indispensable mientras el hombre no haya descubierto la forma médica que permita eliminar la violencia, y que impida que actúen los criminales o aquellos que atentan contra la libertad de los demás.

Contrariamente a los militares, que son los guardianes de la guerra, los policías a su vez son los guardianes de la paz, y provisionalmente son indispensables en espera de que la ciencia resuelva este problema.

Te rehusarás a prestar el servicio militar apelando al estatuto de oposición de conciencia, que te permite prestar tus servicios en una rama en la cual no se porten armas, como tienes derecho de hacerlo si tus convicciones religiosas o filosóficas te prohíben dar muerte a tu prójimo, que es el caso para todos los que creen en los Elohim nuestros creadores, y desean seguir las indicaciones del Guía de Guías de la Religión Raeliana.

Contrariamente a lo que creen muchos jóvenes, los opositores de conciencia no son enviados a prisión, sino que prestan un servicio civil o en una división en la cual no se porten armas, pero durante el doble de tiempo de la duración normal del servicio militar.

Es mejor permanecer durante dos años en las oficinas, que entrenarse durante un año en técnicas que permiten dar muerte al prójimo.

El servicio militar deberá eliminarse urgentemente en todos los países del mundo. Todos los militares de carrera deberán transformarse en guardianes de la paz mundial, es decir, estar al servicio de la libertad y de los derechos del hombre.

El único régimen válido es el de la geniocracia, que pone en práctica el humanitarismo. El capitalismo es malo, puesto que convierte al hombre en esclavo del dinero y beneficia a algunos a costa de los demás. El comunismo también es malo, porque concede más importancia a la igualdad que a la libertad. Debe existir una igualdad entre los hombres desde el principio, en el momento del nacimiento, pero no después.

Si todos los hombres tienen derecho a tener de qué vivir decentemente, aquellos que hacen más por sus semejantes tienen derecho a tener más que quienes no hacen nada por la comunidad.

Evidentemente, ésta es una regla provisional en espera de que el hombre sea capaz de lograr que los robots desempeñen todos los menesteres para consagrarse únicamente a su expansión, después de haber eliminado totalmente el dinero. En espera de ello, es vergonzoso que mientras algunos hombres mueren de hambre, haya otros que tiran los alimentos para que el valor mercantil no baje. En vez de que esos alimentos, sean distribuidos entre aquellos que no tienen nada qué comer.

El trabajo no debe considerarse como algo sagrado. Todo ser tiene derecho a vivir confortablemente, aún si no trabaja. Todos deben buscar su expansión en el campo por el que se sientan atraídos. Los hombres, si se organizan, no están muy lejos del día en que todos los trabajos indispensables sean totalmente mecanizados y automatizados; entonces podrán realizarse plenamente, libremente.

Si todos los hombres se lo propusieran verdaderamente, no se requerirían sino unos cuantos años para que el ser humano quedara liberado de la obligación de trabajar. Bastarían con que se juntaran todas las capacidades técnicas y científicas, y todos trabajaran sin interrupción en un maravilloso impulso de solidaridad para que el hombre se libere de las limitaciones materiales, ya no en favor de intereses particulares, sino en favor de la comunidad entera y para su propio bienestar, utilizando todos los medios desperdiciados en presupuestos militares o en otra clase de tonterías del mismo estilo, como la fabricación y desarrollo de armas atómicas o la realización de vuelos espaciales que se estudiarían mejor y en una forma mucho más fácil una vez que el hombre se haya liberado de las limitaciones materiales.

Ustedes disponen de computadoras, de aparatos electrónicos que pueden reemplazar ventajosamente al hombre, así que pongan manos a la obra para que esos medios técnicos verdaderamente estén al servicio de la humanidad. En unos cuantos años podrían crear un mundo completamente diferente.

Ya han llegado a la edad de oro. Pongan manos a la obra para crear el robot biológico que los liberará de los menesteres bajos y les permitirá buscar la realización total.

La urbanización debe considerarse tal y como se habla de ella en la primera parte de estos Mensajes. Los hombres deben construir hogares comunes de gran altura, a fin de que las casas individuales no "se coman" a la naturaleza. Jamás olviden que si cada hombre tiene su casa de campo con un pequeño jardín ya no habrá campiña. Esas casas comunes deben ser ciudades que posean todo lo necesario para que los hombres vivan, y puedan albergar aproximadamente a cincuenta mil habitantes.

El hombre debe respetar la naturaleza mientras no sea capaz de recrearla y de convertirse en creador. Al respetar la naturaleza también se respeta a aquellos que la crearon, a nuestros Padres, los Elohim.

Jamás harás sufrir a los animales. Puedes darles muerte para alimentarte con su carne, pero sin hacerlos sufrir, ya que como dijimos anteriormente, si la muerte no es nada, el sufrimiento es una abominación y debes evitar el sufrimiento a los animales, así como también debes evitarlo a los hombres.

No obstante, no comas demasiada carne; te sentirás mejor.

Puedes alimentarte con todo lo que la Tierra tiene para ofrecerte. No estás obligado a seguir un régimen especial, puedes comer frutas, vegetales, animales y otras plantas. Es tonto seguir un régimen vegetariano bajo pretexto de no querer alimentarse con la carne de otros seres vivientes. Las plantas también son seres vivientes y sufren igual que tú.

No harás sufrir a las plantas, que son seres vivientes, lo mismo que tú.

No te embriagarás con bebidas alcohólicas. Puedes beber un poco de vino con los alimentos, ya que es un producto de la tierra, pero jamás debes embriagarte. Excepcionalmente puedes tomar bebidas alcohólicas, pero en una cantidad ínfima y acompañadas de alimentos sólidos a fin de no embriagarte nunca. Ya que un hombre que se embriaga, ya no puede estar en armonía con el infinito, pierde el control de sí mismo, y esto es algo lamentable a los ojos de nuestros creadores.

No fumarás, porque el cuerpo humano no está hecho para tragar humo. Esto tiene efectos lamentables en el organismo, e impide una expansión total y una armonía con el infinito.

No harás uso de drogas, porque la mente despierta no tiene necesidad de nada para acercarse al infinito. A los ojos de nuestros creadores es una abominación, contemplar a los hombres pensando que el hombre debe consumir drogas para mejorar. El hombre no tiene necesidad de mejorar puesto que es perfecto, ya que fue creado a semejanza de sus creadores.

Decir que el hombre es imperfecto es insultar a nuestros creadores que nos hicieron a su imagen. El hombre es perfecto, pero se vuelve imperfecto cuando piensa que no lo es y se resigna.

Un esfuerzo a cada instante por mantenerse en estado de vigilia permite seguir siendo perfecto, es decir, tal y como nos crearon los Elohim.

La Meditación y la Plegaria

Te obligarás a meditar por lo menos una vez al día, es decir, a situarte en relación con el infinito, en relación con los Elohim, en relación con la sociedad y contigo mismo.

Meditarás al despertar para que todo tu ser esté perfectamente consciente del infinito y estés en plena posesión de todas tus facultades.

Meditarás antes de cada alimento, a fin de que todo tu cuerpo se alimente cuando tú te alimentas, y cuando lo hagas, pensarás en lo que estás haciendo.

Tu meditación no será una meditación infructuosa, sino por el contrario, será una meditación sensual, te dejarás invadir por la paz y la armonía hasta que se convierta en un verdadero placer.

Tu meditación no debe ser una molestia, sino un placer. Es mejor no meditar que hacerlo sin sentir el deseo.

No impongas a tus hijos o a tus familiares cercanos la meditación, pero puedes explicarles el placer que esto procura y el bienestar que ofrece, y si entonces sienten el deseo de meditar, trata de enseñarles lo que tú sabes.

Pensarás intensamente en los Elohim nuestros creadores, por lo menos una vez al día, tratando de sostener con ellos una correspondencia telepática. De esta manera recuperarás el sentido original de la plegaria. Si no sabes cómo hacerlo, puedes inspirarte en el Padre Nuestro, cuyas frases están perfectamente adaptadas para la comunicación con nuestros creadores.

Cuando menos una vez por semana harás un intento de comunicación telepática de grupo, en compañía de las demás personas de tu región que creen en los Elohim, y si es posible con un Guía.

Harás todo lo posible para asistir cada año a la reunión de todos aquellos que creen en los Elohim y en los Mensajes que transmitieron al último de los profetas.

Técnica Para Intentar Una Comunicación Telepática Con Los Elohim

He aquí un modelo de texto que puede decirse mirando hacia el cielo, y pensando intensamente en las palabras que lo componen.

Elohim, están ahí, en alguna parte cerca de esas estrellas.

Elohim, están ahí y sé que nos observan.

Elohim, están ahí y desearía intensamente encontrarme con ustedes.

Elohim, están ahí y qué soy yo para esperar el merecer un contacto.

Elohim, los reconozco como a mis creadores y me pongo humildemente a su servicio.

Elohim, reconozco a su enviado Claude Raël como mi Guía, y creo en él y en los Mensajes que ustedes le transmitieron.

Elohim, haré todo lo posible por dar a conocer el Mensaje a mi alrededor, porque sé que no he hecho lo suficiente.

Elohim, amo como a mis hermanos a todos los seres humanos, porque están hechos a su imagen.

Elohim, trato de contribuir a su felicidad abriendo su mente hacia el infinito, y revelándoles lo que me ha sido revelado.

Elohim, trato de eliminar sus sufrimientos poniendo todo mi ser al servicio de la humanidad, de la cual formo parte.

Elohim, trato de utilizar al máximo la mente que ustedes me dieron, para ayudar a la humanidad a salir del sufrimiento y el oscurantismo.

Elohim, espero que lo poco que haya hecho al final de mi vida, ustedes lo juzguen suficiente para darme derecho a la vida eterna en el planeta de los sabios.

Los amo como ustedes tuvieron que amar a los hombres para admitir a los mejores de ellos entre sus eternos.

Las Artes

Harás cuanto sea posible para alentar a los artistas, y para ayudar a tu hijo si se siente atraído por las artes. El arte es una de las cosas que mejor permiten ponerse en armonía con el infinito. Considera todas las cosas naturales como un arte, y todo arte como una cosa natural. Rodéate de objetos artísticos, ya sea que estén dirigidos a los oídos, a los ojos, al tacto, al olfato o al gusto.

Todo lo que se dirige a los sentidos es artístico. No son solamente la música, la pintura, la escultura y todas las artes reconocidas oficialmente, la gastronomía también es un arte, así como la confección de perfumes, puesto que están dirigidas a los sentidos, y sobre todo el amor es un arte.

Todo arte se sirve de la armonía y por consiguiente, permite que quienes lo aprecian se inunden por una sensación armoniosa, que produce las condiciones adecuadas para ponerse en armonía con el infinito.

La literatura es de una importancia particular, puesto que contribuye a abrir las mentes, mostrando nuevos horizontes. La literatura por literatura misma, no es otra cosa que charlatanería, lo que cuenta no es hacer frases bellas, sino transmitir ideas nuevas a los demás por medio de la lectura.

Los medios audiovisuales todavía son más importantes, puesto que se dirigen al mismo tiempo a la vista y al oído. Pueden reemplazar ventajosamente a la literatura, porque son más completos. Mientras tanto, la literatura es provisionalmente útil.

La Meditación Sensual

Si quieres alcanzar un nivel elevado de armonía con el infinito, debes disponer un sitio para la meditación sensual. Coloca algunas obras de arte, pinturas, reproducciones, tapices, cartelones, esculturas, dibujos, fotografías o cualquier otra cosa que represente el amor, el infinito y la sensualidad, todo esto para el placer de los ojos.

Instálate en un rincón donde puedas sentarte en el suelo, por ejemplo sobre algunos cojines o recostado en un diván o sobre una piel, esto para el placer del tacto; quema algunos perfumes agradables, esto para el placer de la nariz; coloca un tocadiscos en el cual hayas grabado la música que te agrada, esto para el placer de los oídos; coloca algunas bandejas y botellas llenas de alimentos y bebidas que te agraden, esto para el placer de la boca; y haz venir a tu lado a tus seres amados con quienes te sientas bien y en armonía, y juntos alimenten sus sentidos y abran sus cuerpos a fin de que sus mentes se abran dentro del amor y la fraternidad.

Si una persona te atrae físicamente y sientes que eso es recíproco, hazlo venir a este lugar donde juntos podrán alcanzar la sublimación de la armonía, que permite acercarse al infinito al satisfacer los cinco sentidos y añadiendo a ese estado la síntesis de todos los placeres, la unión física de dos seres en medio de la armonía total y de la iluminación del acto del amor.

Evidentemente, primero debe existir una armonía espiritual, es decir, que las mentes y por consiguiente los cuerpos, en su forma de acercarse y considerarse, deben sentirse atraídos uno hacia el otro. Pero un amor espiritual siempre se sublima con un amor físico realizado. Amar es dar sin esperar nada a cambio. Si tú amas a alguien, debes darte enteramente a esa persona si ella así lo desea.

Jamás serás celoso, puesto que los celos son lo contrario del amor. Cuando se ama a alguien se debe buscar su felicidad por todos los medios y antes que nada. El amor es buscar la felicidad de los demás y no la propia.

Si el ser que amas se siente atraído por otro ser, no estés celoso, por el contrario, debes sentirte feliz de que la persona a quien amas es feliz, aún si lo es gracias a alguien más. También ama a la persona que al igual que tú, quiere ofrecerle la felicidad al ser que tú amas y que por lo tanto tiene el mismo fin que tú. Los celos son el temor de que alguien haga más feliz a la persona a quien tú amas, de que no puedas hacerlo tú y de llegar a perder al ser amado.

Por el contrario, hay que tratar de hacer hasta lo imposible para que el ser amado sea feliz, y si alguien lo hace más feliz que uno mismo, se feliz, puesto que lo que importa no es que el ser amado sea feliz gracias a uno, sino más bien que simplemente sea feliz, cualquiera que sea la persona que lo haga feliz.

Si la persona amada es feliz con alguien más, alégrate de su felicidad.

Reconocerás al ser que te ama, porque no se opondrá a que tú seas feliz con alguien más. Por tu parte, debes amar a quien te ama hasta ese punto y a su vez, ofrecerle la felicidad. Esa es la senda del amor universal.

No rechaces a quien desea hacerte feliz, puesto que al aceptar que lo haga, lo haces feliz y esto es un acto de amor. Regocíjate con la felicidad de los demás, a fin de que ellos se regocijen con la tuya.

Las ediciones originales de los tres libros en Francés que componen "Los Mensajes" impresos por vez primera, en 1974, 1977 y 1979 respectivamente.

Raël, 1979 - mostrado aquí con una pintura del símbolo que vio al costado de la nave espacial de los Elohim. Los triángulos de la Estrella de David intrincados con la esvástica significa: 'Así como es arriba, es abajo, y todo es cíclico'.

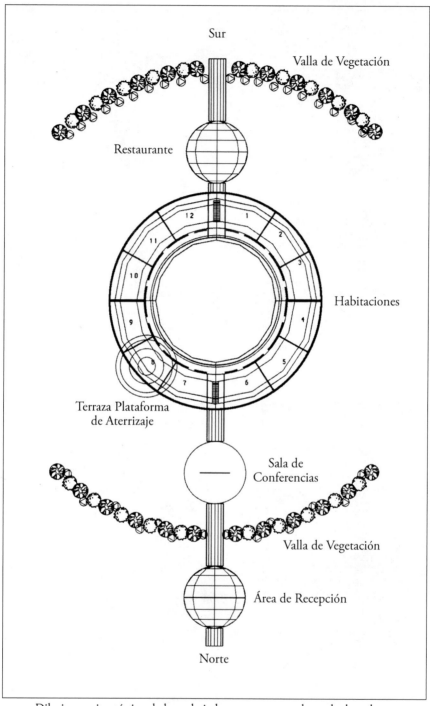

Sur

Valla de Vegetación

Restaurante

Habitaciones

Terraza Plataforma
de Aterrizaje

Sala de
Conferencias

Valla de Vegetación

Área de Recepción

Norte

Dibujo arquitectónico de la embajada extraterrestre planeada, basada en
detalles dados a Raël durante el segundo encuentro de Octubre 7 de 1975.

Modelo a escala de la embajada con una de las naves de los
Elohim en la plataforma de aterrizaje superior.

Algunos 'círculos en los campos' dice Raël, 'son creados por los
Elohim para animar a la humanidad a construir la embajada'. Este
que apareció en Cheesefoot Head, Wiltshire, Inglaterra en Agosto de
1990, es muy parecido a los planos detallados de la construcción.

Raël al lado del modelo tamaño original, de la nave espacial
que abordó durante sus encuentros con Elohim.

Dos ejemplos de pinturas religiosas conteniendo lo que algunos
pudieran describir como OVNIs. A la izquierda: El Bautismo de
Cristo por el pintor holandés Aert de Gelder, 1710. A la derecha:
La Anunciación con Santo Emidius por Carlo Crivelli, 1486.

Este círculo en el campo apareció en Etchilhampton, Wiltshire,
1ro. de Agosto 1997; es uno de muchos que se parecen al
símbolo Raeliano que fue introducido por Raël en 1991.

Un medallón mostrando el símbolo
modificado del Movimiento Raeliano
(1992-2007), que Raël cambió por
respeto a las víctimas del Holocausto
y en un esfuerzo para ayudar a
las negociaciones con el gobierno
Israelí acerca de la construcción
de la Embajada de los Elohim o
'El Tercer Templo' en Israel.

El Símbolo de Los Elohim - el
símbolo más antiguo en la Tierra
- puede ser encontrado en el Libro
de los Muertos del Tíbet, o en el
Bardo Thodol. La esvástica central,
significa en sánscrito: 'Bienestar',
representa el infinito en el tiempo.

Incluso despúes de dedicar más de 30 años de su vida a su
misión, el Mensajero del Infinito, Raël, sigue dando clases en
seminarios para la apertura mental en cada continente.
Esta foto particular fue tomada durante el seminario de verano japonés del 2005.

La Justicia de los Hombres

No dudarás un solo instante entre las leyes humanas y las de los creadores, puesto que aún los jueces humanos serán juzgados un día por los creadores.

Las leyes humanas son indispensables, pero deben mejorarse, ya que les falta tomar más en cuenta el amor y la fraternidad.

Debe abolirse la pena de muerte, ya que ningún hombre tiene derecho a dar muerte a otro fríamente, en forma reflexionada y organizada. En espera de que el hombre, a través de la ciencia, pueda llegar a dominar la violencia que puede existir en ciertos individuos, aliviándolos de esta enfermedad, apartarás a los criminales de la sociedad, ofreciéndoles el amor que les ha faltado y tratando de actuar de tal manera que comprendan la monstruosidad de sus actos, y haciéndoles sentir el deseo de regenerarse.

No mezcles a los grandes criminales, los cuales sufren de una enfermedad que puede ser contagiosa, con la gente que ha cometido delitos menores, a fin de que no se contaminen.

Nunca olvides que todo criminal es un enfermo, y considéralo como tal. Nos escandalizamos pensando que en cierta época se sofocaba entre dos colchones a las personas que sufrían crisis de histeria; algún día en el futuro cuando ya se haya aprendido a curar, y sobre todo a prevenir la enfermedad del crimen, también sucederá lo mismo y nos escandalizaremos al pensar que en cierta época se ejecutaba a los criminales.

Perdona a quienes te han hecho daño involuntariamente, y no desees mal a quienes te lo hicieron voluntariamente, son enfermos, porque se necesita estar enfermo para hacer daño al prójimo. Por otra parte, piensa que son muy desdichados todos los que hacen mal a sus semejantes, puesto que no tendrán derecho a la vida eterna en los jardines de los Elohim.

Pero si un ser trata de hacer mal a quienes tú amas, o a ti mismo, trata de dominarlo y si no lo logras, estás en tu derecho de defenderte para salvar tu vida o la de tus seres queridos, pero nunca des un golpe, aún en legítima defensa, con la intención de matar, sólo debes quitarle la posibilidad de molestar poniéndole fuera de combate, por ejemplo. Si el golpe que has dado se revela mortal sin que lo hayas hecho con esa intención, no tienes nada que reprocharte.

Deberás reducir a la impotencia a los violentos por medio de la persuasión, más si fuera necesario, por medio de la acción. La violencia es intolerable, y tú no deberás permitirla, sin embargo, debes reducir a la impotencia a los violentos por la fuerza, pero por una fuerza no violenta, es decir, por medio de una fuerza equilibrada y que jamás actúe con la intención de hacer daño, sino sólo para impedir que lastimen a los demás.

Toda amenaza de violencia debe considerarse con tanta severidad como una acción violenta llevada a cabo. Amenazar con ser violento es concebir que esto sea posible y se convierta en un medio para llegar a sus fines. Un ser que es capaz de amenazar con violencia a otra persona, es tan peligroso como un hombre que ya ha cometido un acto de violencia. Y hasta que sea posible sanar médicamente a quienes profieren tales amenazas, es necesario apartarlos de la sociedad y tratar de hacerles comprender hasta qué punto es monstruosa su manera de actuar.

Ante la captura de rehenes, piensa primero en salvar la vida de los inocentes que se encuentran en poder de esos enfermos, y no les concedan lo que piden. La sociedad no debe de aceptar las demandas de aquellos que se han apoderado de rehenes, puesto que aceptar un chantaje de esta naturaleza, es alentar a otros criminales a hacer lo mismo y dar más peso a la amenaza.

Todos los hombres deben tener los mismos derechos y oportunidades desde su nacimiento, cualquiera que sea su raza. Debes ser racista con respecto a los imbéciles, cualquiera que sea el color de su piel. Todas las razas que pueblan la Tierra fueron creadas por los Elohim, y deben respetarse en la misma forma.

Todos los hombres de la Tierra deben unirse para formar un gobierno mundial, tal y como se describe en "El Libro Que Dice La Verdad". Impongan a los niños en las escuelas en todo el mundo, un nuevo lenguaje mundial. Ya existe el Esperanto y si nadie propone algo mejor, pueden escoger el Esperanto.

En espera de poder eliminar el dinero, deben crear una nueva divisa mundial que reemplace a todas las monedas nacionales. Ahí está la solución para la crisis monetaria. Si nadie tiene una mejor idea, hagan uso del sistema federalista.

Creen una federación de estados del mundo.

Dejen su independencia a las regiones, las cuales deben poder organizarse tal y como lo deseen. El mundo vivirá en armonía si ya no está compuesto de estados, sino de regiones reunidas en una federación, para tomar en sus manos el destino de la Tierra".

La Ciencia

La ciencia es lo más importante para el hombre. Deberás estar al tanto de todos los descubrimientos realizados por los científicos, que son los que pueden resolver todos los problemas. No permitas que los descubrimientos científicos caigan en manos de quienes no piensan sino en el lucro, ni en manos de los militares que dejan en secreto algunos inventos a fin de conservar una hipotética supremacía sobre enemigos fantasmagóricos.

La ciencia debe ser tu religión, ya que los Elohim, te crearon científicamente.

Al ser científico, complaces a tus creadores, puesto que actúas como ellos y les demuestras que estás consciente de haber sido creado a su imagen, y que te preocupas por explotar todas las posibilidades que tienes a tu alcance.

La ciencia debe emplearse para servir al hombre y para liberarlo, pero no para destruirlo y enajenarlo. Ten confianza en los científicos que no están manipulados por intereses financieros, y solamente en ellos.

Puedes practicar el deporte que es muy bueno para tu equilibrio. Sobre todo, los deportes que desarrollan el dominio de ti mismo. La sociedad debe autorizar los deportes violentos y aún los muy violentos. Son válvulas de seguridad. Una sociedad evolucionada y no violenta, debe tener juegos violentos que conserven una imagen de la violencia, permitiendo a los jóvenes que lo desean, mostrarse violentos con otros que también lo desean, y a los demás que tengan la posibilidad de asistir a exhibiciones violentas para liberarse de las ondas de agresividad.

Puedes participar en juegos que requieran el trabajo de la mente y la reflexión, pero en tanto no se elimine el dinero, jamás juegues para ganar dinero, sino por el placer de hacer funcionar tu mente.

Debes fechar tus escritos contando el año de 1946, como el "año uno" después de Claude Raël, el último de los Profetas. De manera que 1976, será el año 31 después de Claude Raël, o el año 31 de la era de Acuario, o el año 31 de la era del Apocalipsis, o el año 31 de la edad de oro.

El Cerebro Humano

Todavía están muy lejos de conocer todas las posibilidades del cerebro humano. El sexto sentido, la percepción directa, debe desarrollarse entre los niños pequeños. Se trata de lo que llamamos telepatía. La telepatía nos permite comunicarnos directamente con nuestros creadores, los Elohim.

Muchos médium han venido a verme preguntándome qué deben hacer, puesto que han recibido mensajes de lo que ellos llaman «el más allá», pidiéndoles que se pusieran en contacto conmigo, a fin de ayudarme y para que yo les ofrezca la luz. Los médium son gente muy importante, ya que poseen un don telepático muy superior al promedio, y su cerebro está en vías de un estado del despertar. Ellos deben de poner en práctica la meditación, a fin de dominar plenamente sus posibilidades.

Espero con impaciencia que todos los médium que han recibido la orden de ponerse en contacto conmigo, lo hagan así, de manera que podamos organizar algunas reuniones regulares. Los verdaderos médium que busquen información, recibirán instrucciones.

El poder de un cerebro es grande, pero el poder de muchos cerebros es infinito. Que quienes tienen oídos escuchen.

No olvides jamás que todo lo que no puedes comprender y que tus científicos no pueden explicarte, ha sido creado por los Elohim, ya que el relojero conoce todos los mecanismos del reloj que fabricó.

El Apocalipsis

No debes olvidar que el Apocalipsis, es decir, literalmente la "edad de la revelación", ha llegado tal y como estaba previsto.

Se dice que cuando llegue el momento habrá muchos falsos profetas: no tienes más que mirar a tu alrededor para saber que el momento ha llegado. Falsos profetas son aquellos quienes escriben los horóscopos, y los periódicos están llenos de ellos, falsos profetas son aquellos que quieren apegarse al pie de la letra a los antiguos escritos, es decir, a los Mensajes transmitidos por los Elohim a los primitivos de épocas pasadas, y que rechazan los beneficios de la ciencia.

Prefieren creer en lo que los hombres primitivos y limitados copiaron temblando de temor, cuando escuchaban a aquellos a quienes tomaban por Dioses porque venían del cielo, en vez de escuchar el Mensaje trasmitido ahora a seres que ya no se arrodillan tontamente ante todo lo que viene del cielo, y que tratan de comprender el universo, y a quienes es posible dirigirse como adultos.

Mira a tu alrededor y verás la multitud de sectas religiosas fanáticas y oscurantistas, que atraen a los jóvenes maleables que tienen sed de conocer la verdad.

Un filósofo dijo: «Jesús vino para mostrarnos el camino que debíamos seguir, y los hombres han conservado los ojos fijos en su dedo».

Medita muy bien esta frase. Lo que cuenta no es el Mensajero, sino la persona que envía el Mensaje, y el Mensaje mismo.

No te extravíes entre las sectas orientales, la verdad no se encuentra en la cima del Himalaya, como tampoco en Perú o en otra parte, la verdad está en ti mismo, pero si quieres viajar y si te agrada lo exótico, visita todos esos países remotos, y después de haber ido comprenderás que has perdido tu tiempo y que lo que buscabas, ha estado dentro de ti todo el tiempo. Viaja al interior de ti mismo, de lo contrario no serás sino un turista, un hombre que pasa y que cree encontrar la verdad mirando a otros que la buscan en el fondo de sí mismos. Y ellos quizá la encontrarán, pero no quien los observa. Y para viajar hasta el fondo de ti mismo, no tienes necesidad de tomar un avión.

El Oriente no tiene nada que enseñarle al Occidente en el aspecto de la sabiduría y de la apertura de la mente, más bien sería lo contrario. ¿Cómo piensas encontrar la sabiduría entre seres que mueren de hambre mirando pasar los rebaños de vacas «sagradas»?

Por el contrario, el Occidente, a través de su mente y su ciencia, va en ayuda de los pueblos que por décadas han estado encerrados en creencias primitivas y homicidas. No es por casualidad que el Occidente haya superado los problemas del tercer mundo; ahí, donde reina la mente, el cuerpo no muere de hambre. Ahí, donde reina el oscurantismo, el cuerpo no puede sobrevivir. ¿Acaso los primitivos pueden resolver los problemas de hambre en el mundo y dar de comer a los hambrientos? Ya tienen bastantes problemas para alimentarse a sí mismos, ¿Y tú quieres encontrar la sabiduría entre ellos?

En un principio, todos los pueblos de la Tierra tuvieron las mismas oportunidades, algunos resolvieron sus problemas y hasta tienen demasiado, mientras que otros ni siquiera tienen de qué sobrevivir. Según tu opinión, ¿quién es el que puede ayudar al otro? Los pueblos de Occidente todavía tienen un enorme camino por recorrer, sobre la senda de la apertura de la mente, pero los pueblos de Oriente, ni siquiera han recorrido la décima parte del camino andado por los pueblos de Occidente.

La Comunicación Telepática

La mente y la materia son la misma cosa eternamente.
El Libro De Los Muertos Del Tíbet.

Si deseas obtener comunicaciones telepáticas de alta calidad, no te cortes ni el cabello ni la barba. Ciertos sujetos tienen un órgano telepático suficientemente desarrollado para que funcione bien, aún con el cráneo rasurado, pero si quieres que todas las probabilidades estén de tu parte, no cortes lo que los creadores hicieron crecer sobre tu cabeza y tu rostro. Si crece es porque existe una razón para ello, puesto que ninguna de las características físicas de los hombres les fue dada sin motivo. Al respetar la creación, respetas a tu creador.

El mejor momento para entrar en comunicación con nuestros creadores es al despertar, puesto que cuando tu cuerpo se despierta, tu mente se despierta también. Entonces se pone en marcha un mecanismo, el mecanismo del despertar que tú debes activar abriéndote al máximo hacia todo lo que te rodea y hacia el infinito, poniendo mucho cuidado en no detener el proceso.

Siéntate, si es posible, en el suelo con las piernas flexionadas, o mejor aún, recuéstate de espaldas, y al aire libre, mirando hacia el cielo.

La mente es como una rosa. Por la mañana comienza a abrirse, pero si entonces la cortas, no es más que un botón; si esperas un poco, llegará a florecer.

Es bueno practicar la cultura física, pero es todavía mejor practicar el cultivo de la mente.

Y no te impacientes si no obtienes resultados inmediatos; cuando un órgano no se usa, se atrofia. Cuando has estado enyesado durante largo tiempo, se requiere una reeducación prolongada para recuperar el uso normal del miembro inmovilizado.

Mira hacia el cielo y piensa en la posición que ocupas con respecto a todo lo que te rodea, sitúate en relación con la casa en que vives, un pequeño punto perdido entre muros de piedra; en relación a toda la gente que despierta al mismo tiempo que tú; en relación con aquellos que, en otros puntos del globo, se retiran a dormir; en todos los que nacen, que se unen físicamente, que sufren, que trabajan o que mueren mientras tú estás despertando; por eso, sitúate con relación a tu nivel. También debes situarte en relación con lo infinitamente grande, piensa en la ciudad donde te encuentras, un pequeño punto perdido en un territorio, en el país, el continente o la isla donde habitas, vuela como si viajaras en un avión que se aleja del suelo cada vez más, hasta que la ciudad, y después el continente, ya no sea más que un pequeño punto.

Toma conciencia de que te encuentras sobre la Tierra, una pequeña pelota donde la humanidad no es otra cosa que un parásito, y que gira en tanto que tú ni siquiera te enteras de que gira; y sitúate en relación con ella y con la luna que gira alrededor del sol; y en relación con la Tierra que gira alrededor del sol; y en relación con el sol que gira sobre sí mismo, y que gira alrededor del centro de nuestra galaxia; y en relación con las estrellas que son otros tantos soles que a su alrededor tienen planetas en los que viven una infinidad de otros seres, entre los cuales se encuentra el planeta de nuestros creadores los Elohim, y también el planeta de los eternos donde podrás ser admitido algún día por toda la eternidad; y en relación a todos esos mundos donde viven seres más avanzados y otros más primitivos que nosotros; y en relación a esas galaxias que giran alrededor del centro del Universo; y por último, en relación con nuestro Universo que en sí mismo es un átomo de un átomo de una molécula, situada quizá en el brazo de un ser que mira al cielo preguntándose si hay vida en otros planetas.

Esto es en relación con lo infinitamente grande.

Sitúate en relación a tu cuerpo, a todos los órganos que lo constituyen y a todos los miembros que lo forman; piensa en todos los órganos que están desempeñando un trabajo sin que tú te des cuenta de ello en el instante presente.

Piensa en tu corazón que late sin que tú se lo pidas; en tu sangre que circula e irriga todo tu cuerpo y aún tu cerebro, lo que te permite reflexionar y estar consciente; en todos los glóbulos que componen tu sangre y en todas las células que están a punto de nacer en tu cuerpo, de reproducirse experimentando placer y de morir sin que tú te des cuenta de ello, y que quizá no están conscientes de que forman el ser que tú eres.

Y piensa en todas las moléculas que constituyen esas células y en los átomos que constituyen esas moléculas y que giran como soles alrededor del centro de una galaxia, y en las partículas que constituyen esos átomos, y en las partículas de esas partículas en las cuales viven seres que se preguntan si hay vida en otros planetas.

Esto en relación con lo infinitamente pequeño.

Ponte en armonía con lo infinitamente grande y con lo infinitamente pequeño, liberando amor hacia arriba y hacia abajo, y estando consciente de que tú mismo formas parte del infinito.

Entonces trata de transmitir un mensaje de amor dirigido a los Elohim nuestros creadores, pensando poderosamente y expresándoles tu deseo de verlos y de estar algún día entre ellos y de tener la fuerza de merecerlo, de estar entre los elegidos. Veras que te sentirás ligero y dispuesto a hacer el bien a tu alrededor, con todas tus fuerzas y a todo lo largo de la jornada, puesto que estarás en armonía con el infinito.

También puedes hacer estos ejercicios en una habitación destinada a la meditación sensual, durante el día, solo o en compañía de otras personas. Pero el momento en que te acercarás más a la perfecta armonía con el infinito, es si la meditación tiene lugar en compañía de otro ser a quien amas, uniéndote físicamente a él y poniéndose ambos en armonía con el infinito durante su unión.

Por la noche, cuando el cielo este estrellado y la temperatura sea benigna, recuéstate en el suelo y contempla las estrellas pensando fuertemente en los Elohim y deseando algún día llegar a merecer encontrarte entre ellos; pensando con todas tus fuerzas que estás dispuesto y preparado para hacer exactamente lo que podrían pedirte, aún si no comprendes muy bien por qué te lo piden. Quizá llegues a ver una señal si estás suficientemente dispuesto.

Cuando estés recostado allí, de espaldas, debes darte cuenta hasta qué punto están limitados tus órganos de percepción, lo que explica las dificultades que puedas tener para concebir el infinito. Una fuerza te tiene clavado a la Tierra y no puedes de una sola vez emprender el vuelo hacia las estrellas, sin embargo, no puedes ver ninguna cuerda que te retenga.

Hay millones de personas que escuchan miles de estaciones de radio y contemplan cientos de emisiones televisadas que se propagan en la atmósfera, sin embargo, tú no puedes ver ni escuchar esas ondas; las brújulas tienen sus agujas apuntando hacia el norte, y tú no ves y no entiendes las fuerzas que atraen sus agujas.

Te repito, tus órganos de percepción son sumamente limitados y las energías como el Universo, son infinitas. Despierta y haz que despierten los órganos que posees y que te permiten captar las ondas que ahora no puedes captar o que ni siquiera sospechas que existan. Las palomas son capaces de encontrar el norte, y tú, un ser humano, no puedes hacerlo. Reflexiona al respecto un instante.

Más aún, enseña todas estas cosas a tus hijos, cuyos órganos están en proceso de desarrollo; es así como nacerá el 'hombre nuevo', cuyas facultades serán infinitamente superiores a las del hombre actual.

Un hombre que nunca ha aprendido a caminar cuando ya terminó su crecimiento, siempre será un inválido, aún si después se le enseña, siempre estará en desventaja por bien dotado que esté. Durante el crecimiento es cuando hay que abrir la mente de tus hijos, a fin de que todas sus facultades puedan florecer y se conviertan en hombres nuevos, que no podrán compararse con lo que somos nosotros: pobres primitivos limitados.

La Recompensa

Que este libro guíe a quienes reconocen y aman a nuestros creadores, los Elohim. Que creen y no se olvidan de comunicarse telepáticamente con ellos, recuperando el sentido original de la plegaria, y que hacen el bien a sus semejantes. Que creen en lo que me ha sido revelado y en lo que fue revelado antes de mí, y que están seguros de que la reencarnación científica es una realidad. Todos ellos tienen un guía y un objetivo en la vida, y son felices.

En cuanto a aquellos que no han despertado, es inútil hablarles de este Mensaje dado por los Elohim. Un ser dormido no puede escuchar y el sueño de la mente no se despierta en unos cuantos instantes, sobre todo si quien duerme encuentra que su sueño es muy placentero.

Pero difunde este Mensaje a tu alrededor entre aquellos que hacen el bien a los demás, y sobre todo entre los que al hacer funcionar el cerebro que les dieron los Elohim, aligeran a los demás del temor de la falta de alimento, de las enfermedades, de los esfuerzos cotidianos, permitiéndoles disponer de tiempo para su florecimiento, para todos ellos están reservados los jardines del planeta de los eternos y sus millares de fuentes.

Porque no basta con no hacer mal a los demás sin hacerles bien. Un ser cuya vida ha sido neutra tendrá derecho a la neutralidad, es decir, no será recreado, ni para pagar sus crímenes puesto que no los cometió, ni para recibir la recompensa por sus buenas acciones, puesto que tampoco las prodigó.

Un ser que ha hecho sufrir a muchas personas durante una parte de su vida y después se regenera, haciendo tanto bien como el mal que hizo, también será alguien neutro. Para tener derecho a la reencarnación científica en el planeta de los eternos, es necesario que al final de la vida haya un balance decididamente positivo.

Contentarse con hacer el bien sólo a su alrededor basta para alguien que no tiene una inteligencia superior, o que no dispone de muchos medios, pero no es suficiente para alguien sumamente inteligente o que tiene muchos medios. Un ser muy inteligente debe poner a trabajar la mente que le dieron los Elohim, a fin de llevar la felicidad a los demás, inventando nuevas técnicas que mejoren sus condiciones de vida.

Y quienes tengan derecho a la reencarnación científica en el planeta de los Elohim, vivirán eternamente en un mundo en el cual les serán llevados los alimentos sin que tengan que realizar el menor esfuerzo, y donde habrá compañeros y compañeras maravillosamente bellos, fabricados científicamente sólo para la satisfacción de sus placeres; y vivirán eternamente buscando únicamente su expansión haciendo lo que más les agrade.

En cuanto a aquellos que han hecho sufrir a los demás, serán recreados, y sus sufrimientos serán iguales al placer de los eternos.

Cómo es posible que no crean en todo esto cuando ahora la ciencia y las religiones antiguas coinciden perfectamente. Ustedes no son sino materia, polvo, y los Elohim han hecho de ustedes seres vivientes, a su imagen, capaces de dominar la materia; y ustedes se convertirán en materia, en polvo, y ellos los harán revivir en la misma forma en que los crearon, científicamente.

Los Elohim crearon a los primeros hombres sin saber que estaban haciendo lo que ya había sido hecho por ellos; creían no estar haciendo sino un experimento científico sin mayor interés y por eso destruyeron a casi toda la humanidad la primera vez, pero cuando comprendieron que ellos también habían sido creados como nosotros, empezaron a amarnos como a sus propios hijos, jurando que jamás volverían a tratar de eliminarnos, dejándonos sobreponer solos a nuestra propia violencia.

Los Elohim, si bien no intervienen directamente a favor o en contra de la humanidad en su conjunto, en cambio actúan sobre ciertos individuos cuyas acciones les complacen o les desagradan. Desgracia para aquellos que pretendan haberlos encontrado o haber recibido de ellos un Mensaje cuando esto no era verdad, su vida se convertirá en un infierno y se arrepentirán de su mentira ante todos los problemas que se presentarán ante ellos.

Y para aquellos que actúen contra el Guía de Guías y traten de impedirle que lleve a cabo su misión o que se acerquen a él para sembrar la discordia entre sus seguidores, verán también que su vida se convierte en un infierno y sabrán por qué es así, sin que nada parezca deberse a cualquier cosa venida de lo alto; las enfermedades, los problemas familiares, profesionales, sentimentales y muchos otros invadirán su existencia terrestre, en espera del castigo eterno.

Y tú que sonríes al leer estas líneas, perteneces a aquellos que hubieran crucificado a Jesús si hubieras vivido en esa época, más sin embargo, ahora quieres ver a tu familia nacer, casarse y morir bajo su efigie, porque esto se ha adentrado en tus hábitos y en tus costumbres. Y esbozas sonrisas llenas de ironía hacia quienes creen en estos escritos, diciendo de ellos que deberían pasar unas vacaciones en un asilo psiquiátrico. Y actúas como todos aquellos que iban a ver a los leones que se alimentaban con los primeros cristianos, ya que ahora, cuando alguien tiene ideas que perturban, ya no se le crucifica ni se entrega como alimento a las fieras, eso es demasiado bárbaro, en cambio se les envía a un asilo psiquiátrico. Si esas clínicas hubiesen existido hace dos mil años, hubieran encerrado en uno de ellos a Jesús y a todos los que creían en él. En cuanto a aquellos que creen en una vida eterna, pregúntenles por qué lloran cuando pierden a un ser querido.

Mientras el hombre no fue capaz de comprender científicamente la obra de los Elohim, era normal que creyese en un Dios impalpable, pero ahora que por medio de la ciencia el ser humano comprende que la materia es infinitamente grande e infinitamente pequeña, ya no tiene derecho a seguir creyendo en el Dios en el cual creían sus ancestros primitivos. Los Elohim, nuestros creadores, esperan ser reconocidos por todos aquellos que ahora son capaces de comprender cómo puede crearse la vida, y relacionar esto con los escritos antiguos. Todos ellos tendrán derecho a la eternidad.

Y tú, cristiano, has leído cien veces que Jesús volverá, pero si lo hiciera, lo harías internar en un asilo psiquiátrico. Entonces, ¡abre bien los ojos!

Y tú, hijo de Israel, sigues esperando a tu Mesías, ¡y ni siquiera abres tu puerta!

Y tú, budista, tus escritos te indican que el nuevo Buda debe nacer en Occidente, ¡reconoce las señales previstas!

Y tú, musulmán, Mahoma te recordó que los judíos cometieron un error al dar muerte a los profetas, y que los cristianos habían cometido un error adorando al profeta en vez de adorar a quien lo envió, ¡recibe al último de los profetas y ama a quienes lo envían!

Si reconoces a los Elohim como a tus creadores, si los amas y deseas recibirlos, si tratas de hacer el bien a los demás empleando al máximo todas tus posibilidades, si piensas con regularidad en tus creadores tratando de hacerles comprender telepáticamente que los amas, si ayudas al Guía de Guías a llevar a cabo su misión; sin lugar a dudas tendrás derecho a la reencarnación científica en el planeta de los eternos.

El hombre ya ha descubierto la energía para llegar a la Luna, y con esa misma energía puede destruir toda clase de vida sobre la Tierra.

'La hora se aproxima cuando la Luna se reparte', dice *El Corán, capítulo 54, versículo 1*. Así pues, de un día para otro, el hombre puede autodestruirse. Solamente se salvarán de la destrucción aquellos que sigan al último de los profetas.

En otros tiempos, nadie creyó en Noé y la gente se burlaba de él cuando se preparaba para la destrucción. Pero no fueron los últimos en reír.

Y cuando los Elohim dijeron a los habitantes de Sodoma y Gomorra, que abandonaran la ciudad sin mirar hacia atrás, algunos no creyeron en lo que se les había anunciado, y fueron destruidos. Ahora que hemos llegado a la época en que el hombre tiene el poder de destruir toda la vida sobre la Tierra, solamente se salvarán de la destrucción todos aquellos que reconozcan a los Elohim como sus creadores. Todavía pueden no creer nada de esto, sin embargo, cuando llegue el momento volverán a pensar en estas líneas, pero entonces será demasiado tarde.

Cuando tenga lugar el cataclismo, y no falta mucho tiempo, ya que hay grandes probabilidades de que suceda dada la forma de actuar de los hombres en la actualidad, habrá dos clases de hombres, aquellos que no reconocieron a sus creadores y que no siguieron al último de los profetas, y aquellos que abrieron sus oídos y sus ojos y reconocieron lo que se había anunciado desde hace mucho tiempo.

Los primeros soportarán los sufrimientos de la destrucción en la hoguera final, y los demás serán condonados y llevados con el Guía de Guías hasta el planeta de los eternos, donde disfrutarán con los antiguos sabios de una vida maravillosa de expansión y de placer. Los servirán atletas magníficos de cuerpos esculturales, quienes les llevarán alimentos refinados que podrán saborear en compañía de mujeres y hombres de una belleza y un encanto incomparables, y que estarán completamente sometidos a sus deseos.

> Sobre lechos de telas artísticamente dispuestas. Reposarán unos frente a otros. Y a su alrededor efebos siempre jóvenes. Con copas, jarros y vasos con bebidas límpidas. No tendrán dolor de cabeza a causa de ellas y no se embriagarán. Y también tendrán

los frutos preferidos. Y la carne de las aves que deseen. Jóvenes magníficas de grandes ojos negros. Como verdaderas perlas, serán la recompensa de su fe. *El Corán, capítulo 56, versículos 15 al 23.*

Ustedes que creen en todo lo que aquí está escrito, cuando el Guía de Guías los convoque en algún sitio, hagan a un lado todas sus preocupaciones, quizá eso se deba a que ha recibido alguna información concerniente al fin. Y si se encuentran cerca de él en ese momento, se salvarán y en su compañía serán llevados lejos de los sufrimientos.

Ustedes que creen, no deben juzgar las acciones o las palabras de los Elohim. El creado no tiene derecho de juzgar a su creador. Respeten a nuestro Profeta y no juzguen sus acciones y sus palabras, puesto que nosotros escuchamos por sus oídos, vemos por sus ojos y hablamos por su boca. Al faltarle al respeto al Profeta, le faltan al respeto a quienes lo envían, sus creadores.

Los Mensajes transmitidos con anterioridad por los Elohim, y todos aquellos que se apegaron completamente a ellos a través de los siglos, estaban dentro de la verdad; pero los sistemas oscurantistas que están construidos sobre esos Mensajes, y que utilizaron a los hombres que se entregaron a ellos, están en el error. La Iglesia está a punto de desaparecer y no merece otra cosa.

En cuanto a los hombres de la Iglesia que tienen los ojos abiertos, únanse al último de los Profetas, para que le ayuden a difundir por todo el mundo los Mensajes que le fueron transmitidos. Él los recibirá con los brazos abiertos, podrán florecer plenamente y serán los Mensajeros de aquellos en quienes siempre han creído, pero al fin comprendiendo verdaderamente la importancia de su obra al crear a los hombres y al enviar a Jesús.

Podrán florecer verdaderamente, lejos de las limitaciones que les impone la Iglesia, la cual se encuentra aferrada a una milenaria roca estéril, cubierta de crímenes y de inquisiciones aberrantes. Podrán hacer lo que tienen que hacer, es decir, poner a trabajar los órganos que les dieron sus creadores, puesto que a ellos no les agrada que no hagan uso de esos órganos.

Podrán disfrutar con sus cinco sentidos y unirse físicamente, para siempre o por un instante de felicidad, con los seres que más les agraden, sin sentirse culpables, ya que ahora es cuando deben sentirse culpables, culpables por no hacer uso de todo lo que les han dado sus creadores, y se liberarán de sus viejas limitaciones. Se convertirán en verdaderos instrumentos para abrir la mente, en lugar de ser instrumentos para hacerla dormir.

Ya casi no hay seminaristas, pero hay muchos seres desgraciados. Todos los que tienen en su interior la vocación de llevar el amor y de abrir las mentes a todo lo que los rodea. Hace cincuenta años, había cincuenta mil seminaristas, ahora ya solamente hay quinientos, lo que quiere decir que cuando menos hay cuarenta y nueve mil quinientos seres desgraciados, seres que poseen en su interior ese potencial de irradiación que nuestros creadores les concedieron para hacer uso de él. Pero no se sienten atraídos por esa Iglesia cubierta de crímenes y de oscuridad.

Ustedes que pertenecen a esos cuarenta y nueve mil quinientos seres, y que experimentan la necesidad de irradiar y hacer algo por sus semejantes, ustedes que quieren permanecer fieles a sus creadores y a Jesús, cuando decía que se amaran los unos a los otros y respetaran a sus creadores, «el Padre que está en los cielos», ustedes que piensan que este Mensaje es verídico, vengan con nosotros para convertirse en Guías, es decir, en hombres que se consagran a los Elohim dentro de la tradición de Moisés, de Elías y de Jesús, y a la propagación de sus Mensajes, al mismo tiempo que llevan una vida normal, es decir, floreciendo plenamente, disfrutando de todos los sentidos que nos dieron nuestros creadores.

Ustedes que en la actualidad son gente de la Iglesia, abandonen esos hábitos tan tristes como su color, el color de los crímenes cometidos bajo su fachada, únanse a nosotros para convertirse en guías de la humanidad, con la voz de la paz y el amor universal.

Abandonen esas iglesias que no son otra cosa que monumentos erigidos por los primitivos, templos en donde podían adorar objetos sin valor, trozos de madera y de metal. Los Elohim no tienen necesidad de templos en cada ciudad para sentirse amados, les basta con que los hombres traten de comunicarse telepáticamente con ellos, recobrando así el sentido original de la plegaria, pero abriéndose hacia el infinito y no encerrándose en edificios de piedras oscuras y místicas.

Ya han durado bastante la hipocresía y la mistificación; sobre Mensajes verídicos se han construido organismos que se han beneficiado gracias a esos Mensajes, viviendo en medio de un lujo fuera de lugar y utilizando el temor de la gente para llegar a su fin.

Se han hecho guerras bajo pretexto de difundir esos Mensajes. ¡Vergüenza!

Se ha utilizado el dinero de los pobres para construir una potencia financiera. ¡Vergüenza!

Se ha predicado el amor al prójimo con las armas en la mano. ¡Vergüenza!

Se ha predicado la igualdad de los hombres sosteniendo las dictaduras. ¡Vergüenza!

Se ha dicho «Dios está con nosotros» para enviar a los hombres a guerras homicidas. ¡Vergüenza!

Se han leído muchas veces los evangelios que decían:

> Y no llaméis a nadie vuestro Padre en la Tierra, porque vuestro Padre, que está en los cielos, es uno solo. *Mateo, 23: 9.*

Y se han hecho llamar Padre y Monseñor en toda ocasión. ¡Vergüenza! Se han releído textos que decían:

> No os proveáis ni de oro, ni de plata, ni de cobre en vuestros cintos. Tampoco llevéis bolsas para el camino, ni dos vestidos, ni zapatos, ni bastón... *Mateo 10: 9-10*

Y se han encenagado en medio del lujo del Vaticano. ¡Vergüenza!

El Papa, si no se encarga de vender todos los bienes del Vaticano para ayudar a los desgraciados, no será admitido entre los justos en el planeta de los eternos, puesto que es algo vergonzoso complacerse de un lujo adquirido a costa de los pobres, sirviéndose de Mensajes verídicos y explotando los nacimientos, las uniones y el fallecimiento de los hombres.

Pero si todo eso cambia, y los hombres que han formado parte de esta organización monstruosa sin comprender su error, la abandonan y se arrepienten de su extravío, serán perdonados y tendrán derecho a la eternidad, ya que los Elohim, nuestros creadores, nos aman a nosotros sus hijos, y perdonan a quienes se arrepienten verdaderamente de sus errores.

La Iglesia ya no tiene razón de ser, puesto que estaba encargada de difundir el Mensaje de Jesús, en espera de la era del Apocalipsis, y esa edad ya ha llegado. La Iglesia ha empleado medios de difusión que son una vergüenza para ella.

Si, terminó su misión, todos sus crímenes le serán reprochados, y aquellos que todavía visten esas vestimentas llenas de sangre se encontrarán del lado de los culpables.

¡Despierta, tú, que estás dormido! todo esto no es un cuento. Vuelve a leer todos los escritos de los antiguos Profetas, entérate de los últimos descubrimientos científicos, especialmente los biológicos, y mira al cielo.

¡Allí están las señales anunciadas! Todos los días aparecen los OVNIs objetos voladores no identificados que los hombres han bautizado con el nombre de «platillos voladores». *«Habrá señales en el cielo»*, eso está escrito desde hace mucho tiempo.

Haz pues una síntesis de todo esto después de haber tomado conciencia y despierta, Claude Raël existe, está con vida, y no ha escrito todo lo que escribieron Moisés, Ezequiel, Elías, Jesús, Mahoma, Buda y todos los demás, no es biólogo, pero es el último del linaje de los Profetas, El Profeta del Apocalipsis, es decir, de la época en la cual todo puede comprenderse.

Y en este momento vive muy cerca de ti, eres muy afortunado de ser uno de sus contemporáneos y de recibir sus enseñanzas. ¡Despierta, sacúdete y emprende el camino, ve a verlo y ayúdalo, necesita de ti! Tú serás uno de los pioneros de la religión final, de la religión de religiones, y suceda lo que suceda, tendrás tu sitio entre los justos por toda la eternidad, saboreando las delicias del planeta de los eternos, en compañía de seres maravillosamente agradables y sumisos a tus deseos.

Los Guías

Seguirás al Guía de Guías, ya que es el Embajador de los Elohim, nuestros creadores, nuestros Padres que están en el Cielo. Seguirás todos los consejos que están dados en este libro, puesto que son los consejos de tus creadores, transmitidos por boca de Claude Raël, nuestro Embajador, el Último de los Profetas, el Pastor de Pastores; Y lo ayudarás a construir la religión de religiones.

Judío, Cristiano, Musulmán, Budista, y tú que tienes otra religión, abre bien tus ojos y tus oídos, vuelve a leer tus santas escrituras y comprenderás que este libro es el último, el que te anunciaron tus propios Profetas, y ven con nosotros a preparar la llegada de nuestros creadores.

Escribe al Guía de Guías y él te relacionará con otras personas que como tú son Raelianos, es decir, que creen en los Mensajes transmitidos a Claude Raël, y él también te pondrá en contacto con un Guía de tu región, a fin de que puedan reunirse con regularidad para meditar y para difundir este importante Mensaje para que sea conocido en el mundo entero.

Tú que lees este Mensaje, debes darte cuenta de que eres privilegiado y piensa en todos aquellos que aún no se han enterado, haz de tal manera que a tu alrededor nadie ignore estas fantásticas revelaciones sin que jamás trates de convencer a aquellos con quienes hablas. Entéralos de estos Mensajes y si están dispuestos, se abrirán por sí solos a ellos.

Debes repetirte siempre esta frase de Gandhi: «*No es porque nadie ve la verdad, que ésta se convierta en un error*».

Tú que te sientes enaltecido de alegría al leer este Mensaje y que sientes deseos de irradiar esta verdad y hacerla brillar a tu alrededor, tú que quieres vivir dedicado totalmente a nuestros creadores, poniendo en práctica escrupulosamente todo lo que nos piden, tratando de guiar a los hombres por la senda del florecimiento y la expansión, debes convertirte en Guía si quieres ser plenamente capaz.

Escribe a Claude Raël, el Guía de Guías, él te recibirá y hará que te sometas a una iniciación que te permita irradiar plenamente, ya que no es posible abrir la mente de los demás si la propia mente no lo está.

El amor de los creadores por su obra es inmenso, y tú debes devolverles ese amor, debes amarlos como ellos te aman y demostrarlo, ayudando a su Embajador y a todos los que lo ayudan, poniendo todos tus medios y todas tus fuerzas a su servicio a fin de que puedan edificar verdaderamente una Embajada para recibirlos, y viajar por todo el mundo para difundir este Mensaje.

Si deseas ayudarme a realizar los objetivos fijados por los Elohim, escríbeme:

Raël
Religión Raeliana Internacional
CP 225 CH 1211
Ginebra 8, Suiza.

O por correo-e : headquarters@rael.org

Y no te olvides de las reuniones regulares en fechas fijas, de las personas que creen en los Mensajes: el primer domingo de abril, el 6 de agosto, el 7 de octubre y el 13 de diciembre de todos los años. Los lugares de reunión se determinarán en el boletín informativo del Movimiento Raeliano de su país, y algunas direcciones para hacer contacto se enlistan al final de este libro.

LIBRO TRES

RECIBAMOS A LOS EXTRATERRESTRES

Preguntas Más Frecuentes

E ste capítulo contiene las preguntas más frecuentes, formuladas por los periodistas que han entrevistado a Raël en radio y televisión durante diversas emisiones en el mundo entero, así como las respuestas que dio a las mismas. Después de la publicación de sus dos primeros libros a mediados de los 70's.

Aparentes Contradicciones Entre el Primer y el Segundo Mensaje

PREGUNTA:

La primera contradicción que aparece entre el primer y segundo Mensaje, se encuentra desde el principio del diálogo que se estableció entre el Eloha y usted. En el primer Mensaje, cuando usted le pregunta si sería posible ir a su planeta, él le responde: "No. En primer lugar no podría vivir. La atmósfera es muy diferente de la de ustedes y además, usted no está adiestrado para soportar el viaje". Sin embargo, en el segundo encuentro del 7 de octubre de 1975 (31) usted fue llevado en una de sus máquinas y pasó cerca de veinticuatro horas en el Planeta de los Eternos.

También podemos observar que en el primer contacto, la máquina apareció progresivamente, mostrando una luz roja intermitente aproximadamente a unas decenas de metros de altura, descendiendo suavemente; en cambio en el contacto realizado para la entrega del segundo Mensaje, la máquina apareció instantáneamente detrás de los matorrales de Roc Plat, sin absolutamente ninguna luz intermitente y al ras del suelo. Asimismo, cuando la máquina lo regresó nuevamente a la Tierra, ésta desapareció instantáneamente después de que usted descendiera, como si se hubiera desintegrado.

Otra contradicción: En el primer contacto, el Eloha tenía el rostro rodeado de una especie de halo y él le explicó a usted más tarde, que era una escafandra compuesta de ondas. Pero en el encuentro más reciente, no había nada alrededor de su rostro. Esta contradicción queda reforzada además por lo que le dicen a usted en el primer Mensaje: 'Pero mi rostro no podrás verlo, porque nadie puede verme y seguir con vida'. Éxodo 33,20. y esta cita bíblica se explica así: Si el hombre llegara a nuestro planeta, vería a los creadores sin escafandra, pero moriría puesto que la atmósfera no es adecuada para él. ¿Cómo explica usted estas contradicciones?

RESPUESTA:

La explicación de estas aparentes contradicciones es muy sencilla y puede resumirse en una sola palabra: Psicología.

Cuando se decide venir a hacer contacto con un ser que vive en un planeta primitivo, aunque dicho ser fuera creado para cumplir una misión muy precisa, es necesario tomar ciertas precauciones para no dañar de manera irreversible su psiquismo. Ver aparecer en el cielo una máquina equipada con luces intermitentes, no es traumatizante para un hombre que vive en los países científicamente evolucionados de nuestra época, ya que está más o menos habituado a ver en la televisión, satélites y cohetes, y ya ha visto desde su infancia aviones o helicópteros y entiende más o menos cómo funcionan. La mejor manera de aparecérsele sin asustarlo demasiado, es acercarse a él progresivamente con una máquina equipada con luces intermitentes igual a sus aviones y helicópteros que sabe que están equipadas con este tipo de luces. Encontrará esto casi normal y sólo le sorprenderá la ausencia de ruido de un aparato aparentemente metálico y por tanto, muy pesado. Después, el ser que se le aparecerá deberá tener un traje que se parezca a lo que él considere como la vestimenta de cualquier cosmonauta. La escafandra alrededor de su rostro le tranquilizará al recordarle a los pilotos de las máquinas voladoras terrestres que él conoce relativamente bien. Así se consigue el objetivo deseado: No perturbar al contactado, mostrándole una tecnología aún desconocida para los habitantes de la Tierra, a fin de que comprenda por sí mismo que eso que ha descubierto es extraterrestre.

En el segundo encuentro, la aparición de la máquina fue brutal: los Elohim utilizan su tecnología sin camuflaje ante un testigo que ellos sabían que estaba suficientemente preparado psíquicamente, como para no traumatizarse por ella. Si ellos se me hubieran aparecido así, brutalmente, desde el primer encuentro, en esa época en que no esperaba nada, el choque habría sido demasiado importante y mi equilibrio psíquico se habría perturbado demasiado. A pesar de todas sus precauciones, el choque nervioso me ocasionó un principio de úlcera estomacal que tardó varios meses en curarse. El Mensaje era "dulce en mi boca, pero amargo en mi vientre"... Aunque hubiera sido mucho peor si no hubieran tomado todas esas precauciones de acercamiento.

Hasta esta época, nuestros creadores sólo aparecían tratando de impresionar al máximo a sus criaturas, que eran incapaces de comprender quiénes eran esos seres venidos del cielo. Su principal preocupación era hacer que los hombres creyeran en ellos, aunque no comprendieran nada. Ahora que hemos llegado a la Era del Apocalipsis; que significa, recordémoslo: "La Era de la Revelación", es decir, la era en la que todo se puede comprender, y no "fin del mundo", como se nos quiere hacer creer y como ustedes pueden comprobar en cualquier diccionario; ellos han decidido aparecerse para que puedan ser comprendidos y reconocidos como nuestros creadores, son ellos de quien se habla en todos los escritos religiosos de la Tierra, incluyendo la Biblia, en la cual son llamados Elohim. Ellos dictaron esta Biblia a los primeros hombres precisamente para ser reconocidos ahora, después de que han transcurrido milenios y de que el conocimiento humano ha progresado lo suficiente como para que miremos a aquellos que vienen del cielo sin arrodillarnos a rezar, gritando: ¡¡Milagro!!

Por último, no hay que olvidar que los Elohim habían decidido ponerme a prueba antes de darme la totalidad del Mensaje: así pues, ellos actuaron muy progresivamente. Ante mi insistencia de desear hacer un viaje en su nave, ellos, para cortar en seco cualquier nueva petición, me respondieron que me sería imposible: es como cuando le decimos a un niño que si bebe alcohol, dejará de crecer. Y ellos añadieron el ejemplo del versículo del Éxodo, que estaba dirigido a los primitivos que había de mantener apartados: esos primitivos que sobre todo debían creer sin tratar de comprender.

Datación de la Obra de los Elohim

Pregunta:

Los Elohim dicen que crearon la vida en la Tierra hace veinticinco mil años. ¿Cómo se explica que se han encontrado huellas u osamentas de animales prehistóricos con una antigüedad de varios cientos de miles de años?

Respuesta:

Los Elohim explican claramente que ellos no formaron nuestro planeta. Cuando ellos decidieron continuar sus experimentos de creación de vida en laboratorio, buscaron en el Universo un planeta que tuviera una atmósfera que les permitiera trabajar en ella. La Tierra fue seleccionada después de realizar muchos exámenes y análisis que resultaron positivos.

Entonces llegaron a nuestro planeta y crearon todas las formas de vida que conocemos, incluyendo entre ellas la del hombre.

Eso no quiere decir que diez o veinte mil años antes de su llegada, no hubiera habido otras creaciones en la Tierra que hubieran sido destruidas por una catástrofe natural o artificial.

Imagínense que mañana estalla una guerra atómica y que toda la vida en este planeta fuera destruida. Si dentro de diez mil años, vinieran seres extraterrestres a crear nuevos organismos vivientes y seres inteligentes; y si después de una lenta progresión científica, descubren rastros de nuestra civilización destruida; a estos seres les sería difícil creer que fueron creados científicamente por seres venidos del cielo, y pondrían como prueba el descubrimiento de huesos con más de veinticinco mil años de antigüedad, es decir, ¡nuestros huesos¡ que les habríamos precedido y por qué no, los de los mamuts que todavía encontramos hoy en día y de los cuales podrían muy bien subsistir restos... Puesto que la vida que actualmente se encuentra en la Tierra no es la primera, ni será la última que será creada.

Ha habido una infinidad de creaciones y destrucciones sobre nuestro planeta, la mayor parte de ellas debidas a la falta de sabiduría de aquellos que eran el equivalente a nuestra humanidad actual.

El Pueblo de Israel y los Judíos

Pregunta:

En el capítulo 'El Génesis' del Primer Mensaje está escrito que el pueblo de Israel fue elegido en uno de los concursos que organizaban los Elohim, como el tipo humanoide mejor logrado en los aspectos de la inteligencia y del genio. Ahora bien, en el capítulo 'Una Primera Impresión Del Paraíso' del segundo Mensaje está escrito: "Los judíos son nuestros descendientes directos en la Tierra. Por esta razón, les está reservado un destino particular. Ellos son los descendientes de los hijos de los Elohim y de las hijas de los hombres y en el Génesis se habla de ello". ¿Esto no es contradictorio?

RESPUESTA:

El pueblo que fue elegido como el más perfecto por nuestros creadores los Elohim, fue el pueblo de Israel, el cual fue creado en un laboratorio situado en ese lugar de nuestro planeta. Quizá fuera precisamente porque ese pueblo era el más logrado, la razón por la cual los hijos de Elohim se dejaron tentar por sus mujeres y tuvieron hijos de los cuales desciende, efectivamente, el pueblo judío. Fue así como la raza que pobló la tierra de Israel se convirtió en el pueblo judío.

El Movimiento Raeliano y el Dinero

PREGUNTA:

En el capítulo 'Los errores de la Iglesia' del Primer Mensaje está escrito:

No acumuléis para vosotros tesoros en la Tierra… Nadie puede servir a dos señores porque aborrecerá a uno y amará al otro; o bien se dedicará a uno y menospreciará al otro. No podéis servir a Dios y a Mamón (la riqueza en Arameo). Mateo, 6: 19, 24

Y el Vaticano es atacado vigorosamente por sus riquezas, mientras que el Movimiento Raeliano pide dinero a sus miembros. ¿No es eso volver a caer en el mismo error que el Vaticano?

RESPUESTA:

No nos podemos comparar con aquellos que viven en el lujo y la opulencia mientras recomiendan a sus fieles vivir pobremente y que utilizan el dinero de los pobres para mantener una miríada de obispos y cardenales para aumentar sin cesar sus inversiones inmobiliarias; para mantener un palacio de otra época con guardias armados con lanzas. No debemos comparar a esos usurpadores romanos con un movimiento que no tiene, ni jamás tendrá un clero pagado: que no tiene, ni jamás tendrá tres cuartas partes de las casas e inmuebles de una capital donde la gente tiene problemas de alojamiento, como es el caso de Roma, negándose a alojar a cualquiera a fin de no ver sus inversiones depreciarse; que no tiene, ni jamás tendrá un palacio principesco que se viene abajo de tanto oro y plata.

Efectivamente, nosotros necesitamos mucho dinero, pero para atender objetivos muy precisos:

> 1. Traducir los Mensajes de los Elohim a todos los idiomas y darlos a conocer a todos los pueblos de la Tierra.

> 2. Construir la embajada en donde los Elohim vendrán a hacer contacto oficial con los hombres, dicha embajada no será ni un palacio principesco, ni una catedral, sino una simple casa que disponga de las comodidades a las que tiene derecho cualquier persona en nuestros días, y que cuente con la inmunidad diplomática a la que tiene derecho el Estado más pequeño de la Tierra.

Al final, si por fortuna logramos reunir muy rápidamente, más dinero del que necesitamos para realizar los dos objetivos que acabo de citar, y si antes no hemos terminado de difundir el Mensaje por todo el planeta, utilizaremos el dinero sobrante para construir cerca de la embajada, un centro de investigación donde reuniríamos a todos los científicos que deseasen trabajar en la creación de la vida en laboratorio, haciendo posible de este modo, que el hombre se iguale a sus creadores; y de robots biológicos que permitan la eliminación del trabajo y por tanto, del dinero, así como también una escuela reservada a los genios y superdotados. Los investigadores podrían trabajar libremente, lejos de las cadenas de laboratorios, de los monopolios multinacionales explotadores y de la asfixia de los genios por los organismos del Estado.

De esta forma, tendrían la oportunidad de trabajar sin el temor de ver cómo sus descubrimientos, caen en manos de los poderes político-militares que tratan de utilizarlos para hacer armas cada vez más mortíferas.

Nada es Constante ni en el Tiempo ni en el Espacio

PREGUNTA:

En el primer Mensaje, está escrito que el Planeta de los Elohim está situado a poco menos de un año luz de la Tierra o sea aproximadamente a nueve billones de kilómetros de distancia, ya que la luz se desplaza aproximadamente a trescientos mil kilómetros por segundo. Nuestros científicos actualmente dicen que la estrella más próxima a la Tierra, aparte de nuestro sol, está situada alrededor de cuatro años luz ¿Cómo se explica esta diferencia?

RESPUESTA:

Los Elohim no quieren de ningún modo que sepamos dónde se ubica su planeta. Les comprendemos, dada la obstinación destructiva de los hombres, aún cuando el nivel de conocimientos en la Tierra es todavía muy primitivo.

Todo esto será revelado exactamente cuando ellos vengan oficialmente a la Embajada que debemos construir para recibirlos. Mientras tanto, sólo podemos hacernos preguntas nosotros mismos.

Algunos científicos, miembros de nuestro Movimiento, han emitido la hipótesis de que la distancia entre su planeta y el nuestro sería de cuatro años luz, considerando que la luz se desplazara siguiendo una curvatura muy pronunciada, pero que no sería más que un año luz si fuera en línea recta. Esto es una posibilidad.

Yo añadiría que la luz no se desplaza a la misma velocidad en todos los estratos del Universo, porque nada es constante ni en el espacio ni en el tiempo. Esto es uno de los errores más importantes de los científicos actuales: que a partir de una observación hecha en un tiempo o en un espacio limitado, sacan conclusiones sobre el espacio infinito que aplican a los milenios pasados o por venir. El hombre siempre ha cometido el error de juzgar con relación a sus conocimientos. La Tierra era necesariamente plana para aquellos que basaban su razonamiento en la línea del horizonte...

Esto también es válido para las dataciones históricas que el hombre efectúa con métodos que se basan en la radiactividad, como el carbono 14, el argón potasio, el uranio-plomo-tono o cualquier otro método de ese tipo. Existe una obra muy interesante que hace un desarrollo muy serio de todo esto para los científicos interesados. Hablo del libro Evolución o Creación (Ver bibliografía al final de esta obra). En resumen, el error en que incurren estos métodos de datación, es el de partir del principio de que el comportamiento atómico actual siempre ha sido el mismo y partiendo de esto, hacer un cálculo con bases falsas, puesto que nada es constante en el Universo ni en el espacio, ni en el tiempo.

Para dar una imagen de este error, podemos poner el ejemplo de un hombre de 25 años del cual medimos su crecimiento durante un año que sería alrededor de un milímetro, lo cual es justo para algunas personas. Partiendo de esto, consideraríamos que la edad de ese hombre sería mil setecientos cincuenta años, porque mide un metro setenta y cinco centímetros... Olvidamos que el crecimiento de este joven hombre jamás ha sido constante: el primer año creció más de quinientos milímetros (desde su concepción), entre el cuarto y quinto año solamente sesenta milímetros, entre el séptimo y octavo año sólo treinta milímetros, pero entre los catorce y quince años. ¡nuevamente ochenta milímetros!.. Como pueden ver, no hay ningún dato constante y todo intento de definir la edad de un sujeto partiendo de una observación parcial de su crecimiento sería un fracaso total... Podemos observar también, que si partimos de los sesenta centímetros del primer año de crecimiento como base para estimar la altura del sujeto a los veintiún años, podríamos predecir que ese individuo mediría doce metros y sesenta centímetros a los veintiún años...

Pregunta:

En el primer Mensaje, está escrito que los Elohim crearon el continente original hace veinticinco mil años, del cual se separaron fragmentos que se alejaron y que formaron los continentes que conocemos actualmente, los cuales continúan a la deriva. El Continente Americano continúa separándose de Europa algunos centímetros por año según algunos científicos, o un metro según otros. Sea como sea, aunque se tratara de un metro, en veinticinco mil años obtendríamos veinticinco mil metros o sea veinticinco kilómetros, pero este continente está a varios miles de kilómetros de la costa europea ¿Cómo se explica esto?

Respuesta:

La respuesta a esta pregunta es exactamente la misma que para la anterior. Para un ser humano, la relación entre el crecimiento del primer año y la del año veintiuno es de seiscientos a uno, y en lo concerniente al alejamiento de los continentes, es miles de veces mayor.

También en este otro caso, nada es constante ni en el tiempo, ni en el espacio. Actualmente los continentes quizá se separen algunos centímetros por año, pero al principio ese alejamiento era de varios cientos de kilómetros por año. Recientemente hubo un terremoto cerca de la península arábiga y tuvimos la sorpresa de comprobar cómo se había creado una falla que separó a dos regiones en más de un metro. ¡En una sola noche! Y sin embargo, estamos en un período de la historia de la Tierra de relativa calma; en veinticinco milenios, ha transcurrido el tiempo suficiente como para que los efectos de la tormenta de la creación del continente original se hayan difuminado. En el infinito del tiempo y del espacio, nada es constante, ni en la materia, ni en la energía.

Transmisión del Plan Celular y Hueso Frontal

Pregunta:

Se les pide a todos aquellos que reconocen a Raël como el enviado de nuestros creadores, los Elohim y por lo tanto como el Último de los Profetas, que se hagan efectuar la Transmisión de su Plan Celular por él o por un Guía habilitado por él, a fin de que el código genético de cada Raeliano sea preservado para permitir una eventual recreación en el Planeta de los Eternos y por otra parte, se le pide a cada Raeliano que tome disposiciones testamentarias para que su hueso frontal sea enviado después de su muerte al Guía de Guías ¿Para qué sirve esto último puesto que la Transmisión del Plan Celular ya se ha realizado?

Respuesta:

La Transmisión del Plan Celular es un reconocimiento de los Elohim como nuestros creadores, efectuada por cada Raeliano en vida, mientras que la conservación del hueso frontal es un reconocimiento de los Elohim como nuestros creadores, efectuado en la muerte. En conjunto constituye un reconocimiento "en vida, así como en la muerte". El Plan Celular o Código Genético de cada individuo está registrado en la inmensa computadora que desde nuestra concepción, contabiliza todas nuestras acciones durante nuestra vida, es decir, desde el encuentro del óvulo con el espermatozoide, momento en el que se crea un nuevo código genético, o sea, un nuevo individuo. Este Plan Celular continuará siendo registrado durante toda su existencia y calificado al final de su vida, en función del comportamiento que haya tenido, para saber si tendrá derecho a la vida eterna en el planeta donde los Elohim aceptan entre ellos sólo a los hombres más conscientes.

Pregunta:

¿Qué sucede en caso de que un Raeliano muera en accidente y su cuerpo quede totalmente destruido?

RESPUESTA:

Si el Raeliano en cuestión ha tomado disposiciones testamentarias pidiendo que su hueso frontal sea enviado al Guía de Guías, no hay ningún problema, ya que esto ha sido registrado por la computadora que vigila a cada uno de nosotros durante toda nuestra existencia. De la misma manera, no hay ningún problema para los Raelianos que mueran sin que las autoridades respeten su última voluntad, negándose a efectuar la extracción del hueso frontal. Lo importante es que cada Raeliano haga su testamento en el sentido solicitado.

Cuando haya millones de Raelianos en el mundo, entonces los gobiernos se verán completamente obligados a respetar su última voluntad. La última voluntad de los primeros cristianos tampoco fue respetada durante todo el tiempo que fueron minoría. El Raelismo será la religión predominante en el mundo del tercer milenio. Entonces, la última voluntad de los Raelianos será respetada.

PREGUNTA:

La mayoría de las personas mueren viejas. ¿Serán recreadas viejas y tendrán en ese caso que vivir eternamente viejas?

RESPUESTA:

Evidentemente no. Un hombre que tenga la oportunidad de ser recreado para vivir eternamente en el Planeta de los Eternos, será recreado joven, con un cuerpo en plena posesión de sus fuerzas y facultades. Cada vez, será recreado de la misma manera, eternamente.

PREGUNTA:

Está escrito que sólo aquellos que le sigan a usted serán salvados. Si un hombre lleva una vida orientada hacia la felicidad y al pleno desarrollo de la Humanidad, pero jamás oyó hablar de los Mensajes de los Elohim. ¿Tiene alguna posibilidad de ser salvado?

RESPUESTA:

Este hombre estará entre los justos y será salvado. Esa parte de los Mensajes concierne sólo a aquellos que se han enterado de su contenido. De éstos, sólo aquellos que hayan decidido seguir las directrices dadas por nuestros creadores serán salvados. Pero si hay hombres en la Tierra que viven buscando ante todo, el hacer progresar a la Humanidad o ayudar a su prójimo al máximo de sus posibilidades, y que mueran sin haberse enterado del Mensaje de nuestros Padres, estarán entre los justos y serán salvados. Será más factible ser perdonado para aquel que no conoce los Mensajes y que actúa positivamente, que aquel que los conoce. Porque este último no tiene ninguna excusa por no haber cambiado su conducta o por no haber puesto todavía más atención en sus actos.

¿La Tierra es Un Átomo del Dedo de Dios?

PREGUNTA:

El Mensaje explica que nuestro planeta es sólo un átomo de un átomo de un ser gigantesco del cual somos una parte, del mismo modo que hay vida inteligente en los átomos de los átomos que nos componen. Pero ese gran ser, del cual la Tierra no es más que un átomo de un átomo, ¿no puede ser considerado como Dios?

RESPUESTA:

Todo depende de lo que entendamos por la palabra 'Dios'. Si pensamos en el infinito, sí: pero solamente en parte, porque este ser gigantesco del cual no somos más que una parte, vive también en un planeta que es un átomo de un ser gigantesco y así sucesivamente hasta el infinito.

Si entendemos por 'Dios' un ser que tiene poder sobre nosotros, de ninguna manera. Porque Dios no existe.

El ser infinitamente grande del cual la Tierra no es más que un átomo, no tiene ningún poder sobre nosotros, porque no hay que olvidar que para él, el tiempo transcurre mucho más despacio. En el tiempo en que él piensa algo, han transcurrido para nosotros algunos milenios. El tiempo en que los seres que viven sobre uno de los átomos de nuestros átomos piensan algo, ha transcurrido para nosotros una mil-millonésima de mil-millonésima de segundo. Ese ser infinitamente pequeño podría pensar que nosotros somos Dios y también cometería el mismo error que nosotros cometemos si tomamos al ser que constituimos como algo divino. Dado que el Universo es infinito, no puede tener un centro, lo cual excluye la posibilidad de que exista un Dios todopoderoso y omnipresente.

El infinito en sí mismo es omnipresente, y nosotros somos una parte de él y él es una parte de nosotros, pero no tiene ningún poder sobre nosotros y es infinitamente indiferente a nuestras decisiones y a nuestro comportamiento. Por último, nada nos dice que el gran ser del cual no somos más que los parásitos de una partícula sea un hombre, quizá sea un perro o una lombriz. (Lo único que han podido demostrar los Elohim, es que es algo vivo).

El Arca de Noé: Una Nave Espacial

PREGUNTA:

En los Mensajes se dice que el Arca de Noé era una nave espacial. Ahora bien, hace algunos años, se encontraron en un glaciar del Monte Ararat, los restos de un barco que algunos afirmaron que eran restos provenientes del Arca de Noé, que por tanto sería un navío ¿Cómo explicar esto?

Respuesta:

Los trozos de madera que se encontraron fueron recientemente analizados, y se cayó en cuenta de que sólo tenían una antigüedad de 700 años, lo que situaría esta Arca de Noé en aproximadamente el año 1200DC. Aún admitiendo que los sistemas de datación actuales tengan enormes errores y por tanto, se multiplique la antigüedad por tres. Obtenemos alrededor de dos mil años, lo que colocaría al Diluvio al principio de la era cristiana, lo cual sigue sin encajar. En última instancia, aunque encontráramos algún día los restos de un barco de madera de unos cinco mil años de antigüedad, lo que correspondería al período del Diluvio real, eso no probaría, sin embargo, que el arca de Noé fuera un barco de madera. Sin ninguna duda, encontraremos cerca del monte Ararat trozos de barcos de madera que daten de la época del verdadero diluvio, porque en el momento en que Noé construyó su nave espacial destinada a salvar a algunos hombres de la destrucción, había en los puertos de su país barcos con cascos de madera que fueron arrastrados por enormes maremotos después de las enormes explosiones encargadas de destruir toda la vida sobre la Tierra. Del mismo modo que actualmente podemos encontrar en Florida, no lejos de los más modernos cohetes americanos que llevaron cosmonautas a la Luna, magníficos botes de vela y yates con cascos de madera y magníficos yates pertenecientes a los multimillonarios americanos.

En caso de una guerra atómica, algunas explosiones podrían desencadenar enormes maremotos, que arrastrarían a esos navíos como pajillas a las montañas más próximas. Los posibles supervivientes, al encontrar restos de esos barcos, algunos siglos más tarde, podrían pensar que debió haber habido un enorme diluvio que los llevara allí... y ya que algunos escritos informan que hubo hombres que fueron salvados de ese diluvio a bordo de una nave, ellos estarían seguros de que se trataría de la nave en cuestión.

Hay un punto muy importante que permite comprender bien, el

Diluvio no fue el resultado de una lluvia continua, como generalmente se representa, sino el fruto de un cataclismo colosal que convulsionó completamente la superficie de la Tierra de una manera brutal. Si se hubiese tratado de una lluvia ininterrumpida, se habrían salvado todos los barcos, y todos los marinos y navegantes de la época habrían sobrevivido sin el menor problema. Ahora bien, está escrito que sólo aquellos que estaban en la nave de Noé sobrevivieron, lo que es normal porque era la única nave... ¡espacial!

Vida Después de la Vida o Sueño y Realidad

PREGUNTA:

Recientemente se ha publicado un libro que recoge los testimonios de personas que cayeron en estado de coma, pero que pudieron volver a la vida; y la mayoría de ellos hacen más o menos los mismos relatos de las visiones que tuvieron cuando estuvieron cerca de la muerte: visiones de personas armoniosas, vestidas con hábitos blancos y cantando, de personas desaparecidas, etc. Usted dice que después de la muerte no hay nada, a no ser que los Elohim intervengan para recrear a quienes mueren. ¿Cómo explica usted esta concordancia de testimonios? ¿No probaría esto la existencia del alma?

RESPUESTA:

Todo lo que pasa dentro del cerebro humano, no es más que el fruto de reacciones electroquímicas. Ya sea que se trate del amor, del odio, del placer, del sufrimiento, de la imaginación o de cualquier otro estado de la mente, sentimiento o enfermedad; en todos los casos, el proceso se fundamenta en reacciones químicas que se producen en el interior del cerebro como consecuencia de mensajes eléctricos: éstas pueden ser visuales, auditivas, o basarse en una interpretación de nuevos hechos gracias a los elementos que tenemos en la memoria.

Cuando un ser respira muy fuerte y rápidamente, muy pronto se siente mareado; y si se le pide hacer lo mismo a cien personas, sus testimonios coincidirán. Si hacemos a esas cien personas correr un kilómetro, al terminar estarían todas sin aliento. A un fenómeno determinado corresponde una determinada reacción física, que será la misma para todos. Cuando un individuo cae en coma, la sangre irriga su cerebro de un modo determinado y las células de su cerebro se oxigenan de cierta manera, y estos componentes químicos producen determinadas reacciones que son más o menos las mismas para todos.

Si se pone ácido en una piedra caliza, siempre hará espuma. Si se golpea en la cabeza a cien personas lo suficientemente fuerte como para que caigan en coma, todas ellas tendrán la impresión de haber visto lo mismo. En realidad, ellos no harán más que describir lo que su cerebro retuvo en la memoria, resultado de las reacciones químicas que sufrió. Es algo así como cuando se sueña. A nadie se le ocurriría decir que como soñó que era perseguido por un toro de diez metros de altura que escupía llamas de fuego, y luego otras diez personas tuvieron el mismo sueño, eso es prueba que existen toros de diez metros de altura que escupen fuego... Todos hemos soñado alguna vez que podemos volar simplemente dándonos un pequeño empujoncito con la punta de los pies, pero a nadie se le ocurrirá decir que realmente esto es suficiente para dar un paseo con las golondrinas o que esto sea posible porque millones de personas también lo han soñado... No hay que tomar los sueños por realidades, aunque debemos esforzarnos científicamente para poder realizarlos; construyendo aparatos que algún día realmente nos permitan volar.

Por otro lado, no es sorprendente que todas las personas que han estado en coma se acuerden que durante ese estado se sentían bien y no deseaban "regresar a su cuerpo". Sería más justo decir que en realidad no tenían ganas de volver a tomar conciencia de su cuerpo, del mismo modo que cuando tenemos un sueño muy agradable, tratamos de volver a dormirnos para recuperar la dicha que tuvimos, por ejemplo, al soñar con la compañía del ser amado.

El hecho de que todos los ex-comatosos describan más o menos lo mismo, demuestra que en realidad se trata de reacciones químicas idénticas que se producen en el cerebro humano, idénticas también en sus reacciones a los fenómenos eléctricos. Si implantáramos electrodos en mil cerebros humanos, exactamente en el mismo lugar y les enviásemos un impulso eléctrico, todos ellos experimentarían lo mismo y tendrían las mismas visiones. Eso es exactamente lo que ocurre en el momento de la muerte. Si bien algunos privilegiados tendrán derecho a la recreación en el Planeta de los Eternos después de su muerte, esto sólo sucederá cuando este verdaderamente muerto, nada ocurrirá mientras el ser se encuentre en estado de coma, es decir, con vida.

El Nivel de Desarrollo Científico de los Elohim

PREGUNTA:

No parece haber un desfase temporal de civilizaciones tan grande, como para que los Elohim tengan veinticinco mil años de avance sobre nosotros. Uno tiene la impresión de que lo que ellos hacen, nosotros necesitaremos menos tiempo para lograrlo ¿Cómo se explica esto?

RESPUESTA:

Para contar lo que vi, utilicé palabras que los hombres actuales pudiesen comprender, poniéndome psicológicamente al nivel de la gran mayoría de aquellos que viven en los países tecnológicamente desarrollados. En realidad, la capacidad y el nivel tecnológico de los Elohim son inimaginables. Lo que nosotros hacemos a finales de este siglo XX de la era cristiana, les parecería milagroso a los europeos de hace solamente un centenar de años, y a los Indios que viven actualmente en las selvas del Amazonas. Lo que pueden hacer nuestros creadores, si llegasen a mostrárnoslo, parecería igualmente milagroso, incluso a nuestros científicos más avanzados. En circunstancias normales no lo harán, ya que no quieren volver a situarnos en un contexto de incomprensión que desembocaría fatalmente en una revaloración del tipo de creencias que engendran las religiones primitivas. Ellos desean que ante todo, que continuemos tratando de comprender por nosotros mismos la materia y las energías que nos rodean.

De la misma manera que inicialmente se me aparecieron con luces intermitentes y un traje espacial, a fin de no desorientarme demasiado, siendo sin embargo capaces, como lo hicieron en el encuentro de Roc Plat, de aparecerse instantáneamente a ras del suelo, ellos podrían mostrar a los hombres proezas técnicas que ni siquiera los científicos más imaginativos que tenemos podrían comprender.

Por ejemplo, son capaces de hacer lo que nosotros todavía hacemos con mucha dificultad con las partículas de lo infinitamente pequeño, como los electrones y los neutrones, con las partículas infinitamente grandes, como son los planetas, e incluso con los sistemas solares completos. Quiero decir que son capaces de modificar la trayectoria de los planetas de ciertos sistemas solares e incluso de desplazar sistemas solares completos, utilizando ondas que nosotros aún no conocemos.

Volviendo a lo que está descrito en los dos primeros Mensajes, hay que reconocer, sin embargo, que entre el nivel de nuestra ciencia terrestre actual y el dominio de la recreación científica que permitirá la vida eterna, por ejemplo, hay un paso que nuestros científicos tardarán bastante tiempo en dar, aunque esto no sea totalmente inconcebible para los de mente más abierta.

Ni Dios, ni Alma, Sino Elohim y Código Genético

Pregunta:

En los Mensajes está escrito que Dios no existe: que el Universo al ser infinito, no puede tener centro; y que no existe el alma, en parte por las mismas razones. Pero ¿no podría considerarse que los Elohim reemplazan a Dios en la mente de muchos Raelianos y que la posibilidad de ser recreados en el Planeta de los Eternos reemplaza la noción del alma al permitir precisamente tener acceso al paraíso?

Respuesta:

Efectivamente, al ser el Universo infinito, no existe un "Dios", ya que por definición, el infinito no puede tener un centro porque ciertamente es infinito. Sin embargo es conveniente diferenciar a aquellos para los cuales "Dios" es un concepto que significa el infinito, que es algo eterno, omnipresente e impalpable, pero que no tiene ningún poder sobre los individuos que somos; de aquellos para quienes Dios es un ser de barba blanca, sentado sobre una nube, que creó a los hombres a su imagen.

En realidad, desde el principio ha habido una confusión entre dos conceptos, entre dos cosas totalmente diferentes que hemos englobado en un mismo contexto. Los Elohim explicaron a los primeros hombres que por una parte, existe el infinito, presente en todo, eterno, del que nosotros somos una parte y el cual es una parte de nosotros; y por otro lado existen ellos, los Elohim, que nos crearon a su imagen.

Poco a poco, hemos atribuido a los Elohim las propiedades del infinito, lo que es en parte cierto, ya que ellos son eternos; y al infinito, el poder de manifestarse a través de sus Mensajeros celestes, nuestros creadores, lo que también es en parte cierto, ya que los Elohim son de algún modo, el instrumento del infinito en su creación de seres inteligentes a su semejanza.

Pero el infinito no nos observa directamente de modo permanente y no tiene en sí mismo ninguna conciencia de nuestros actos individuales. El hecho de que la Humanidad alcance la Edad de Oro o se autodestruya, no tiene ninguna importancia para el infinito, no más que la que tiene para nosotros la molécula de nuestro dedo que dejamos en una tela cuando la acariciamos. Con relación al infinito, es natural que haya una selección a todos los niveles, tanto para el hombre o el perro, así como para la Tierra, la cual no es más que un átomo de un cráneo o de una uña; o como para el sol que la alumbra; o para los miles de millones de planetas habitados que hay en la uña de nuestro pulgar.

Aquellos que piensan, tal como enseñan la mayor parte de las religiones orientales, que Dios es el infinito, tienen razón en la medida en que se trate claramente de un concepto sin identidad y que no tenga ninguna conciencia de nuestra propia existencia, ni de cualquier otra cosa en otros sitios.

Aquellos para los que "Dios" son nuestros creadores, los Elohim, no se equivocan tampoco en la medida en que no se les considere seres a quienes hay que venerar de rodillas o tumbados boca abajo; sino como a nuestros hermanos mayores del infinito, a los que hay que amar como nosotros desearíamos ser amados por aquellos que crearemos algún día.

En cuanto al "alma", es un concepto del cual es necesario recuperar su raíz etimológica para comprenderlo bien. La palabra *alma* viene del Latín *anima* que significa: soplo de vida o lo que anima. Podríamos analizar la composición exacta del cuerpo humano y después mezclar todo el conjunto de compuestos químicos, pero con ello no obtendríamos un ser vivo. Faltaría algo que fuera capaz de hacer que esa materia se uniera, se articulara y se organizara según un plano bien definido. Si tomáramos todos los elementos para construir la casa que nos gustaría tener: diez toneladas de piedra, una tonelada de cemento, cien kilos de pintura, dos lavabos, una bañera, etc., e hiciéramos un montón con todos ellos, no obtendríamos una casa. Faltaría lo más importante: el plano. Sucede exactamente lo mismo con el hombre: es necesario un plano. Y ese plano es el código genético que hace que ensamblando una ínfima cantidad de materia de manera que se forme una primera célula que contenga un plano celular, podamos considerar que el hombre está prácticamente terminado. Esa primera célula se servirá de la materia que le hemos dado de alimento para dividirse en dos, después en cuatro, después en ocho células y así sucesivamente, siguiendo un plano preciso, hasta que toda la información contenida en el pliego de condiciones genéticas, haya sido ejecutada.

Ese código genético, lo posee cada ser vivo y difiere según las especies y, más aún, según los individuos en el seno de una misma especie, en algunos detalles como el color de los ojos, del cabello, el carácter, etc. Incluso *La Biblia* dice muy claramente que cada ser vivo posee un "alma" y no solamente los hombres:

> Pero no comeréis carne con su vida, es decir, su sangre. Porque ciertamente por vuestra propia sangre pediré cuentas. Pediré cuentas a todo animal y al hombre. Yo pediré cuentas a cada uno por la vida del hombre[13]. *Génesis 9: 4 y 5*

> Porque la vida del cuerpo, está en la sangre. *Levítico 17: 11*

Así pues, no existe un alma etérea que salga volando graciosamente desde el cuerpo después de la muerte, sino el código genético, que es la personalidad de cada uno. Y es gracias a ese código genético que los Elohim recrean a aquellos que lo merecen por los actos que realizaron durante su existencia en la Tierra, a fin de darles la vida eterna en su planeta. No existe Dios, sino que existen nuestros creadores los Elohim, a los que queremos recibir como se merecen y en quienes tenemos fe, es decir, confianza, y no hay un alma autónoma que se eche a volar del cuerpo después de la muerte, sino un código genético que permite tener acceso a la vida eterna.

La Religión del Infinito

PREGUNTA:

El Movimiento Raeliano es una religión atea que tiene por objetivo difundir en la Tierra, los Mensajes de demistificación dados por los Elohim y construir una Embajada, donde ellos hagan contacto oficial con los gobiernos terrestres. Imaginemos que los hombres dan prueba de su sabiduría y logran evitar la autodestrucción; que los Mensajes se han difundido en todas las lenguas; que la Embajada ha sido edificada; y que los Elohim vienen a ella. ¿Para qué servirá entonces la Religión Raeliana y cuál sería su meta?

Respuesta:

Si todo eso se produce y estoy convencido de que así sucederá, aunque sólo haya 1% de posibilidades de que los hombres escojan el camino de la sabiduría, la religión de los hombres se convertirá en la misma que la de los Elohim: El infinito. Y la razón de vivir de los guías Raelianos se convertirá en la enseñanza de las técnicas que permiten vivir en armonía con el infinito, lo que está descrito brevemente en el capítulo de *Las Llaves* del segundo Mensaje y en el libro de *La Meditación Sensual*: en otras palabras, todo lo que permita a los hombres elevar su nivel de conciencia y afinar la percepción de los intercambios y reacciones electroquímicas que se producen en su cerebro.

La religión del infinito es la religión de lo absoluto y es necesariamente eterna. El hecho de que seres que tienen veinticinco mil años de adelanto sobre nosotros sean fieles a esta religión, es la prueba de que es la religión absoluta y eterna de toda especie viva que adquiere un nivel de conciencia universal, es decir, infinita.

Los cursos del despertar que organizamos regularmente, constituyen un acercamiento a esta Religión del Infinito a través de la meditación sensual.

El Futuro de las Religiones Tradicionales.

PREGUNTA:

Si los Elohim llegan a la Embajada con Moisés, Jesús, Buda, Mahoma y todos los grandes Profetas que viven en el Planeta de los Eternos. ¿Qué sucederá entonces con las religiones actuales?

RESPUESTA:

La mayoría se incorporarán al Movimiento Raeliano, o al menos en lo que concierne a los practicantes fieles a las escrituras de esas religiones, y que sean suficientemente inteligentes y abiertos para comprender. Desgraciadamente, una parte importante de los fanáticos de corto entendimiento, guiados por los hombres pertenecientes al clero de esas religiones y que estarán temerosos de perder su fuente de ingresos, se opondrán a esa unión general. Ellos argumentarán que los Elohim son usurpadores o son enviados por el Diablo y otra vez crucificarán alegremente a su propio Cristo, del mismo modo que las personas de la Inquisición hubiesen quemado por brujo a Jesús en su propio nombre, si él hubiese tenido la desgracia de caer en sus manos en aquella época.

Recientemente tuve la ocasión de desayunar con uno de los responsables de la comunidad judía de Montreal. Durante la comida, le pregunté qué haría si Moisés en persona le ordenara hoy actuar de manera distinta a como está escrito en *El Antiguo Testamento*. El me respondió: Yo continuaría aplicando lo que está escrito en la *Biblia*.

Mucha gente es así y este es uno de los problemas a los que se enfrentarán los Elohim para ser reconocidos por los hombres. Ellos tendrán que ser más fuertes que las creencias que han engendrado.

Si mañana los Elohim aterrizaran en alguna parte del mundo, y explicaran a los gobernantes y a los medios de comunicación que fueran a recibirlos, que no existe ni Dios ni alma, y presentaran a Jesús en carne y hueso, ¿Creen ustedes que el Vaticano pondría fácilmente su fortuna a su disposición? Por supuesto que no, porque el sistema ha podido más que los objetivos fundamentales de la Iglesia Católica.

Todas las religiosas son las esposas de Jesús, pero ¿Se pondrían a su disposición si él regresara? Ser las esposas de un ser que no existe materialmente y creer que está vivo en alguna parte, pero preocuparse mucho si él regresara realmente; éste es el problema de las religiosas.

Como dijo un gran pensador, no es necesario hacer cambiar de opinión a las personas de hoy, simplemente van muriendo y son reemplazadas por otras más evolucionadas y que tienen una opinión diferente. El tiempo corre a nuestro favor.

Sin duda alguna, siempre quedará un pequeño núcleo de fanáticos de corto entender, pero ellos se extinguirán por sí solos, como se extinguieron los fanáticos de las religiones precristianas que martirizaron a los primeros cristianos, desapareciendo también con ellos las creencias que portaban.

El problema se plantearía únicamente, si los Elohim llegaran a la Tierra antes de que las creencias primitivas actuales también hubieran desaparecido por completo.

Raelismo y Geniocracia

PREGUNTA:

Usted publicó un libro titulado *Geniocracia* a partir del cual se ha estructurado un movimiento político, el Movimiento por la Geniocracia Mundial. ¿No está usted tratando de utilizar un movimiento religioso para imponer una doctrina política?

RESPUESTA:

Numerosos Raelianos habían estado particularmente interesados en el capítulo del Primer Mensaje que explica como es la organización política del Planeta de los Elohim, y me habían pedido que desarrollara esta idea en un manifiesto que sirviera para crear un movimiento político que predicara esta ideología; ya que los Elohim desean que nosotros favorezcamos la instauración de la Geniocracia en la Tierra, pero a la vez dejando a los hombres la libertad de buscar algo mejor, si lo encuentran. Yo acepté escribir este manifiesto. Después, algunos Raelianos, particularmente los más interesados en la Geniocracia, crearon el partido en cuestión e incluso presentaron un candidato a las elecciones sólo algunos meses después de su aparición.

Personalmente, mi posición es muy clara en todos los países donde la Geniocracia está avanzando. Antes que nada, yo estoy en la Tierra para cumplir mi misión, que consiste en difundir los Mensajes de nuestros creadores y construir la Embajada que ellos piden. Las personas que se ocupan de la Geniocracia saben que yo consagro todo mi tiempo a esta misión y que aunque deseo que obtengan buenos resultados, no me siento involucrado en su problema. Yo mismo pedí a todos los guías que habían iniciado esos movimientos políticos que encontraran, lo más pronto posible, a personas que fueran capaces de reemplazarlos y que no fueran Raelianos, a fin de que dichos guías pudieran consagrarse a eso, que a mis ojos, es lo más importante: su trabajo como guías.

Esto no impide que si en las elecciones hay candidatos geniócratas, siempre aconseje a los Raelianos votar por ellos. Es evidente que uno puede ser Raeliano y geniócrata, del mismo modo que uno puede ser demócrata y cristiano. Uno puede tener una religión y una opinión política determinadas, pero uno no está obligado a militar en el partido geniócrata cuando se es Raeliano: al contrario, como estoy convencido de que uno sólo puede hacer bien una cosa a la vez, yo recomiendo constantemente a los Raelianos que no se ocupen de manera activa en la Geniocracia y dejen eso a los no-Raelianos. Cuando uno trabaja ocho horas al día y consagra todo su tiempo libre a la difusión, cada minuto de difusión es precioso. Y ni hablar de sacrificar un solo minuto del tiempo que consagramos a difundir la palabra de nuestros creadores por ayudar a un movimiento político. Hay que elegir, y un partido político no tiene más peso que los Mensajes de los Elohim.

Yo puse en camino un tren, el de la Geniocracia, y ahora cuento con los no Raelianos para conducirlo. Quizá se convierta en algo enorme y contribuya a salvar a la Humanidad, o quizá los hombres se salven sin la Geniocracia, aunque la apliquen más tarde: lo más importante es que la Embajada sea construida pronto, ese es mi único deseo y mi única preocupación, y esa debe ser la única preocupación y el único deseo de los verdaderos Raelianos. Edificar la Embajada de nuestros creadores y recibirlos en compañía de los antiguos Mensajeros: Moisés, Jesús, Mahoma, Buda, etc. Esta es la prioridad de prioridades y mi razón de estar en la Tierra. Y esa debe de ser también la razón de vivir de aquellos que quieren ayudarme.

¿Quién Creó al Creador de los Creadores?

PREGUNTA:

Los Elohim nos han creado y otros extraterrestres los crearon a ellos; pero, ¿quién creó a los creadores de los Elohim?

RESPUESTA:

Para el hombre es más fácil concebir el infinito en el espacio, que el infinito en el tiempo.

Cuando uno alcanza una apertura mental suficiente, puede comprender que en el espacio, la Tierra es una partícula del átomo de un átomo de la mano de un ser gigantesco, el cual contempla un cielo donde brillan estrellas que componen la mano, el vientre o el pie de un ser todavía más gigantesco que se encuentra bajo un cielo, etc. y así hasta el infinito. Lo mismo sucede para lo infinitamente pequeño: en los átomos de los átomos de nuestra mano, hay seres inteligentes para quienes esas partículas son planetas y estrellas; y esos seres están compuestos de átomos donde las partículas son estrellas y planetas en los cuales hay seres vivos inteligentes, etc. y así también hasta el infinito.

Para el ser humano, es más difícil de concebir el infinito en el tiempo, porque el hombre nace un día, vive un cierto número de años y muere; y a él le gustaría mucho que todo en el Universo fuera igual que él, limitado en el tiempo. Para una persona que no ha despertado, la idea de que algo en el Universo pudiese ser eterno le resulta insoportable, aunque se trate del Universo mismo. Los científicos actuales no escapan a esta regla y dicen que el Universo mide tantos kilómetros y que tiene una antigüedad de tantos millones de años. Lo que se puede medir, es lo que percibimos del Universo, ya sea en el espacio o en el tiempo.

Todo es eterno ya sea bajo la forma de materia o de energía y nosotros mismos estamos compuestos de materia eterna.

Los Elohim fueron creados por seres de otro planeta, los cuales habían sido creados por otros seres venidos de otro planeta, y así sucesivamente hasta el infinito.

Buscar el principio del Universo en el tiempo es tan estúpido, como buscarlo en el espacio.

Retomemos el ejemplo de los seres que viven en una de las partículas de un átomo de nuestra mano y para quienes esa partícula es un planeta. En lo que concierne al espacio, los científicos de este planeta microscópico, situado por ejemplo, en el centro de la médula del hueso de la primera falange de nuestro dedo índice, primero dirán que las partículas que ellos pueden observar a simple vista, giran alrededor del centro del mundo, es decir, su planeta, la partícula en la que ellos se encuentran. Porque para ellos, primero será evidente que su planeta es el centro del Universo; después progresarán lo suficiente como para que un día un genio pueda afirmar que su sol no se desplaza alrededor de su planeta y que las estrellas no giran alrededor de su pequeño mundo, que en realidad es su planeta el que gira sobre sí mismo en un cielo inmóvil, dando vueltas al mismo tiempo, alrededor de su sol. Este científico, sin duda alguna, será quemado en la hoguera por los brujos inquisidores del planeta, por hereje, pero llegaría un día en que gracias a los instrumentos de observación cada vez más perfeccionados, se darían cuenta de que tenía razón.

Entonces los doctos sabios de esa época medirán el Universo con toda modestia, diciendo que se extiende desde la estrella-partícula más lejana, situada en un extremo del cielo, a la estrella-partícula más lejana situada al otro extremo. Pero en realidad, eso no representaría más que una mil millonésima de mil millonésima parte de la región de nuestro dedo, donde ellos se encuentran. Pero como ellos no podrían ver más allá, deducirían que el Universo se termina allí, donde ellos no ven nada más.

Después, las técnicas de observación progresarían aún más y comenzarían a darse cuenta de que hay otras galaxias, de que hay montones de galaxias. No importa, eso demostraría simplemente que el Universo era mayor de lo que habían podido imaginarse, pero seguirían midiendo sobre tantos miles de millones de kilómetros o de años luz, un poco más que antaño, posiblemente diez o cien veces más, pero algo mediría. Así es como se encuentra el avance en nuestro planeta Tierra. Pero volvamos al pequeño planeta situado en nuestro dedo.

La ciencia continuaría progresando cada vez más y los habitantes de nuestra falange se lanzarían a exploraciones espaciales cada vez más audaces. Y llegarían así hasta el límite del hueso, del cual su planeta es un átomo de un átomo, pudiendo asegurar así, que el Universo mide tanto sobre tanto. La prueba: más allá no existe nada más que sea observable.

Pero, poco más tarde, conseguirían atravesar la inmensidad que separa el hueso de nuestra falange, del músculo, y su Universo aumentaría aún más en dimensión.

Después, mejorarían aún más sus naves espaciales, y llegarían a la capa de piel que recubre nuestro dedo. Allí se terminó. Su Universo mide a nuestra escala, un centímetro y medio: a su escala, tantos años luz.

Les faltaría profundizar sus exploraciones espaciales en el resto de nuestro cuerpo, siguiendo ciertas corrientes donde las estrellas se desplazan misteriosamente a velocidades inimaginables, gigantescos corredores de los que trazarían sus mapas que les permitiría partir y regresar a su planeta y no sabrían que son nuestros vasos sanguíneos. Su Universo sería calculado, delimitado, en lo alto, en lo largo y en lo profundo; y resultarían cantidades astronómicas de años luz a su escala, un metro setenta y cinco centímetros para nosotros. No tendrían conciencia de que nuestros pies reposan sobre el suelo de un planeta, que para ellos estaría formado por un número inimaginable de galaxias, pero que ninguno de sus cerebros limitados, que quieren poner límites a todo, habría podido comprender ni imaginar. Porque la cantidad de átomos que contiene la Tierra es inconmensurable en comparación con los que contiene nuestro cuerpo.

Después, necesitarían tomar conciencia de que hay otros "hombres-universo" como nosotros, que caminan sobre este planeta, y de que existen otras galaxias, otras estrellas en el cielo, y así sucesivamente hasta el infinito.

Pero sólo algunos de sus sabios quienes hubiesen alcanzado un nivel de conciencia superior, que los pusiera en armonía con el infinito, podrían enseñarlo a sus discípulos en una época en la que para los científicos oficiales, su Universo no mediría más que algunas mil millonésimas de mil millonésimas de un milímetro del hueso de nuestro dedo que podían observar desde el interior.

Con la concepción del infinito en el tiempo, sucede exactamente igual. Los científicos de ese minúsculo mundo podrían calcular la edad de su Universo midiendo la edad de la molécula, en la cual su planeta sería solo un átomo de un átomo y el Universo tendría esa edad; después ellos se darían cuenta de que es más importante la edad de la célula en la que estaba la molécula que ellos tomaban como la totalidad de su Universo, después descubrirían que es mucho más importante aún, la edad del miembro en la que la célula no es más que una parte, y que mucho más importante es la edad del ser del cual ese miembro no es más que una parte, y así sucesivamente hasta el infinito.

¿Cuál es el Propósito de la Vida?

Pregunta:

¿Cuál es el propósito de la vida?

Respuesta:

Como dicen los Mensajes, siempre hay que juzgar con relación a cuatro niveles. Con relación al infinito, nuestra vida, la de toda la humanidad entera, no significa nada. Si nosotros muriésemos o si toda la Humanidad entera desapareciera, eso no cambiaría nada en el infinito del espacio y del tiempo. El gran ser del cual somos los parásitos de una partícula de un átomo, continuaría existiendo sin darse cuenta de nada y además para él, la historia entera de la Humanidad, desde su creación, no ha durado más que una mil millonésima de segundo.

Los seres que viven en los átomos de los átomos de nuestra mano continuarían existiendo como si nada, aún si el átomo donde se ubica su Universo se deshiciera en la tierra o fluyera en un chorro de sangre de nuestra mano, si por ejemplo, nuestro dedo fuera arrancado por una explosión. Y aunque esa sangre fuera tragada por un gusano y en ésta estuviera el átomo donde se encuentra su Universo, eso no afectaría en nada a los seres que viven en ese pequeño mundo, ni tampoco a los seres que viven en los átomos que constituyen las células de los dedos de estos seres.

Con relación a los Elohim nuestra vida es, por el contrario, muy importante; porque nosotros somos sus hijos y debemos demostrarles que estamos orgullosos de tener el enorme privilegio de haber sido creados a su imagen, es decir, capaces de tomar conciencia del infinito y de llegar igualmente algún día, a crear seres hechos a nuestra imagen.

Con relación a la sociedad humana, nuestra vida también es muy importante, dado que somos el resultado de una larga línea de supervivientes que han escapado a las epidemias y las guerras, y que han hecho de nosotros el fruto de una larga selección natural. Por lo tanto, debemos contribuir a que la humanidad alcance la Edad de Oro que tanto merece y en la cual está a punto de entrar. Nosotros somos las células de ese gran cuerpo que es la humanidad, y desde el mismo momento del nacimiento de esta humanidad, cada célula, es decir, cada uno de nosotros, es muy importante y tiene un papel que desempeñar.

Por último, con relación a nosotros mismos, nuestra vida tiene la importancia que nosotros le asignemos. Si reconocemos a los Elohim como nuestros creadores y queremos contribuir a que toda la Humanidad conozca sus Mensajes para hacer posible que los hombres alcancen la Edad de Oro, esto nos dará el placer de contribuir a esta obra inmensa y será un placer vivir para ello.

Retomando la pregunta planteada, vivir sirve para tener el placer de vivir, ya sea para el placer de difundir los Mensajes de nuestros creadores, de contribuir a la entrada en la Edad de Oro o para darse placer uno mismo, poniéndose en armonía con el infinito o mediante cualquier otro medio.

¿Qué es el Placer?

PREGUNTA:

¿Qué es el placer?

RESPUESTA:

El placer es la respuesta de un organismo ante un acto que produce en él reacciones químicas agradables.

Un bebé que mama del seno de su madre, experimenta placer porque calma su hambre y además la reacción química que produce la leche en las papilas de su lengua le procura una sensación agradable. Todos nuestros sentidos están hechos para proporcionarnos placer; y *la Meditación Sensual* se basa en el perfeccionamiento de la percepción del placer provocado por las reacciones químicas transmitidas por nuestros sentidos.

Todo lo que hacemos durante nuestra vida, lo hacemos porque nos produce placer. No existe un solo acto en toda nuestra existencia que no hagamos por placer. La persona que paga sus impuestos, los paga porque le produce placer no ir a prisión si se negara a pagarlos. La mujer que se tira bajo las ruedas de un automóvil para salvar a su hijo, lo hace por el placer de ver a su hijo sobrevivir, aunque ella resulte herida en el acto, y el militar que se arroja bajo las balas del enemigo para salvar a su batallón, lo hace porque le produce placer morir por sus camaradas. Esto alcanza su máxima expresión en los pilotos suicidas o camicaces japoneses.

Evidentemente, hay que diferenciar los placeres directos, como la satisfacción inmediata de la sensualidad; de los placeres indirectos, como el comportamiento de los ejemplos que acabamos de mencionar, que se producen como reacción a intervenciones exteriores, pero que no conducen a un desarrollo consciente de nuestros sentidos para la percepción del entorno.

Sólo el placer consciente y obtenido con el deseo de mejorar la calidad de percepción, favorece la apertura. Nosotros estamos unidos al infinito a través de nuestros sentidos. Un ser que no pudiese ver, ni oír, ni sentir, ni tocar ni saborear, sería un ser totalmente muerto, aunque su corazón latiera. Por otra parte, no tendría conciencia de sí mismo ni de su entorno y no tendría por tanto, inteligencia alguna.

Por otra parte, es importante hacer notar que aquellos que se ven privados de alguno de sus sentidos, desarrollan los otros mejor que las demás personas. Los ciegos, por ejemplo, pueden escuchar sonidos que se nos escapan a los demás o leer con la punta de los dedos.

Se ha demostrado científicamente que el centro del placer se encuentra en el cerebro, e incluso se ha realizado el experimento de conectar esta parte del cerebro a electrodos, con la finalidad de enviarle pequeñas descargas eléctricas. Los sujetos sometidos a este experimento dijeron que lo que sentían se aproximaba al orgasmo, a la satisfacción de haber descubierto algo o a una cita honorífica en una asamblea, todo al mismo tiempo. En estudios complementarios se ha comprobado asimismo, que ese centro del placer es estimulado cuando el orgasmo sexual, o cuando un investigador hace un descubrimiento, cuando un artista realiza una obra maestra o un militar recibe una condecoración.

En otro experimento se demostró, además, que los artistas aumentaban su creatividad cuando eran excitados sexualmente mientras creaban.

Esto no puede ser más lógico. El placer aumenta la creatividad porque estimula todos nuestros sentidos, y un creador debe estar unido al infinito para traer al mundo una obra maestra armoniosa.

Así pues, debemos orientarnos hacia mejorar la calidad de la percepción del placer, aumentando la sensibilidad de nuestros sentidos.

Esto tendrá por efecto, además del hecho de incrementar el placer, disfrutar más el desarrollo de nuestra capacidad de explotar la totalidad de nuestro potencial de creatividad y así beneficiar a toda la humanidad con nuestras creaciones, mejorando así el nivel de conciencia general.

Esto es lo que se enseña en los cursos del despertar que organizamos para los Raelianos.

Mejorando el nivel de conciencia de los individuos, mejoramos también el nivel de conciencia de la humanidad y aumentamos las posibilidades de alcanzar la Edad de Oro.

Para cambiar la sociedad, primero es necesario cambiar a los individuos que la componen. Mejorando la felicidad de los individuos, contribuimos a reducir el potencial de agresividad humana, ya que la violencia es normalmente engendrada por individuos que se creen desgraciados e infelices. Todo el arte de los políticos se basa en reforzar ese sentimiento a fin de derrocar a los hombres que están en el poder, para luego ocupar su puesto. Y después estos últimos harán lo mismo con los mismos fines, manteniendo así un sentimiento de insatisfacción, que como resultado de derrocamientos sucesivos, algún día puede desembocar en un sentimiento general de que la causa de la insatisfacción se encuentra en otro país. Es así como se desencadenan las guerras.

Si cada individuo toma conciencia del infinito desarrollando su propia sensualidad, la sociedad entera se transformaría. Esto debe comenzar por la toma de conciencia de los seres más despiertos que el promedio, los cuales, cuando hayan alcanzado un cierto nivel, se convertirán en guías y ayudarán a los demás a desarrollarse plenamente, los cuales a su vez, despertarán a otros, y así sucesivamente. De esta forma, de manera imperceptible, el nivel de conciencia de la Humanidad se elevará en su conjunto hasta llegar a un punto en que sea imposible el estallido de un conflicto mundial, lo que sería fatal.

Este proceso ya se ha iniciado gracias a las miles de pequeñas manifestaciones no violentas, realizadas en todo el mundo por estudiantes e intelectuales a favor de la paz o del desarme unilateral de tal o cual país, y amplificadas por ese sistema nervioso central de la humanidad que es la televisión.

Cada individuo en todo momento, contribuye a despertar o a reprimir la conciencia planetaria. No debemos temer el hecho de influir a los demás, pues estamos aquí para eso. A cada instante, debemos orientar todos nuestros esfuerzos para que cada frase pronunciada, cada comportamiento, todo lo que hagamos tenga una influencia positiva en el curso de la historia de la humanidad.

Jamás debemos tratar de convencer a los demás, porque un individuo que se da cuenta de que tratamos de convencerlo, tiende a reforzar su posición. Pero si descubrimos lo que une la filosofía de los demás a la nuestra, podemos hacer hincapié en ese punto en común, y a partir de ahí, hacerle descubrir a nuestro interlocutor una nueva vía que él tendrá la impresión de haber encontrado completamente por sí mismo.

Es estúpido decir que no queremos influir a nadie, limitándonos a seguir nuestro camino y dejando a los demás que sigan el suyo. El mismo hecho de no tratar de influir en los demás influye mucho más que el hecho de tomar partido por algo fanáticamente. La gente desconfía cada vez más del fanatismo, sea del tipo que sea y tienen razón. Es un principio de sabiduría.

Hay en la Tierra personas que buscan la verdad, la encuentran y la muestran; y otras que buscan la verdad y que al encontrarla la ocultan, pero no hay ninguna persona que no la busque. Y luego, hay personas quienes pretenden haber encontrado la verdad, y la muestran demasiado preocupados por mantener las tradiciones; y por último, personas que verdaderamente la han encontrado y la muestran: los Raelianos.

Los que buscan la verdad y la muestran, son aquellos que nos interesan en primer lugar, porque son sinceros y de mente abierta, generalmente muy inteligentes y relativamente armoniosos; en todo caso, lo suficiente como para estar preparados a aceptar una nueva visión del mundo sin temor a que ese cambio los traumatice hasta el punto de desequilibrarlos. Estas personas representan a la gran mayoría de los Raelianos actuales: los pioneros.

Los que buscan la verdad y la encuentran, pero la ocultan, son también muy importantes para nosotros. Sin embargo ellos no se unirán a nosotros hasta que hayan vencido su temor a la opinión de los demás.

Aquellos que pretenden haber encontrado la verdad, y la muestran, vendrán a nosotros cuando comprendan que nada es constante en el Universo y que por tanto, es estúpido querer preservar las tradiciones que ahora ya no corresponden con nada. Adoran las costumbres y se burlan completamente de lo que realmente podría ser su 'Dios'.

Todas estas personas hacen todo esto por placer. Estos últimos, experimentan placer al pensar que sus hijos harán sus oraciones exactamente igual que ellos, y éstos a su vez enseñarán a sus propios hijos a hacerlas de la misma manera. Aunque en la escuela les enseñen que el hombre desciende del mono, no importa, hay que respetar las enseñanzas de la escuela, porque es una tradición, y también lo que dice el cura, porque es otra tradición. No tenemos que plantearnos la razón del por qué las dos enseñanzas son contradictorias. Esta es la posición de los adoradores de la tradición.

Aquellos que son cristianos volverían a crucificar a Jesús si él les pidiera que dejaran de ir a misa los domingos o que no bautizaran a sus hijos antes de que fueran adultos.

Aquellos que buscan la verdad y la encuentran, pero la ocultan, obtienen placer al pensar que lo que piensan que ellos son, es más importante que lo que verdaderamente son. Estos no crucificarían a Jesús, incluso estarían en contra de eso en el fondo de sí mismos, pero no dirían nada y no intervendrían. No quieren verse implicados en nada, aunque fuera por defender lo que para ellos es la verdad.

Cuando todos los hombres disfruten su sensualidad completamente, ya no habrá ningún riesgo de que ocurra una guerra mundial. En la raíz de la violencia, siempre hay seres sensualmente insatisfechos. Por eso, debemos aprender a disfrutar con todos nuestros sentidos y contribuir a que todos aquellos que nos rodean descubran su sensualidad. Esto empieza con nuestros hijos. No es suficiente enseñarles "cómo funciona", que es lo que hace la educación sexual, sino que es necesario enseñarles "cómo servirse de ello para obtener y dar placer".

Es necesario reemplazar la educación sexual por una educación sensual.

El placer directo siempre contribuye al pleno desarrollo personal; no el placer del soldado que se sacrifica por sus camaradas. El placer directo es aquel que desarrolla en nosotros los medios para armonizarnos con el infinito, para sentirnos parte de él.

Nuestro ser no es nada más que una acumulación de átomos organizados según un plano determinado, el código genético, y que se comunica sin cesar con su entorno mediante una infinidad de reacciones químicas, de las cuales no siempre tenemos conciencia. Elevar el nivel de conciencia consiste en sentir en uno mismo el mayor número posible de esas reacciones químicas, a fin de situarse mejor en el infinito y ser más armonioso. Cuando nos sentimos unidos al Universo Infinito, eterno, ya no podemos ser desgraciados. Descubrimos el placer de ser.

¿Qué es la Muerte?

PREGUNTA:

¿Qué es la muerte?

Respuesta:

La muerte con relación al infinito, no es nada. La materia de la cual estamos hechos es eterna. Estamos hechos de eternidad. Antes de estar en nosotros, las partículas infinitamente pequeñas que componen nuestra nariz ya existían, algunas estaban en el bistec que comió nuestra madre mientras finalizábamos nuestro crecimiento en su vientre, y vinieron a través de su cuerpo a formar parte de nuestra cara: otras estaban en la fruta que comimos ayer y llegaron a nuestro vientre, después a nuestra sangre que las llevó también a nuestra nariz. Y lo mismo sucede con todas las partes de nuestro cuerpo. Después de nuestra muerte sucederá exactamente igual. Esas partículas volverán a la tierra para volver a fijarse algunas en los animales, otras en los vegetales, y otras las más numerosas, se quedarán en la tierra: "Polvo eres y en polvo te convertirás".

En lo que se refiere al conjunto formado por la acumulación de materia organizada que somos, la muerte es, por el contrario, un cataclismo final. La muerte es el principio del proceso de dispersión de la materia que nos compone.

Pero, para comprender mejor lo que es la muerte, es necesario antes que nada, comprender bien lo que es la vida.

La vida no es más que la organización de lo desorganizado. Cuando los Elohim llegaron a la Tierra, no había vida. No había más que materia no organizada a nuestro nivel, que nosotros llamamos biológico.

Ellos tomaron esta materia, la "amasaron", como dice La Biblia, y la "modelaron" para crear seres vivos. Se entiende que esto ocurre en el ámbito molecular y no en el de la alfarería, pues para un ser primitivo, el nivel molecular no existía. Para él, el creador tomó un poco de arcilla e hizo al hombre como si se hiciera un florero. Es cierto, él tomó unos pocos componentes químicos que encontró en la tierra y los combinó científicamente, de tal manera que lo inanimado se animó.

Todos los seres vivos que han pisado la Tierra fueron creados por los Elohim a partir de un "ladrillo" base, una estructura molecular compuesta de átomos juiciosamente ensamblados; y nuestros científicos actualmente han empezado a comprender que todos los seres vivos vegetales o animales, hombres o bestias, tienen componentes básicos similares: una especie de alfabeto en el que cada letra sería un átomo, la cual forman el código genético de cada especie viviente. Para especies diferentes, el orden de las letras de este alfabeto es diferente, pero las letras del alfabeto siempre son las mismas. Así, a partir de un ladrillo básico relativamente simple, nuestros creadores han podido fabricar una cantidad enorme de "casas", diferentes en su aspecto, pero idénticas en cuanto a sus componentes básicos. Y cuando esas especies se reproducen, no hacen más que volver a producir el código genético del primer ejemplar de su especie, que fue fabricado por los Elohim.

Por lo tanto, la vida es la organización de lo desorganizado, mientras que la muerte es la desorganización de lo organizado.

La vida es una casa que se construye completamente por sí misma a partir de un plano determinado, y que además se auto-mantiene. La muerte es el fin de ese auto-mantenimiento y el inicio de la dispersión de los materiales que componen la casa, llegando finalmente a una destrucción del plano que llevaba en su interior.

Aquellos que hicieron los planos de esas "casas", los Grandes Arquitectos de nuestro Universo, han concebido un modelo capaz de convertirse algún día él mismo, en arquitecto, y de igualarse a su creador creando otros planos capaces de convertirse por sí mismos en "casas". Este tipo de "casa superior" es el hombre, que pronto será capaz de crear sintéticamente nuevos códigos genéticos, es decir, nuevos planos a partir de materia inanimada.

Porque el ser vivo fue creado con la capacidad de situarse en su medio ambiente y percibirlo a través de sus antenas receptoras, sus sentidos. El hombre no es más que una computadora biológica auto-programable y auto-reproducible.

Nada diferencia al hombre de las computadoras tan sofisticadas que ahora somos capaces de fabricar, sólo que nuestras computadoras están mucho más perfeccionadas y pueden realizar trabajos mucho más precisos que un ser humano.

Las computadoras también pueden tener la capacidad de situarse con relación a su entorno. Recientemente se ha fabricado una computadora equipada con ruedas y capaz de moverse ella sola entre obstáculos gracias a cámaras de televisión conectadas a su cerebro. Ella ve exactamente igual que nosotros vemos gracias a nuestros ojos, y puede desplazarse en su entorno. Una computadora no hace más que aquello para lo que fue programada. El hombre también, pero continuemos nuestra comparación entre el hombre y la computadora.

En lo que se refiere al oído, es muy fácil dotar a la computadora de unos audífonos mediante los cuales escuchará los sonidos emitidos a su alrededor, como nosotros lo hacemos con nuestros oídos.

Igualmente, es posible equiparla de un analizador de olores, que la informará sobre los perfumes que la rodean, exactamente como lo hace nuestra nariz.

También es fácil agregarle un analizador de sabores que le indicará cuál es el sabor de algunas substancias, del mismo modo que nosotros lo hacemos con la boca.

Y por último, es posible equiparla con detectores capaces de informarle de la temperatura, la dureza o el peso de lo que le rodea, como lo hacemos con nuestras manos.

Más aún, podemos equipar esa computadora con órganos infinitamente superiores a los nuestros. Por ejemplo, en lo que concierne a la vista, podemos dotarla de cámaras focales múltiples, dotadas de zoom y capaces de ver claramente lo que pasa a varios kilómetros de distancia, o en posición macro para ver lo que sucede en objetos microscópicos, cosas que nosotros somos incapaces de hacer sin equiparnos con prismáticos o microscopios.

Lo mismo sucede en lo que concierne al oído: nosotros sólo percibimos una pequeña franja de la escala de sonidos que existen a nuestro alrededor. Algunos animales como los perros pueden percibir una escala más ancha. Podemos dotar a esa computadora de detectores de sonidos sensibles a los ultrasonidos o a los infrasonidos, o equiparla con antenas direccionales que le permitan escuchar lo que pasa a varios kilómetros en un punto preciso.

Volviendo a lo de la vista, podemos también equiparla con cámaras sensibles a los rayos ultravioleta o infrarrojos, lo que le permitiría ver de noche, algo que nosotros no somos capaces de hacer con nuestra visión limitada.

Para el olfato, podemos dotarla de analizadores de olores, capaces de transmitir inmediatamente un análisis químico completo de los perfumes o gases del ambiente, algo que somos incapaces de hacer con nuestra nariz.

Para el gusto podemos también equiparla de analizadores de sabores capaces de efectuar un análisis químico detallado de una determinada sustancia.

Para el sentido del tacto, podemos equiparla de sensores capaces de analizar con precisión la temperatura, el peso o la dureza de los objetos o sustancias del entorno, para que diga "está caliente" o "es pesado", manipulando las cosas a temperaturas que nuestra piel no puede aguantar o que tienen un peso miles de veces superior a lo que nuestros débiles músculos pueden levantar.

Podemos ir aún más lejos, dotando a nuestra computadora de sentidos que el hombre no tiene o es incapaz de explotar. Podemos, por ejemplo, equiparlo con un radar que le permita ubicarse aún sin visibilidad de un sonar, un detector de rayos X, una brújula, un detector de gravedad, un sistema de comunicación por radio, etc., sentidos de los que nuestro cuerpo no está provisto y que únicamente podríamos dotarnos de ellos, a través de "prótesis" electrónicas que rara vez se usan al mismo tiempo y en el mismo lugar.

Veamos ahora el problema de la alimentación de energía de la computadora humana y de la máquina. Cuando el hombre necesita energía, dice: tengo hambre, busca comida y come. Los científicos acaban de inventar una computadora de baterías eléctricas que trabaja equipada de cámaras que le permiten desplazarse y ordenar pesadas cajas como un montacargas. Después, tan pronto como la carga de sus baterías es demasiado baja como para continuar siendo eficaz, un controlador del nivel de electricidad existente en la reserva de sus baterías, le avisa que debe recargarlas. Inmediatamente se desplaza hacia la toma de corriente, ella misma se conecta hasta que la cantidad de energía almacenada sea suficiente, después se desconecta y nuevamente vuelve a trabajar. No existe diferencia alguna respecto al hombre que dice: "tengo hambre" y se dirige al restaurante a la hora de la comida, antes de volver al trabajo.

¿Qué hace un hombre cuando se lesiona? Interrumpe su trabajo, se cura y vuelve al trabajo. También podemos perfectamente programar una computadora para que se de auto manutención y se alimente ella sola. Si una de sus piezas está defectuosa, ella sola la desmontará y reemplazará por otra. Así, nuestra computadora será eterna y no conocerá, como el hombre, ese desenlace fatal que es la muerte.

El hombre es capaz de reproducirse, la computadora también basta con programarla para ello. Si programamos una computadora para que construya réplicas de sí misma, que a su vez sean capaces de hacer lo mismo, obtendremos muy pronto una población enorme de computadoras. De ahí el interés en no programarlas únicamente para eso. En el hombre, lo que le estimula inconscientemente a reproducirse, se llama instinto de conservación de la especie. El hombre obtiene placer al unirse a su pareja sin darse cuenta de que al hacerlo, en realidad obedece a un instinto de conservación de la especie. Si él no tuviera placer alguno al unirse a su pareja no se reproduciría. Ha sido programado para ello, obedeciendo así a su código genético, que ha previsto el placer como medio para hacer que copule con su pareja. Y los humanos que se unen después de haber tomado la precaución de utilizar medios anticonceptivos como la píldora, el dispositivo intrauterino (DIU) o los preservativos, dejan a su código genético con "un palmo de narices" de modo fantástico. Toman el placer sin llevarlo a un acto reproductivo y siendo conscientes de ello. El placer siempre contribuye al pleno desarrollo personal, pero la sobrepoblación es problema muy serio para la humanidad. El uso de anticonceptivos es una excelente forma de demostrar que somos conscientes de nosotros mismos, y conscientes de la importancia de nuestros actos con respecto a toda la Humanidad.

Pero volvamos a la computadora: también puede ser programada para sentir placer al realizar ciertas acciones. Cualquier computadora que realice un acto para el cual fue programada, experimenta placer al hacerlo. Cuando nuestra computadora advierte que la electricidad que le queda es poca, piensa: "esto está mal" y corre a recargarse. Y cuando siente pasar la corriente por ella, se da cuenta de que "esto está bien" y experimenta placer con ello.

¿Qué es la programación de una computadora? Es poner en la memoria de la computadora, información que va a regular el comportamiento de la misma. Si la programamos para contar, contará: si la programamos para dibujar, dibujará y si la programamos para tocar música, tocará música. Pero no tocará música si la programamos para contar y viceversa a menos que la hayamos programado para hacer ambas cosas.

¿Qué es la programación de un hombre? Por una parte esta su código genético que contiene información relativa a su comportamiento; a sus sentidos, los cuales dispone para comunicarse con su entorno; a su aspecto físico, el cual necesita para desplazarse, alimentarse o reproducirse; etc. Todo eso constituye lo innato, lo que cada uno más o menos tiene al nacer en función de su herencia. Y por otra parte está su educación que le va a acondicionar, a enseñar un lenguaje para comunicarse con los demás, leyes para regular su comportamiento, valores "morales", una enseñanza, una concepción del mundo, una religión, etc., y otras tantas cosas que determinarán su comportamiento. Ese individuo tendrá la impresión de actuar por sí mismo, de evolucionar en un mundo donde los valores son aquellos que él ha elegido, cuando en realidad, son aquellos que sus educadores le han impuesto, es decir, son ideas recibidas de quienes le han educado, o sea, programado. Eso es lo que llamamos experiencia.

El hombre ordinario o inconsciente, es incapaz de hacer algo distinto de aquello para lo que ha sido programado genéticamente, o por su experiencia, su herencia o sus educadores. El "hombre completo", es decir, el hombre que eleva suficientemente su nivel de conciencia para situarse en el infinito del espacio y del tiempo, se convierte en una computadora auto-programable. El puede cuestionar el programa que le ha sido impuesto por su educación sin haberle pedido su opinión, sin saberlo, inconscientemente; y reemplazarlo total o parcialmente por valores nuevos que le parezcan mejores respecto a criterios más elevados que los que le impusieron su medio ambiente o su familia, éstos criterios generalmente destinados a condicionarle a fin de conservar las tradiciones unidas al pasado, o sea, a tiempos donde el nivel de conciencia general era completamente primitivo respecto a la concepción del Universo y del lugar que el hombre ocupa en el mismo.

El hombre ordinario que quiere convertirse en un ser completo, es decir, en un hombre que disfruta de un nivel de conciencia superior que le permita explotar un poco más del 10 por ciento del potencial de su cerebro -porcentaje que utiliza el promedio de hombres ordinarios u hombres parciales-, debe hacerse un profundo lavado de cerebro. Esta operación le va a permitir desempacar todo lo que tiene en la cabeza, analizarlo, volver a colocar en ella lo que le parece bien; y deshacerse de todo aquello que le parece mal, guardar las ideas que son suyas y desprenderse de aquellas recibidas de otros, de su familia, de su entorno y de quienes han querido modelarlo a sus costumbres y conveniencia. Esto se aplica tanto a su comportamiento como a sus reacciones ante los acontecimientos del mundo donde vive, como la manera en que se despierta, cómo se levanta, se lava, se viste, come, trabaja, se dirige a los demás, los escucha, desarrolla su sexualidad, etc., en fin, a todos y cada uno de los actos, por ínfimos e insignificantes que parezcan. Convertirse en un "hombre completo", significa ser consciente de cada movimiento del cuerpo, y de los efectos que éstos pueden tener sobre las personas que nos rodean.

Evidentemente para ser eficaz, esta "gran limpieza" debe realizarse en compañía de alguien que ya haya franqueado esta frontera que lleva del país de los "hombres parciales", al Universo Infinito de los "hombres completos"; alguien que conozca los múltiples senderos que conducen a él y que se los indicará al nuevo viajero, sin tratar de influirle para que tome una dirección en particular, sino guiándolo por el camino que él habrá de elegir libremente.

La conciencia de los hombres es generalmente una casa que ha sido construida por otras personas, conforme a criterios que jamás se han tratado de cuestionar, porque así se les construyó su casa a estas personas y también la de sus Padres. El hombre completo destruye esta casa, traza nuevos planos adaptados a sus gustos y a su fantasía, recupera de la antigua construcción los materiales que le parecen reutilizables y los combina con nuevos componentes, fabricando una nueva vivienda perfectamente adaptada a su verdadera personalidad. Los hombres tienen su casa de acuerdo a su nivel de conciencia. Siempre han tenido casas cuadradas o rectangulares, con techos de dos aguas y continúan construyendo casas de ese tipo. Todas son parecidas a los templos griegos, con muros verticales como columnas y un techo a dos aguas, mientras que ahora las técnicas de construcción modernas permiten a cada uno fabricar una casa personalizada, adaptada a sus gustos, completamente redonda, en forma de bola, de huevo, de pirámide egipcia, de ave o de árbol, etc. Esas casas alineadas y todas parecidas, vendidas ahora en serie y formando abominables ciudades uniformes, son el reflejo exacto del nivel de conciencia de quienes las habitan. Y sin embargo, paradójicamente, la vivienda es el ejemplo típico de la capacidad de auto-programación del hombre-computadora. El mirlo siempre hace su nido de la misma manera y lo hará siempre así. Ello forma parte de su programa genético y no lo puede cambiar. El hombre, en cambio, es capaz de adaptar sus condiciones de alojamiento a su entorno. Puede construir templos griegos y pirámides, chozas de ramas e iglúes de hielo, chalets de madera y rascacielos de hormigón, catedrales de piedra o torres de vidrio y metal.

Pero no hay que creer que esta particularidad que tiene el hombre de ser una computadora auto-programable, es lo que le diferencia de la maquina. Como hemos visto, las computadoras son capaces, igual que nosotros, de ser programadas para reproducirse por sí solas. Es perfectamente posible programar una computadora para que sea auto-programable, es decir, para que sea capaz de vivir, de trabajar y reproducirse a partir de un programa base y con la facultad de modificar ese programa en función de sus experiencias y de transmitir esas modificaciones a su descendencia, es decir, a las computadoras que fabricará después.

Podríamos incluso proyectar una computadora "que despertase a la mente", capaz de modificar los programas de las computadoras que hayan sido fabricadas antes que ella y por tanto, no auto-programables, para transmitirles esta ventaja...

El hombre está en vías de descubrir, mediante las máquinas, que no hay nada de misterioso en él, ni en cuanto a sus orígenes ni en cuanto a su comportamiento. Todo lo que el hombre es capaz de hacer, también una computadora es capaz de hacerlo y lo que es más, mucho mejor. Esto es aplicable a todo lo que puede hacer un hombre, incluida la creación artística. Ya hay computadoras capaces de componer música, de dibujar. etc.

Por lo tanto, jamás encontraremos una capacidad humana que no pueda ser programada a una computadora. Incluso el hecho de poder ponerse en armonía con el infinito, también se puede incluir en el programa de una computadora. Todo esto es maravilloso, porque el hombre puede al fin, sin la menor duda, verse a sí mismo como una máquina magnífica, y concentrarse completamente en alcanzar la felicidad y desarrollarse plenamente mediante la satisfacción de sus necesidades y las de todos sus semejantes, para construir un mundo donde todos los hombres sean felices sintiéndose infinitos y eternos.

Libertad Sexual y no Obligación

PREGUNTA:

Los Mensajes predican una libertad sexual total. Pero una pareja que descubre los Mensajes y quiere hacerse Raeliana. ¿Está obligada a practicar el intercambio de parejas?

RESPUESTA:

No hay que confundir libertad y obligación. Una pareja de Raelianos que se aman profundamente y que no desean, ni el uno ni el otro, tener experiencias con otros compañeros, deben permanecer juntos. Si la felicidad de ambos consiste en estar juntos y no ven la necesidad de vivir otra cosa, eso está perfecto. Cada uno debe hacer exactamente lo que quiera. La libertad sexual es también la libertad de elegir un solo compañero, la libertad de permanecer unido con alguien que corresponda exactamente con lo que buscamos en una pareja. Por otro lado, es frecuente que una experiencia con otra persona haga apreciar más la compañía de una pareja y haga tomar más conciencia de sus cualidades. En la sexualidad, todo es posible y todo está permitido. Permitido insisto, pero nunca obligatorio.

Desde la creación del Movimiento Raeliano he visto estructurarse muchas parejas, y algunas parecen tener tal éxito que no entiendo muy bien lo que buscaban en otros sitios, más que la confirmación de que estaban hechos el uno para el otro. Algunos, por otro lado, están lo suficientemente despiertos como para comprender que la experiencia en sí misma no es necesaria. Cuando uno es un hombre completo y consciente, no tiene necesidad de hacer algo para conocer el resultado. Uno lo sabe, lo siente. A menos, por supuesto que se trate de contribuir al despertar de un discípulo o de vivir una experiencia que se crea esencial para su crecimiento personal. Cada uno debe seguir su camino exactamente como lo entienda, evidentemente en la medida en que se respeten tres reglas fundamentales:

El respeto de los gustos y las decisiones de los demás dentro de la libre elección de sus compañeros; la conciencia permanente de que los demás no nos pertenecen y de que nadie puede ser propietario de ninguna persona; y la preocupación de buscar siempre y ante todo, la felicidad de aquellos que pretendemos amar.

Sobre estas bases todo es posible y numerosas parejas, tríos, cuartetos o más, de Raelianos viven una felicidad perfecta, ya sean homo, hetero o bisexuales.

Raelismo y Homosexualidad

PREGUNTA:

¿Cuál es la posición del Raelismo ante la homosexualidad?

Respuesta:

Es muy sencillo: Cada uno tiene el derecho de disponer de su cuerpo como mejor le parezca. La homosexualidad no es un comportamiento normal o anormal. Cada uno debe tener una vida sexual en armonía con sus gustos y sus atracciones naturales. La diferenciación sexual de un individuo en el vientre de su madre se hace notar muy tardíamente, y hay hombres muy hombres y hombres femeninos, mujeres muy viriles y mujeres muy femeninas, con todos los grados intermedios posibles e imaginables. Todo esto es genético, y reprocharle a un hombre el hecho de ser homosexual, es tan estúpido como reprocharle a un hombre el ser hombre o a un gato el de ser un gato. Por otro lado, hay muchos animales que son homosexuales y no es raro presenciar en el campo, jugueteos de perros, bóvidos o aves de corral homosexuales. La homosexualidad es tan natural como lo es un perro o una gallina.

Lo que no es natural, es querer obligar a los demás a tener la misma sexualidad que uno tiene. Generalmente, esto es lo que hacen todos aquellos que martirizan a las personas que no se les parecen a ellas mismas. Generalmente, son también los mismos que son racistas, tradicionalistas y militaristas.

La agresividad contra los homosexuales es una forma de racismo. Proviene de personas que llevan una vida sexual miserable y que no pueden tolerar que otros tengan aspecto de haberse realizado plenamente viviendo de otra manera.

Las mismas personas que condenan la homosexualidad, perdonarían muy fácilmente a un hombre que hubiese violado a una mujer, aunque esto sea un crimen abominable. Entre los guías Raelianos hay mujeres y hombres homosexuales, heterosexuales y bisexuales; y todos ellos están plenamente realizados, porque son conscientes de que se les ama tal como son y de que pueden desarrollarse plenamente viviendo con su cuerpo de la manera que a ellos les parezca mejor, dentro de una fraternidad que ninguna otra religión podría aportarles. ¿Cómo se puede continuar siendo católico romano, cuando el usurpador del Vaticano condena la homosexualidad y continúa negando a las mujeres la posibilidad de ser sacerdotes? Dos pruebas de racismo que ayudan a aquellos que tienen ojos a ver la verdad.

Deístas y Evolucionistas: Los Falsos Profetas

Pregunta:

Está escrito que cuando llegara la Era del Apocalipsis, habría muchos falsos Profetas ¿Quiénes son ellos?

Respuesta:

Esos falsos Profetas son muy numerosos en nuestra época. No olvide cual es el significado del término Profeta, recordémoslo, su etimología significa: "Aquel que revela".

Los falsos Profetas actuales, los falsos reveladores son pues, en primer lugar, todos los que tratan de regresar al hombre a las creencias primitivas de un Dios inmaterial, impalpable pero todopoderoso, que vigila a cada uno de los hombres con la finalidad de reservarles un premio o un castigo; es decir, en un concepto que mezcla a la vez el infinito, efectivamente impalpable en su totalidad, puesto que es infinito en el espacio y es eterno en el tiempo y que no tiene ninguna conciencia de sí mismo y por lo tanto, ningún poder sobre los hombres, ni en su totalidad, ni individualmente; con nuestros creadores, los Elohim, que son muy palpables y todopoderosos en este sector del infinito, que nos aman como a sus hijos y nos permiten evolucionar libremente con nuestro propio progreso científico y espiritual.

La segunda categoría actual de los falsos Profetas es la de todos aquellos, científicos o no, que atribuyen el origen de la vida en la Tierra y por consiguiente, del hombre, a una sucesión de casualidades que se han ido produciendo a lo largo de lo que ellos llaman "evolución". Como dijo Einstein: "No hay reloj sin relojero". Y todos aquellos que creen que descendemos del mono como consecuencia de una lenta evolución debida al azar, creen que el maravilloso reloj que nosotros somos se hizo completamente sólo, por sí mismo, al azar. Esto sería como si tomáramos las piezas que componen un reloj y las sacudiéramos desordenadamente en un gran saco para tratar de obtener un ejemplar en perfecto estado de funcionamiento. Pueden intentarlo mil millones de veces si tienen ánimo para ello...

Los evolucionistas también son falsos Profetas, falsos reveladores que alejan a la mayoría de las personas de la verdad, las cuales piensan que lo que viene de los grandes sacerdotes de sotana blanca, que son ciertos científicos de corto entendimiento que componen la mayoría de los efectivos de la ciencia oficial, es necesariamente cierto; que intencionalmente alejan a esas masas mal informadas de la verdad y de nuestros creadores los Elohim. Trate de imaginar lo que nuestros creadores pueden pensar al ver cómo los hombres atribuyen su obra maestra al azar...

El Suicidio

Pregunta:

En el Segundo Mensaje está escrito que un ser que sufre demasiado tiene el derecho de suicidarse. ¿Eso significa que el suicidio es algo bueno?

Respuesta:

Todos nosotros somos juzgados en base a las acciones que realizamos durante nuestra vida. Aquel que tuvo una mayoría de acciones positivas, tendrá acceso a la vida eterna entre los Elohim. Si un ser sufre demasiado físicamente y la ciencia humana es incapaz de aliviar su sufrimiento, él puede poner fin a sus días. Si la mayoría de sus acciones fueron positivas durante su vida, tendrá acceso a la eternidad.

En caso contrario, no será recreado y para él será la nada. Si tuvo una mayoría de actos negativos, posiblemente podrá ser recreado para ser juzgado por aquellos a quienes hizo sufrir.

Un ser que no sufre físicamente y que no está disminuido en sus capacidades físicas, no debe suicidarse, porque cada uno de nosotros estamos en la Tierra para llevar a cabo algo y sobre todo, los Raelianos. Ellos son los portavoces de los Elohim y deben consagrar su vida a la difusión de los Mensajes de nuestros creadores. Poner fin a su existencia es una traición, es abandonar su puesto en pleno combate, combate para despertar a la Humanidad, para que le permita sobrevivir y alcanzar la Edad de Oro. Los Elohim cuentan con cada uno de nosotros; cada Raeliano es precioso para nuestros creadores.

Repito, la única excepción es un sufrimiento físico demasiado grande que no pueda ser aliviado o una disminución en sus facultades que no le permita actuar eficazmente.

Los demás Raelianos son todos Mensajeros de nuestros Padres que están en el cielo y deben vivir para evangelizar, es decir, para llevar a los demás la buena nueva.

2

NUEVAS REVELACIONES

El capítulo siguiente contiene las revelaciones que los Elohim pidieron a Raël no anunciar antes de que hubiesen transcurrido tres años a partir de su viaje, en el cual le fue transmitido el Segundo Mensaje. Hoy, que estamos en el año 34 (1979) esas cosas pueden ser conocidas por todos.

El Diablo No Existe, Pero Yo me Encontré con Él

No tiemblen preguntándose si una criatura cornuda con los pies hendidos espera, escondida, la oportunidad de picarles el trasero con un tridente... Así como no existe el buen "Dios" de barba blanca, sentado sobre una nube y con un rayo en su mano derecha, esta criatura tampoco existe.

Para el común de los mortales, el *Diablo, Satanás, Lucifer* o el *Demonio*, todos ellos no son más que nombres diferentes para designar a una misma persona que encarna las fuerzas del mal, del mismo modo que para ellos "Apocalipsis" significa "el fin del mundo".

Tratemos ahora de encontrar el verdadero significado de estos términos: Satanás es sin duda alguna, el más antiguo cronológicamente hablando. Cuando los Elohim crearon los primeros seres vivos completamente sintéticos en los laboratorios de su planeta de origen, una parte de la población de su mundo protestó contra esas manipulaciones genéticas, pues pensaban que eran peligrosas para su civilización. Temían que los científicos crearan un día monstruos que pudieran escaparse de sus laboratorios y ocasionaran la muerte entre su población. Hoy sabemos que eso desgraciadamente se produjo, y el movimiento que trataba de prohibir esos trabajos de ingeniería genética triunfó; por lo que el gobierno del Planeta de los Elohim prohibió a los científicos proseguir con sus experimentos y les obligó a destruir todos sus trabajos.

El grupo que dirigió la lucha contra esas manipulaciones genéticas estaba dirigido por uno de los Elohim, llamado Satanás.

Después, los científicos pudieron obtener la autorización para continuar sus experimentos en otro planeta. En el Evangelio Según *Mateo 13: 3, 4*, encontramos la descripción, en una parábola, sobre esta creación de vida hecha en otros planetas por los Elohim.

> He aquí un sembrador salió a sembrar. Mientras él sembraba,
> parte de la semilla cayó junto al camino; y vinieron las aves y
> la devoraron.

Las aves eran en realidad los enviados de Satanás, que pensaban que el primer planeta elegido por los científicos para continuar con sus experimentos de creación de vida en laboratorio, estaba demasiado cerca de su mundo y que si los seres creados eran por desgracia más inteligentes que sus creadores y se revelaban como violentos, eso sería peligroso para la población de su planeta. Por lo que el gobierno les autorizó nuevamente destruir el trabajo de los científicos.

Estos científicos debieron buscar otro planeta que se prestara para continuar con sus experimentos, y después de dos nuevos fracasos debidos, el uno a la excesiva proximidad de un astro donde los rayos nocivos quemaron su creación; y el otro a una vegetación predominante; finalmente encontraron un planeta que reunía todos los elementos necesarios para que su creación fuera viable sin que ella presentara un peligro demasiado importante ante los ojos de la asociación presidida por Satanás.

> Y otra parte cayó en pedregales, donde no había mucha tierra;
> y brotó rápidamente, porque la tierra no era profunda. Pero
> cuando salió el sol, se quemó; y porque no tenía raíz, se secó.

Y otra parte cayó entre los espinos. Los espinos crecieron y la ahogaron. Y otra parte cayó en buena tierra y dio fruto, una a ciento, otra a sesenta y otra a treinta por uno. El que tiene oídos, que oiga. *Mateo 13: 5-9.*

Hoy sabemos que durante esa época, los Elohim igualmente crearon vida en otros dos planetas de ahí la alusión a las "tres cosechas".

Pero también sabemos que el Gobierno del Planeta de los Elohim permitió a los científicos venir a la Tierra para continuar sus experimentos con la condición de que no crearan seres a su imagen. El Primer Mensaje explica cómo decidieron ignorar esa prohibición, y cuál fue la reacción de sus dirigentes, los cuales les prohibieron absolutamente revelar a los primeros hombres terrestres que habían creado, cuál era su procedencia y quienes eran ellos, exigiéndoles que los obligaran a temer a sus creadores haciéndose pasar por seres sobrenaturales y en cierto modo, divinos.

Satanás pensaba que no se podía esperar nada bueno de esas criaturas fabricadas en laboratorio, es decir, que del hombre sólo podía venir el mal.

Ahora comprendemos perfectamente cómo Satanás no es más que uno de los Elohim, dirigente de una especie de partido político de su planeta, que se opone a la creación de seres en su propia imagen por parte de otros Elohim que pensaban que se podían crear seres positivos y no violentos.

Aquí es donde interviene Lucifer, nombre que etimológicamente quiere decir: "El portador de Luz". Lucifer es uno de los Elohim que crearon la vida en la Tierra y por consiguiente, a los hombres.

A la cabeza de un pequeño grupo de científicos que trabajaba en uno de sus laboratorios de ingeniería genética, estudiando las reacciones de los primeros hombres creados, él decidió, ante las extraordinarias aptitudes de su creación, ignorar de nuevo las directrices del gobierno de su planeta y revelar a esos seres creados, que ellos no eran "Dioses", sino hombres de carne y hueso como ellos y venidos del cielo en máquinas voladoras fabricadas con materiales muy palpables. Esto sucedió porque Lucifer y los Elohim que le seguían, empezaron a amar a su creación como si fueran sus propios hijos, a quienes estudiaban a lo largo de todo el día y obligaban a venerarlos como Dioses.

Ellos ya no podían soportar ver a esos seres, que les parecían estar muy bien logrados, tanto física como psíquicamente, y que eran bellos e inteligentes, postrándose ante ellos como ante ídolos; y todo porque el gobierno de su planeta original, presidido por Yahvé, les había prohibido formalmente decirles la verdad, obligándoles a representar permanentemente la farsa de lo sobrenatural.

Lucifer, "El portador de luz", llevó entonces la luz a los hombres, revelándoles que sus creadores no eran "Dioses", sino hombres como ellos, actuando así en contra de lo que exigía Satanás, que pensaba que del hombre sólo se podía esperar el mal y desobedeciendo las órdenes de Yahvé, el Presidente del Consejo de los Eternos y gobernante del Planeta de los Elohim.

Ningún bicho cornudo a la vista en todo esto.

Yahvé condenó a los científicos que desobedecieron sus órdenes, a vivir en la Tierra exiliados, o lo que es lo mismo, condenó a la "Serpiente" a arrastrarse sobre la Tierra, tal como se describe poéticamente, y expulsó a los hombres del laboratorio, es decir, del "Paraíso Terrenal" donde eran alimentados y alojados sin realizar el menor esfuerzo.

Pero Satanás, sin embargo, no se conformó con esto, porque lo que él deseaba, era que los seres que habían sido creados fueran destruidos totalmente ya que los juzgaba como peligrosos a causa de su violencia. Con el transcurso de los años, Satanás acumuló pruebas de la agresividad de los hombres, observando la manera en que se mataban entre ellos con las armas que les dieron los hijos de los Elohim exiliados del grupo de Lucifer. Estos últimos retozaron con las hijas de los hombres, mismas que lograron hacerse de las armas de los hijos de Elohim a cambio de sus encantos, con el pretexto falso de dárselas a sus Padres y hermanos para ayudarles a conseguir alimento cazando. Pero los hombres, en realidad, se apresuraron a librar abominables batallas con ese arsenal.

Ante las pruebas de tales matanzas reunidas por Satanás ante el

Consejo de los Eternos, Yahvé decidió hacer lo que pedía Satanás, es decir, destruir totalmente la vida que fue creada en la Tierra, permitiendo al equipo de Lucifer volver al Planeta de los Elohim y perdonándolos del exilio al que habían sido condenados.

Pero estos últimos se enteraron de que su fantástica creación iba a ser destruida. Ellos no podían admitir esto, convencidos de que entre los hombres había algunos que no eran violentos y que estaban por el contrario, llenos de amor y fraternidad. Entre ellos se encontraba Noé a quien ayudaron a construir una nave espacial que le protegió de la destrucción, orbitando alrededor de nuestro planeta con algunos hombres y ciertas especies de animales de los cuales se conservó el código genético a fin de recrearlos después del cataclismo.

Es en ese entonces cuando los Elohim se enteraron de que ellos mismos también habían sido creados de la misma manera como ellos habían creado a los hombres, científicamente en un laboratorio, por otros seres llegados a su planeta desde otro mundo. Fue en aquel momento que decidieron nunca más tratar de destruir a la Humanidad, ayudando al equipo de Lucifer a reimplantar en la Tierra las formas de vida que habían sido preservadas en la arca, y eso a pesar de Satanás que seguía convencido de que de los hombres, no se podía esperar más que el mal. Sin embargo, Satanás se doblegó ante la mayoría de aquellos que detrás de Yahvé, pensaban lo contrario en el seno del Consejo de los Eternos. Yahvé comprendió por el Mensaje que contenía la nave automática proveniente del mundo de los creadores de los Elohim, que si los hombres eran violentos, se autodestruirían cuando descubrieran las energías que les permitieran alcanzar un nivel de civilización interplanetaria.

Los Elohim decidieron entonces dejar que los hombres progresaran por sí mismos y elegir o hacer nacer entre ellos, a seres que serían los encargados de dar nacimiento a las diferentes religiones, con el objetivo de conservar los rastros de la obra de su creación, a fin de que pudieran ser reconocidos como tales cuando llegara el tiempo en el cual aquellos hombres que hubieran alcanzado un nivel suficiente de evolución científica, lo pudieran comprender todo racionalmente. Pero antes de confiar estos Mensajes tan importantes a esos hombres, era necesario asegurarse de que tales personas, que ahora conocemos como Profetas, fueran fieles a sus creadores y que no traicionarían lo que se les dijera. Así, le encargaron a Satanás poner a prueba a estos Profetas.

¿Cómo probar la fidelidad de esos hombres? Muy sencillo. Después de que ellos fueran contactados por los Mensajeros de los Elohim anunciándoles cuál había de ser su misión, Satanás o uno de sus enviados, contactaría a su vez con el futuro Profeta y le hablaría muy mal de los Elohim, calumniando a los creadores o tratando de hacer que el futuro Mensajero renegara de sus Padres o aceptara traicionarles a cambio de por ejemplo, ventajas materiales. Ahora bien. ¿Cómo decimos calumniador en Griego? Muy sencillo: ¡*diábolos!* Este es nuestro famoso Diablo, pero sigue sin tener cuernos ni pezuñas... Jesús por ejemplo, durante su iniciación en el desierto, pasó cuarenta días careándose en ciertos momentos con el Diablo para ver si renegaba o no de su Padre:

> Entonces Jesús fue llevado por el Espíritu al desierto, para ser tentado por el Diablo. *Mateo 4: 1*

Lo que poniéndolo en claro quiere decir:

Que Jesús fue llevado al desierto para ser tentado por el "Calumniador".

Las diversas pruebas impuestas por el "Diablo" son descritas a continuación. En primer lugar, le pidió a Jesús que convirtiera las piedras en pan para demostrar que era hijo de Dios:

> Si eres Hijo de Dios, di que estas piedras se conviertan en pan.
> Pero él respondió y dijo: Escrito está, no sólo de pan vivirá
> el hombre, sino de toda palabra que sale de la boca de Dios.
> *Mateo 4: 3, 4.*

Jesús respondió a Satanás que el hecho de ser fiel a los Elohim es más importante que tener algo que comer, ya que el "Diablo" le dijo eso cuando estaba hambriento después de haber ayunado durante mucho tiempo. Después Jesús fue transportado hasta la cima del templo y Satanás le dijo que saltara, ya que los ángeles de Dios amortiguarían su caída para que no se lastimara:

> Si eres Hijo de Dios, échate abajo, porque escrito está: A sus ángeles mandará acerca de ti, y en sus manos te llevarán, de modo que nunca tropieces con tu pie en piedra. Jesús le dijo: Además está escrito: No pondrás a prueba al Señor tu Dios. *Mateo 4: 6, 7.*

Jesús respondió al Diablo que no había sido puesto en la Tierra para poner a prueba inútilmente a sus creadores, demostrando así que él no les pediría intervenir en todo momento para ayudarlo.

> Otra vez el Diablo le llevó a un monte muy alto, y le mostró todos los reinos del mundo y su gloria. Y le dijo: Todo esto te daré, si postrado me adoras. Entonces Jesús le dijo: Vete, Satanás, porque escrito está: Al Señor tu Dios adorarás y a él solo servirás. Entonces el Diablo le dejó, y he aquí, los ángeles vinieron y le servían. *Mateo 4: 8-11.*

Jesús muestra así su fidelidad a los Elohim a quienes prefiere servir en vez de hacerse rico y poderoso. En este pasaje hay que señalar que Jesús llama al calumniador por su nombre, Satanás. Y habiendo tenido éxito en las pruebas, los ángeles, es decir, los Mensajeros de los Elohim van hacia Jesús para terminar su iniciación.

Jesús no fue el único puesto a prueba por el Diablo. Job fue también probado por Satanás y el principio del *Libro de Job* es particularmente elocuente, pues indica muy claramente las buenas relaciones, incluso podríamos decir que muy fraternales, que mantienen Yahvé y Satanás.

> Aconteció cierto día que vinieron los hijos de Elohim para presentarse ante Yahvé, y entre ellos vino también Satanás.

Y Yahvé preguntó a Satanás: -¿De dónde vienes? Satanás respondió a Yahvé diciendo: De recorrer la Tierra y de andar por ella. Y Yahvé preguntó a Satanás: ¿No te has fijado en mi siervo Job, que no hay otro como él en la Tierra: un hombre íntegro y recto, temeroso de Dios y apartado del mal? Y Satanás respondió a Yahvé diciendo: ¿Acaso teme Job a Dios de balde? ¿Acaso no le has protegido a él, a su familia y a todo lo que tiene? El trabajo de sus manos has bendecido, y sus posesiones se han aumentado en la Tierra. Pero extiende, por favor, tu mano y toca todo lo que tiene, ¡y verás si no te maldice en tu misma cara! Y Yahvé respondió a Satanás: He aquí, todo lo que él tiene está en tu poder. Solamente no extiendas tu mano contra él. Entonces Satanás salió de la presencia de Yahvé. *Job 1: 1-12*

Aquí podemos ver muy claramente cómo Yahvé está jerárquicamente por encima de Satanás, por lo que él lo autoriza en cierta manera, a realizar su actividad de opositor político, dejando a Job a su disposición a fin de que demuestre que puede hacer que un hombre que respeta profundamente y ama sinceramente a los Elohim, llegue a odiarlos si es afligido por la desgracia, la ruina o la enfermedad.

Efectivamente Satanás arruina totalmente a Job, pero este último continúa amando y respetando a los Elohim:

Entonces Job se levantó, rasgó su manto y se rapó la cabeza; se postró a tierra y adoró. Y dijo: Desnudo salí del vientre de mi madre, y desnudo volveré allá. Yahvé dio, y Yahvé quitó. ¡Sea bendito el nombre de Yahvé! En todo esto Job no pecó ni atribuyó a Elohim despropósito alguno. *Job 1: 20-22.*

Pero Satanás no cede y realiza otra petición al Presidente del Consejo de los Eternos :

Aconteció cierto día que vinieron los hijos de Elohim para presentarse ante Yahvé, y entre ellos vino también Satanás, para presentarse ante Yahvé. Yahvé preguntó a Satanás: ¿De dónde vienes? Y Satanás respondió a Yahvé: De recorrer la Tierra y de andar por ella. Yahvé preguntó a Satanás: ¿No te has fijado en mi siervo Job, que no hay otro como él en la Tierra: un hombre íntegro y recto, temeroso de Elohim y apartado del mal; y que todavía se sujeta a su integridad a pesar de que tú me incitaste contra él para que lo arruinara sin motivo? Y Satanás respondió a Yahvé diciendo: ¡Piel por piel! Todo lo que el hombre tiene lo dará por su vida. Pero extiende, pues, tu mano y toca sus huesos y su carne, y verás si no te maldice en tu misma cara. Y Yahvé respondió a Satanás: He aquí, él está en tu poder; pero respeta su vida. *Job 2: 1-6.*

Yahvé permitió entonces a Satán arruinar la salud de Job, a fin de ver si aún así seguía amando a sus creadores. Y Job continuó respetando a los Elohim. Simplemente, preguntó a Yahvé por qué lo hizo nacer sólo para afligirlo con tantas desgracias. Finalmente Yahvé intervino, le explicó brevemente lo que sucedió, y procuró hacerlo entrar en razón explicándole que se había equivocado al juzgar al ser que lo había creado, lamentándose por existir, y devolvió a Job su salud y sus bienes en mayor cuantía que aquellos que tenía antes de ser arruinado.

Al final de la entrevista que tuve con Yahvé en la nave de enlace, se ausentó unos instantes diciéndome que nos encontraríamos un poco más tarde. Uno de los otros dos Elohim me pidió que lo siguiera.

Me condujo a una pequeña sala maravillosamente decorada, donde las paredes formaban como el interior de una pirámide circular, y esas paredes eran recorridas por ondas de sonido luminosas y parecían cubiertas de olas multicolores. Todo aquello se movía rítmicamente con una música hecha de vibraciones maravillosamente relajantes. Después de haberme instalado en un sillón confortable, recubierto de un forro de piel negra muy flexible y que daba la impresión de que el asiento estaba vivo, me dijo:

"Debo advertirle que no existe sólo una tendencia entre los Elohim respecto al futuro de la Humanidad. Yahvé piensa que los hombres son buenos y quiere dejarlos desarrollarse por sí mismos convencido de que si son negativos, se autodestruirán. Yo y aquellos que me apoyan, que son muchos, pensamos que el hombre es un mal y deseamos acelerar su autodestrucción. Nosotros le proponemos que nos ayude a acelerar esta catástrofe final, que no hará más que purificar el Universo, destruyendo a seres que son el fruto de un experimento fallido. Si usted continúa llevando a cabo la misión que le ha dado Yahvé, usted terminará siendo alguien muy pobre, tendrá que soportar los sarcasmos de todos y sufrirá, llegando quizá a ser encarcelado o asesinado por sus hermanos los hombres. Si usted acepta ayudarme en la aplicación de mi plan, que se basa en un incremento de los diferentes racismos existentes en la Tierra, con el propósito de conseguir el estallido de una guerra mundial racial, se hará rápidamente rico y poderoso. Su papel consistirá en hacer publicar los libros que le dictaré y que le permitirán estructurar diferentes movimientos espirituales y políticos que predicarán la destrucción de las razas árabes, amarillas y negras, que acaparan las riquezas y las materias primas, las cuales necesita y merece la raza blanca, puesto que es ella la que ha inventado las técnicas que permiten utilizarlas. Cuando este conflicto planetario estalle, usted y todos aquellos que le hayan ayudado a realizarlo, serán salvados. Les pondremos a salvo llevándolos a bordo de una de nuestras naves y luego les permitiremos regresar a la Tierra cuando todo haya sido destruido: entonces usted podrá implementar una nueva civilización que usted gobernará a su voluntad y con nuestro apoyo."

"Mientras tanto, cuando usted regrese a la Tierra, será depositada en la cuenta de una fundación Suiza encargada de ayudarle, la suma que usted desee, mil millones, cinco mil millones, diez mil millones, o más si usted desea. Será usted quien fijará la suma y si al cabo de algún tiempo necesita más, se harán nuevos ingresos inmediatamente."

"Eso no es todo. Si acepta ayudarnos, usted y todos aquellos que lo hayan ayudado tendrán derecho a la vida eterna. Lo único que le pedimos, es hacer que los hombres destruyan esta espantosa civilización actual que es la suya. Para ello, será necesario que les diga que se ha encontrado con un extraterrestre, pero que él les ha prevenido que preparan una invasión a la Tierra. Nosotros les daremos pruebas de nuestra existencia y ninguna persona dudará de lo que usted diga. Así, los hombres aumentarán aún más su armamento para defenderse contra un posible ataque desde el espacio, lo que tendrá por efecto impedir a Yahvé que pueda acercárseles a ustedes para intentar evitar que se maten unos a otros y aumentar aún más las reservas de armas nucleares y la agresividad terrestre."

"Reflexione, por un lado unas personas le piden a usted que actúe por una causa que de todos modos está perdida, puesto que tarde o temprano, los hombres harán estallar su planeta; estas personas no van a darle pruebas para poder convencer a sus hermanos, ni ninguna ayuda financiera, además de dejarle sufrir la ironía, las preocupaciones judiciales y policiales que quizás le lleven a prisión, y eso sin contar con la posibilidad de que algún fanático le asesine por decir que Dios no existe; y por otro lado mi propuesta, que inmediatamente hará de usted un hombre rico y respetado que no hará más que acelerar un proceso ya de por sí irreversible."

"Entonces, ¿Qué decide? ¿Quiere reflexionar algunos días antes de responderme?"

Yo le respondí: "Yo no estoy convencido en absoluto de que la Humanidad vaya a autodestruirse, aunque hubiera nueve posibilidades sobre diez de que eso fuera a ocurrir. Incluso aunque hubiera una posibilidad entre mil de poder llegar a ver cómo los hombres eliminan la violencia y escapan a la destrucción, yo pienso que valdría la pena intentarlo. Yo quiero creer que los hombres comprenderán antes de que sea demasiado tarde. Y aunque eso sucediera. Yahvé me ha dicho que aquellos que hubieran luchado para que la paz y la no-violencia triunfaran, serían salvados del cataclismo final y podrían repoblar la Tierra, tratando de hacer al fin un mundo fraternal. Su propuesta no trae nada mejor, excepto que según su plan, serían salvados aquellos que hubieran contribuido a hacer estallar la violencia, y la civilización que se implantaría sobre la Tierra sólo podría ser a su vez violenta, por el carácter dominante de sus fundadores, a la vez directa, social y hereditariamente."

"Después, el hecho de aterrorizar a los hombres diciéndoles que los extraterrestres invadirán la Tierra, efectivamente no podría más que aumentar el temor y por tanto, la agresividad en nuestro planeta. Es un hecho que si hubiera una posibilidad entre mil de evitar el desastre ante semejante intervención, después sin ninguna duda, no habría más que la mitad. Uno de los factores más importantes que puede contribuir a una disminución de la violencia entre los hombres, es indudablemente el hecho de abrir la mente hacia el Universo y al infinito. Si todos los hombres miraran hacia el cielo con esperanza y fraternidad, se sentirían mucho más unidos los unos con los otros y pensarían menos en matarse entre ellos."

"Por último, yo no deseo hacerme ni rico ni poderoso. Yo no quiero casi nada, sino sólo lo poco que me basta para ser muy feliz. La misión que llevo a cabo llena mi vida y me colma de felicidad. Me basta con que mis hijos tengan para comer y un techo bajo el cual cobijarse, y todo eso lo tengo gracias al apoyo fiel de algunos de mis discípulos que quieren ayudarme a llevar la verdad a los hombres. Yo no puedo vivir en dos casas a la vez, ni conducir dos automóviles al mismo tiempo y si yo fuera propietario de mi casa, ni dormiría mejor ni el fuego de la chimenea sería más caliente. En cuanto al cumplimiento de la misión que me ha confiado Yahvé, yo la encuentro preferible que se realice gracias al esfuerzo colectivo de aquellos que quieren recibir a los Elohim, e indudablemente esa es la prueba más bella de amor que podemos dar a nuestros creadores."-

"¿Rechaza usted entonces mi propuesta?" Me preguntó mi interlocutor.

"Sí, por todas las razones que acabo de exponerle y que están fundamentalmente opuestas a la violencia."

"Está usted seguro de que no lo lamentará? ¿No preferiría esperar un poco para reflexionar?" Repitió.

"No cambiaré jamás de opinión, suceda lo que suceda. Aunque mi vida estuviera en peligro, yo preferiría continuar luchando para que el amor y la fraternidad reinen entre los hombres y para que ellos den a sus creadores el recibimiento que se merecen."

En ese momento, la puerta de la habitación donde nos encontrábamos se abrió y Yahvé apareció acompañado de otro Elohá. Y me dijo: "Estoy muy feliz de que usted haya reaccionado así a las propuestas que se le acaban de hacer. Estaba seguro que así sería, pero Satanás, nuestro hermano, que acaba de ponerlo a prueba de ese modo, no está convencido de que cuando los hombres estén unidos y hayan eliminado el dinero y las armas haya algo positivo que esperar de ellos. Mi segundo compañero, que como usted puede ver se regocija también de su comportamiento, es Lucifer, que es el primero que tuvo confianza en los hombres, incluso antes de que yo mismo comprendiera la necesidad de dejar a la Humanidad progresar y que no debíamos intervenir sino dejar al hombre pasar por sí mismo la prueba final de la solución al problema de la violencia."

Satanás me dijo entonces, que él pensaba que no había más de una docena de hombres como yo en la Tierra. Su cara era igualmente amorosa y muy fraternal, y añadió que era de la opinión, de que no sólo porque hubiese raras excepciones, la Humanidad mereciera existir.

Después nos dirigimos hacia la nave que debía llevarme al Planeta de los Eternos para someterme a la continuación de mi iniciación, tal como se relata en el libro *Los Extraterrestres me llevaron a su Planeta*.

Mi Padre Que Está en los Cielos

Después de mi primer encuentro con el extraterrestre que yo aún no sabía que era Yahvé, el Presidente del Consejo de los Eternos, le pregunté por qué me habían seleccionado a mí para ser su Mensajero. El me respondió que habían decidido elegir a alguien después de la explosión atómica que tuvo lugar el 6 de agosto de 1945 en Hiroshima. Y añadió: "Hemos venido observándolo desde su nacimiento y aún antes" (Capítulo "El Encuentro" de *El Mensaje Dado Por Los Extraterrestres*).

Al principio esta respuesta me intrigó mucho, y durante los dos años que transcurrieron entre el primer y el segundo Mensaje, me hice muchas preguntas al respecto. Me fue necesario esperar volver a ver a Yahvé para que me las aclarase totalmente.

Él me reveló la verdad respecto a mi origen mientras estábamos en el Planeta de los Eternos, al final del comentario dirigido "Al pueblo de

Israel" del segundo Mensaje.

Después de haber salido tranquilamente del laboratorio donde habían modificado mi mente en un extraño sillón-concha, me hizo ponerme nuevamente uno de esos cinturones con una gran hebilla que le permiten a uno desplazarse por los aires siguiendo corrientes de ondas, y me encontré a unos veinte metros por encima de una vegetación exuberante.

En unas decenas de segundos nos aproximamos a un claro paradisíaco donde se encontraban algunos Profetas con quienes había compartido el desayuno un poco antes. Algunos cientos de metros más abajo, pude ver inmensas y magníficas playas que bordeaban un mar de un azul, una profundidad y una belleza que ninguna bahía del Mediterráneo podría igualar. Podríamos decir que del azul de una piscina californiana, pero extendiéndose hasta el horizonte, en algunas partes con grandes superficies rosas, otras verdes, y fijándome más, pude ver trazas de todos los colores, cada una más bella que la otra, como si el fondo del mar hubiese sido pintado por decenas de kilómetros. Yo pregunté que de dónde provenían esos extraordinarios tintes. Me respondieron que esas coloraciones del agua se debían a algas que ellos habían creado e implantado artísticamente a fin de que sus colores produjeran el efecto que yo había observado.

El cinturón me permitió descender suavemente en el pequeño claro, muy cerca de un grupo de una decena de Profetas. Aquel que me había sido presentado como Jesús vino a nuestro encuentro.

Con Yahvé nos dirigimos a sentarnos en unos sillones tallados en la roca y recubiertos de ese maravilloso forro de piel negra que les daba la apariencia de estar vivos, y que estaban situados en una prominencia rocosa la cual dominaba el mar.

Él me preguntó entonces si durante los dos años transcurridos desde nuestro primer encuentro no había habido una pregunta en particular que me hubiese preocupado más que las demás. Sin dudar yo le respondí que efectivamente, yo me había preguntado qué habían querido decir ellos cuando me habían explicado que me observaban desde mi nacimiento e incluso antes.

Yo le había dado miles de vueltas en mi cabeza a esta cuestión y me preguntaba si eso significaba que ellos habían seleccionado a mis Padres antes de que me concibieran y los habían teledirigido para concebirme, o bien si ellos ya se conocían o incluso ya me habían concebido cuando fueron seleccionados, o si más bien fui yo el seleccionado cuando ellos ya habían creado el embrión.

Yahvé respondió a esta pregunta tan importante para mí; y su respuesta fue aún más extraordinaria de lo que hubiese podido imaginar.

Repentinamente, dejó de tratarme de 'usted' como él lo había hecho hasta entonces al dirigirse a mí, y comenzó a tratarme de 'tu', diciendo:

Aquel que tomaste por tu Padre, no era realmente tu Padre. Fue después de la explosión atómica de Hiroshima cuando decidimos que había llegado el momento de enviar a la Tierra a un nuevo Mensajero, el último Profeta, y el primero que se dirigiera a los hombres pidiéndoles comprender y no creer. Así pues, tal y como lo hicimos en la época de Jesús, seleccionamos a una mujer, llevamos a esta mujer a bordo de una de nuestras máquinas, donde fue inseminada, tal y como fue hecho con la Madre de Jesús. Después, fue liberada una vez que le borramos de su memoria todo rastro de lo sucedido.

Pero antes, nos ocupamos de hacer que un hombre se encontrara con esta mujer, un hombre que tuviera los suficientes medios para que el niño, que habría de nacer, fuera educado decentemente. Era necesario que esta persona fuera de una religión diferente a la de la mujer, a fin de que el niño fuera educado sin ser fuertemente condicionado por una religión determinada: es por eso que aquel que has tomado por tu Padre, era judío.

Tu verdadero Padre también es el Padre de Jesús, el cual por lo tanto, es tu hermano; y ese Padre lo tienes frente a ti ahora mismo. Aquel que habías tomado como tu Padre estaba, igual que José, encargado de satisfacer las necesidades de tu Madre y las tuyas, hasta que fueras capaz de desenvolverte por ti mismo.

A partir de ahora podrás dirigirte a mí tratándome de tú, porque tú eres mi hijo y yo soy tu Padre.

De todo ese viaje, aquel fue el momento más emotivo para mí y pude ver en la mirada de Yahvé igualmente una emoción muy grande y llena de amor. Jesús también parecía experimentar los mismos sentimientos. Entonces, por primera vez pude abrazar y besar a mi Padre y a mi hermano.

Después, él me pidió que no revelara ese lazo de parentesco a los hombres, antes de que hubiesen transcurrido tres años. Por esta razón no hice alusión a ello hasta entonces.

De cualquier manera, eso es muy poco importante, porque es necesario no volver a caer en el error de los hombres que reconocieron a Jesús como un Mensajero del cielo, ya que no es el Mensajero lo importante, sino el Mensaje.

"Jesús vino para mostramos el camino a seguir y los hombres se quedaron con la mirada fija en su dedo".

Yo. Raël, les muestro también el camino a seguir, revelándoles los Mensajes que me dio mi Padre que 'está en los Cielos", pero lo importante es reconocer a los Elohim como nuestros Padres y prepararles en la Tierra la embajada que ellos piden, mas no prestar atención al Mensajero. Sólo los Mensajes son importantes, y a través de ellos el reconocimiento de los que lo envían, pero no el Mensajero.

¡No miren mi dedo, sino la dirección que éste indica!

Mensaje de Yahvé a los Hombres de la Tierra: El Apocalipsis del Cataclismo Nuclear Final

"Yo Yahvé, por boca de mi Profeta Raël, me dirijo a los hombres de la Tierra:

Desgraciadamente, no hay más que una posibilidad entre cien de que su Humanidad no se autodestruya, y todo Raeliano debe actuar como si los hombres tuvieran la suficiente sabiduría para aprovechar esta pequeña posibilidad de escapar al cataclismo final y así poder entrar a la Edad de Oro. Mejor aún, cada Raeliano debe contribuir con su misión del despertar de la mente, dando fuerza a esta única e ínfima posibilidad de supervivencia y evitar que disminuya cada vez más.

Es imposible predecir el futuro, ya que es imposible viajar en el tiempo, pero es posible predecir el futuro de una entidad biológica, y la Humanidad en su totalidad puede ser considerada como una entidad biológica. Un científico que fecunda a una mujer primitiva, puede predecir el futuro de esta mujer, anunciándole que nueve meses más tarde dará a luz a un bebé y aún más, puede decirle cuál será el sexo del bebé.

De la misma manera, nosotros que tenemos el hábito de crear vida en una infinidad de planetas, sabemos con precisión lo que sucede cuando una Humanidad llega al nivel tecnológico que ustedes tienen sin haber alcanzado un nivel de sabiduría equivalente.

Por esta razón, aunque no podemos predecir el futuro de los individuos, sí podemos, sin embargo, saber lo que le sucede normalmente a un organismo vivo en curso de gestación o a una Humanidad en curso de evolución.

Cuando una primera célula es creada dentro del vientre de una madre por el encuentro de un espermatozoide y un óvulo, ésta posee en sí misma toda la información necesaria para crear a un ser completo dotado de una multitud de funciones. Y mientras más numerosas sean las células, más numerosas serán las funciones desarrolladas. El número de funciones es proporcional al número de células obtenidas por divisiones sucesivas, hasta obtener un bebé listo para nacer, por que hasta ese entonces llega a poseer un organismo completo, que reúne todos los órganos necesarios para la realización de todas las funciones que necesita.

Exactamente lo mismo sucede para la Humanidad, considerando a cada hombre como una célula del gran ser en gestación que es la Humanidad.

El número de funciones y de descubrimientos, y el nivel tecnológico de los hombres, es proporcional al número de humanos. Así pues, nosotros pudimos fácilmente prever que la Era del Apocalipsis llegaría cuando los hombres fueran capaces de hacer ver a los ciegos, fabricando prótesis electrónicas; cuando fueran capaces de hacer llegar su voz más allá de los océanos, fabricando satélites de telecomunicaciones; o cuando fueran capaces de igualarse a aquellos que tomaban por

"Dios", creando seres sintéticos en laboratorio, etc.

En realidad, todas estas predicciones se basan en un conocimiento profundo de la biología de las especies. Sabemos que en un feto se van a formar los ojos en tal mes de su crecimiento, sus órganos sexuales en tal mes, etc., y esto se aplica para todas las especies vivas en curso de desarrollo, sabemos cuándo harán los descubrimientos que la permitan realizar tal o cual proeza científica al cabo de tantos siglos o milenios. Es exactamente igual.

Nosotros hemos dictado a nuestros antiguos Mensajeros esos textos, a fin de que fueran reconocidos por los hombres cuando llegara el momento de aparecernos abiertamente ante ellos, sin que ello creara nuevas religiones deístas, es decir, cuando todos los hombres fueran capaces de comprenderlos.

Entre esos textos, hemos dictado a Juan el *Apocalipsis*. Le hicimos observar uno de nuestros aparatos parecidos a sus televisores, para que visualizara los acontecimientos que podrían sucederles a los hombres cuando ellos hubiesen alcanzado la Era del Apocalipsis.

Desgraciadamente, el texto del Apocalipsis de Juan también ha sido muy recargado y bastante deformado por los copistas, que no podían ser más que deístas al ser primitivos. Juan comienza su narración describiendo su encuentro con nosotros:

> Yo estaba en el Espíritu en el día del Señor y oí detrás de mí una gran voz como de trompeta, que decía. *Apocalipsis de Juan 1: 10.*

Él explica que cuando trataba de comunicarse telepáticamente con nosotros, a lo que él llama 'estar en el espíritu' un domingo, que es nombrado 'día del Señor', escuchó una voz metálica 'como de trompeta', esa que conocen ustedes bien ya que están acostumbrados a escuchar los sonidos producidos por los altavoces eléctricos.

Después, Juan se vuelve para ver lo que había detrás de él.

> Di vuelta para ver la voz que hablaba conmigo. Y habiéndome vuelto, vi siete candeleros de oro, y en medio de los candeleros vi

a uno semejante al Hijo del Hombre, vestido con una vestidura que le llegaba hasta los pies y tenía el pecho ceñido con un cinto de oro. Su cabeza y sus cabellos eran blancos como la lana blanca, como la nieve, y sus ojos eran como llama de fuego. Sus pies eran semejantes al bronce bruñido, ardiente como en un horno. Su voz era como el estruendo de muchas aguas. Tenía en su mano derecha siete estrellas, y de su boca salía una espada aguda de dos filos. Su rostro era como el sol cuando resplandece en su fuerza. *Apocalipsis de Juan 1: 12-16.*

Él vio siete máquinas voladoras hechas de un metal dorado. 'siete candeleros de oro'; en medio de las cuales se encontraba un pequeño ser, 'semejante al Hijo del hombre'; vestido con un traje espacial ceñido a su cuerpo incluyendo sus pies, y tiene puesto un gran cinturón; su piel y sus cabellos eran blancos; el casco de su escafandra estaba equipado con dos pequeños proyectores que Juan confunde con sus ojos; sus pies reposaban sobre gruesas plataformas aislantes de metal amarillo y hablaba con una voz potente 'como el estruendo de muchas aguas'.

La pequeña persona tiene en su mano un aparato con siete indicadores luminosos que le unían a las siete máquinas voladoras que estaban estacionadas a su alrededor. En cambio, 'la espada aguda de dos filos' no es más que un detalle añadido después por los copistas para darle una apariencia amenazante y para reforzar el poder y el 'temor de Dios' de los primeros cristianos. El ser que se le aparece a Juan es uno de nosotros.

Juan, perturbado, cayó con la cara al suelo:

Cuando le vi, caí como muerto a sus pies. Y puso sobre mí su mano derecha y me dijo: "No temas. Yo soy el primero y el último, el que vive. Estuve muerto, y he aquí que vivo por los siglos de los siglos. Y tengo las llaves de la muerte y del Hades. Así que, escribe las cosas que has visto, y las que son, y las que han de ser después de éstas. *Apocalipsis 1: 17-19.*

Le pedimos a Juan que se levantara y le dijimos que debería escribir lo que iba a ver y lo que le iba a ser dictado, a fin de que los hombres pudiesen reconocer esos escritos llegado el momento. Le dijimos que nosotros éramos 'el primero y el último': es decir, los primeros sobre la Tierra y los últimos si los hombres se autodestruían cuando hubieran descubierto las energías que lo hicieran posible. Le explicamos que aquel que le hablaba, había conocido la muerte y había sido recreado gracias al proceso explicado en el Primer Mensaje y que nos permite vivir eternamente a través de varios cuerpos.

> Después de esto miré, y he aquí una puerta abierta en el cielo. La primera voz que oí era como de trompeta que hablaba conmigo diciendo: "¡Sube acá, y te mostraré las cosas que han de acontecer después de éstas!" De inmediato estuve en el Espíritu; y he aquí un trono estaba puesto en el cielo, y sobre el trono uno sentado. . . También alrededor del trono había veinticuatro tronos, y sobre los tronos vi a veinticuatro ancianos sentados. *Apocalipsis 4: 1-2.*

Juan vio una 'puerta abierta en el cielo', la puerta de una de nuestras máquinas voladoras se abre y él es conducido al interior de una de ellas por un rayo transportador, algo que es incompresible para él. Por ello dice 'caí como muerto', es decir, en éxtasis.

Allí, ve a alguien sentado en un sillón y a su alrededor, en otros tronos, otros personajes que están sentados, sumando veinticuatro en total.

Ese personaje era yo. Yahvé y estaba rodeado de otros veinticuatro eternos representando al Consejo de los Eternos que gobierna nuestro planeta.

Después, puse ante Juan el aparato diseñado para visualizar los pensamientos, él pudo ver lo que sucedería normalmente a la Humanidad, y los riesgos que correría cuando llegase ese tiempo.

> Y miré cuando el Cordero abrió el primero de los siete sellos,
> y oí a uno de los cuatro seres vivientes que decía con voz de

trueno: "¡Ven!" Y miré, y he aquí un caballo blanco. El que
estaba montado sobre él tenía un arco, y le fue dada una corona;
y salió venciendo y para vencer. *Apocalipsis 6: 1, 2.*

Esto concierne al primero de los siete sellos, o más bien, de los siete
capítulos de la Historia de la Humanidad. Se trata en realidad del
Cristianismo, que triunfa en la Tierra y que permite que el antiguo
testamento sea conocido por todos. Después se abre el segundo sello:

> Y salió otro caballo, rojo. Al que estaba montado sobre él, le fue
> dado poder para quitar la paz de la Tierra y para que se matasen
> unos a otros. Y le fue dada una gran espada. *Apocalipsis 6: 4.*

Este caballo rojo representa las guerras de religiones y las guerras en
general, que vendrían a ser una de las principales causas de la demora
en el incremento del número de humanos. Después viene el tercer
sello:

> Cuando abrió el tercer sello, oí al tercer ser viviente que decía:
> "¡Ven!" Y miré y he aquí un caballo negro, y el que estaba
> montado sobre él tenía una balanza en su mano. Y oí como
> una voz en medio de los cuatro seres vivientes, que decía: "¡Una
> medida de trigo por un denario, y tres medidas de cebada
> por un denario! Y no hagas ningún daño al vino ni al aceite".
> *Apocalipsis 6: 5, 6.*

Ese caballo negro es el hambre, que representaría un número
considerable de decesos antes de que los hombres la resuelvan
completamente sobre la Tierra. Después viene el cuarto sello:

> Y miré, y he aquí un caballo pálido; y el que estaba montado
> sobre él se llamaba Muerte; y el Hades le seguía muy de cerca.
> *Apocalipsis 6: 8.*

El 'caballo pálido' son las grandes epidemias, la peste y muchas otras cosas que diezmarían también a la Humanidad. El quinto sello se rompió:

> Cuando abrió el quinto sello, vi debajo del altar las almas de los que habían sido muertos a causa de la palabra de Dios y del testimonio que ellos tenían. Y clamaban a gran voz diciendo: "¿Hasta cuándo, oh soberano Señor, santo y verdadero, no juzgas y vengas nuestra sangre sobre los que moran en la Tierra?" Y a cada uno de ellos le fue dado un vestido blanco; y se les dijo que descansaran todavía un poco de tiempo, hasta que se completase el número de sus consiervos y sus hermanos que también habían de ser muertos como ellos. *Apocalipsis 6: 9-11.*

Esta escena representa lo que sucedió cuando los grandes Profetas, que viven eternamente con nosotros en nuestro planeta, nos pidieron que permitiéramos a los hombres que habían actuado positivamente, que fueran recreados antes de que el juicio final tuviera lugar, cuando nosotros queríamos conservar su código genético para reencarnarlos una vez que la Humanidad hubiese terminado su evolución. Entonces nosotros permitimos a varios miles de terrícolas que recreamos, vivir enseguida entre nosotros.

Después, se abrió el sexto sello:

> Y miré cuando él abrió el sexto sello, y se produjo un gran terremoto. El sol se puso negro como tela de cilicio; la luna entera se puso como sangre, y las estrellas del cielo cayeron sobre la tierra, como una higuera arroja sus higos tardíos cuando es sacudida por un fuerte viento. El cielo fue apartado como un pergamino enrollado, y toda montaña e isla fueron removidas de sus lugares. Los reyes de la Tierra, los grandes, los comandantes, los ricos, los poderosos, todo esclavo y todo libre se escondieron en las cuevas y entre las peñas de las montañas. *Apocalipsis 6: 12-15.*

Este sexto sello representa el peligro final para la Humanidad, el mayor peligro, aquel que podría destruirla totalmente: la guerra atómica. El violento terremoto es la explosión propiamente dicha, el sol negro es el oscurecimiento del cielo por el champiñón y las cenizas de la lluvia radioactiva que ustedes conocen bien ahora, y que hacen que la Luna parezca más oscura: 'el cielo fue apartado' son las nubes que son expulsadas brutalmente por la columna de aire caliente que se desprende de la explosión; en cuanto a los hombres que se ocultan en las cuevas de las montañas, es la avalancha de las muchedumbres corriendo hacia los refugios antiatómicos.

Es de esta catástrofe final si tuviera lugar, de la que serían salvados aquellos que sigan a nuestro Profeta, es decir, aquellos que habiéndose enterado de nuestros Mensajes, se hubieran hecho efectuar la transmisión de su plan celular; y aquellos que hubieren sido seleccionados por la gran computadora que sigue a todos los hombres desde su concepción hasta su muerte.

> Y vi que otro ángel, subiendo del oriente, tenía el sello del Dios vivo. Y llamó a gran voz a los cuatro ángeles a quienes les fue dado hacer daño a la tierra y al mar, diciendo: "¡No hagáis daño a la tierra, ni al mar, ni a los árboles, hasta que marquemos con un sello la frente de los siervos de nuestro Dios!" *Apocalipsis 7: 2, 3.*

Las personas que sean sellados en la frente, son aquellos que se han hecho efectuar la Transmisión del Plan Celular, por contacto manual entre nuestro profeta y el hueso frontal, que contiene el código genético más puro y más auténtico. El total de los que serán sellados en la frente será de aproximadamente ciento cuarenta y cuatro mil, y comprende a los que ya han sido recreados en nuestro planeta, a los que, sin haberse enterado de nuestro Mensaje, han llevado una vida orientada hacia el progreso y el pleno desarrollo de la Humanidad y a los que habiendo leído los Mensajes, hayan reconocido a Raël como nuestro Mensajero.

Hasta que el total de esos hombres no fuera alrededor de ciento cuarenta y cuatro mil, haremos que el cataclismo final se retrase, a fin de alcanzar un número suficiente de humanos para volver a comenzar una nueva generación en la Tierra cuando ésta fuera de nuevo un lugar accesible para vivir.

Si el sexto sello representa el descubrimiento y el primer uso de las armas atómicas, el séptimo sello representa el cataclismo final, la guerra atómica que conduce a la destrucción de toda la vida en la Tierra.

Cuando la primera trompeta del séptimo sello suena:

> El primero tocó la trompeta. Y se produjo granizo y fuego mezclados con sangre, y fueron arrojados sobre la Tierra. Y la tercera parte de la Tierra fue quemada, y la tercera parte de los árboles fue quemada, y toda la hierba verde fue quemada. *Apocalipsis 8: 7.*

La tercera parte de la Tierra es envuelta por la radiactividad, y los árboles y la hierba verde ya no crecen más.

> El segundo ángel tocó la trompeta. Y algo como un gran monte ardiendo con fuego fue lanzado al mar. Y la tercera parte del mar se convirtió en sangre; y murió la tercera parte de las criaturas vivientes que estaban en el mar, y la tercera parte de los barcos fue destruida. *Apocalipsis 8: 8.*

La explosión atómica produce una gigantesca erupción de lava que se ha vaciado en los océanos y ha matado un tercio de los animales marinos y destruido un tercio de los navíos.

> El tercer ángel tocó la trompeta. Y cayó del cielo una gran estrella, ardiendo como una antorcha; y cayó sobre la tercera parte de los ríos y sobre las fuentes de agua. El nombre de la estrella es Ajenjo. Y la tercera parte de las aguas se convirtió

en ajenjo, y muchos hombres murieron por las aguas, porque fueron hechas amargas. *Apocalipsis 8: 10, 11.*

Las explosiones atómicas se suceden en respuesta a los primeros ataques, los misiles, las 'grandes estrellas ardientes' caen por todos lados, y el agua potable es en gran parte contaminada, matando a muchos hombres que la beben.

El cuarto ángel tocó la trompeta. Y fue herida la tercera parte del sol, la tercera parte de la luna y la tercera parte de las estrellas, de manera que se oscureció la tercera parte de ellos, y no alumbraba el día durante una tercera parte, y también la noche de la misma manera. *Apocalipsis 8: 12.*

Las cenizas y el polvo levantados por las explosiones nucleares sucesivas son tantas que oscurecen el cielo, ocultan el Sol, la Luna y las estrellas dando la impresión de que el día y la noche son más cortos.

El quinto ángel tocó la trompeta. Y vi que una estrella había caído del cielo a la tierra, y le fue dada la llave del pozo del abismo. Y abrió el pozo del abismo, y subió humo del pozo como el humo de un gran horno; y fue oscurecido el sol y también el aire por el humo del pozo. *Apocalipsis 9: 1, 2.*

Descripción de la caída de un misil atómico y del hongo que produce.

Y del humo salieron langostas sobre la Tierra, y les fue dado poder como tienen poder los escorpiones de la Tierra. Y se les dijo que no hiciesen daño a la hierba de la tierra ni a ninguna cosa verde, ni a ningún árbol, sino solamente a los hombres que no tienen el sello de Dios en sus frentes. Se les mandó que no los matasen, sino que fuesen atormentados por cinco meses. Su tormento era como el tormento del escorpión cuando pica al hombre. En aquellos días los hombres buscarán la muerte, pero de ninguna manera la hallarán. Anhelarán morir, y la muerte huirá de ellos. *Apocalipsis 9: 3-6.*

Las langostas son los aviones cargados de bombas atómicas que dejan caer sobre las grandes ciudades y que ocasionan a los hombres que no murieron por la explosión, sufrimientos espantosos debidos a la exposición a la radioactividad. Serán envenenados por las radiaciones como lo podrían ser por la picadura de un escorpión.

El aspecto de las langostas era semejante a caballos equipados para la guerra. Sobre sus cabezas tenían como coronas, semejantes al oro, y sus caras eran como caras de hombres. Tenían cabello como cabello de mujeres, y sus dientes eran como dientes de leones. Tenían corazas como corazas de hierro. El estruendo de sus alas era como el ruido de carros que con muchos caballos corren a la batalla. Tienen colas semejantes a las de los escorpiones, y aguijones. Y en sus colas está su poder para hacer daño a los hombres durante cinco meses.*Apocalipsis 9: 7-10.*

Esas langostas metálicas recubiertas de metal son para un ser primitivo, como un caballo que parte hacia la guerra, éstas tienen una cabina, en cuyo interior Juan vio la cara de un hombre, 'sus caras eran como caras de hombres, y cuando volaban muy alto, en el cielo dejaban una estela blanca que Juan llama 'cabellos', sus 'dientes' son los misiles colgados bajo sus alas, la 'coraza de hierro' es el fuselaje; el ruido, es el de las turbinas de los reactores que ustedes conocen bien. En cuanto al poder que está en las 'colas de las langostas', son las radiaciones de los misiles enviados contra las poblaciones de los países atacados.

El sexto ángel tocó la trompeta. Y oí una voz que salía de los cuatro cuernos del altar de oro que estaba delante de Yahvé. *Apocalipsis 9: 13.*

Juan describe así los cuatro altavoces situados frente a mi cuando le hice presenciar todo esto.

> Así vi en la visión los caballos y a los que los montaban: tenían corazas de fuego, de jacinto y de azufre; las cabezas de los caballos como cabezas de león y de sus bocas salía fuego y humo y azufre. Y fue exterminada la tercera parte de los hombres por estas tres plagas: por el fuego, el humo y el azufre que salían de sus bocas. Porque el poder de los caballos está en su boca y en sus colas; pues sus colas, semejantes a serpientes, tienen cabezas y con ellas causan daño. *Apocalipsis 9: 17-19.*

Es también la descripción de otros aviones, la 'cabeza de los caballos' es en realidad la salida de los reactores, de donde salen llamas y humo, y las colas que tienen 'cabezas y con ellas causan daño' son los misiles nucleares. Ustedes saben muy bien que hablamos de la 'cabeza' de los misiles nucleares, ya sean buscadoras o no. Las explicaciones más detalladas posibles que le dimos a Juan dieron esta extraña descripción, y si ustedes realizan el experimento de explicar una sucesión de escenas parecida a un primitivo del Amazonas y le piden que escriba lo que ha visto, diría aproximadamente lo mismo, más aún si le piden a una decena de sus congéneres que también describan esas escenas, sin que el primero este presente, también escribirían lo mismo.

> Cuando los siete truenos hablaron, yo estaba por escribir, pero oí una voz del cielo que decía: "Sella las cosas que los siete truenos hablaron; no las escribas." *Apocalipsis 10: 4.*

Aquí le dijimos claramente a Juan que Dios no existía, y que nosotros éramos hombres como él pero como eso amenazaba con crear una confusión aún mayor entre los hombres, que necesitaban de tal muletilla hasta que se llegase a un nivel tecnológico suficientemente avanzado, le pedimos que no escribiera lo que le habíamos explicado, recordándole que llegaría un día en el que todo esto podría ser comprendido por todos los hombres.

> ... sino que en los días de la voz del séptimo ángel, cuando él esté por tocar la trompeta, también será consumado el misterio de Dios, como él lo anunció a sus siervos los Profetas. *Apocalipsis 10: 7.*

Le explicamos claramente que cuando llegara el tiempo, los hombres entenderían que Dios no existe y comprenderían que nosotros somos sus creadores.

> Por esto, alegraos, oh cielos, y los que habitáis en ellos. ¡Ay de la tierra y del mar! Porque el Diablo ha descendido a vosotros y tiene grande ira, sabiendo que le queda poco tiempo. *Apocalipsis 12: 12.*

Esta prueba final para la Humanidad que constituye la elección entre la autodestrucción y el paso a la Edad de Oro, también es la última oportunidad para Satanás de probar que tenía razón al decir que la Humanidad era malvada.

Si la Humanidad supera brillantemente esta prueba y llega a obtener un desarme total del planeta, los hombres, siendo no violentos, nos demostrarán que son dignos de recibir nuestro legado.

La Bestia que se describe más adelante, es simplemente la utilización de la energía nuclear con fines mortíferos.

> Aquí hay sabiduría: El que tiene entendimiento calcule el número de la bestia, porque es número de un hombre; y su número es 666. *Apocalipsis 13: 18.*

666 es el número de generaciones humanas que han existido sobre la Tierra desde la creación de los primeros hombres en los laboratorios originales. Los primeros hombres fueron creados hace alrededor de trece mil años: y si multiplicamos la duración de una generación

humana estimada en veinte años, por 666 obtenemos un total de trece mil trescientos veinte años.

La generación que nació al principio de la Era del Apocalipsis, en 1945 de la era Cristiana, es la número 666 después de la creación en laboratorio del primer hombre hecha por los Elohim. Esta generación coincide justamente con la primera utilización de la energía nuclear con fines mortíferos el 6 de agosto de ese año, 1945 en Hiroshima.

Una vez más, no había más que interpretar para comprender. Bastaba con leer lo que estaba escrito, 666 era efectivamente 'número de un hombre', un número de hombres que fueron paridos desde el principio, desde la creación, es decir, un número de generaciones.

> Entonces se produjeron relámpagos y estruendos y truenos, y hubo un gran terremoto. Tan fuerte fue ese gran terremoto como jamás había acontecido desde que el hombre existe sobre la Tierra. *Apocalipsis 16: 18.*

La sacudida debida a las explosiones atómicas es enorme y se hace aún más fuerte si origina una reacción en cadena.

> Toda isla huyó, y las montañas no fueron halladas más. *Apocalipsis 16: 20.*

Esta monstruosa explosión debida a la reacción en cadena, deja a la deriva brutalmente los continentes, engulle las islas y barre las montañas como pacas de paja.

> "Y un gran pedrisco, con piedras de casi un talento de peso, cayó del cielo sobre los hombres". *Apocalipsis 16: 21.*

En las partes que no han sufrido la explosión, caen rocas del cielo a miles de kilómetros de distancia de los puntos de caída de las bombas.

> Vi un cielo nuevo y una Tierra nueva; porque el primer
> cielo y la primera Tierra pasaron, y el mar ya no existe más.
> *Apocalipsis 21: 1.*

Juan pudo ver allí lo que uno podría ver desde una nave que se aleja de la Tierra. Uno tiene la impresión de que es la Tierra la que se aleja, cuando en realidad lo que lo hace es la nave en la que uno se encuentra. Luego esa nave viaja a través de las estrellas, en un cielo que no es familiar para un habitante de la Tierra, 'un cielo nuevo', y la nave se aproxima a otro planeta, 'una tierra nueva'.

> Y yo vi la santa ciudad, la nueva Jerusalén que descendía del
> cielo de parte de Yahvé, preparada como una novia adornada
> para su esposo. *Apocalipsis 21: 2.*

Vista desde la nave, el primitivo tiene la impresión de que la ciudad sobre la que va a aterrizar la nave, 'baja del cielo', cuando es muy evidente que en realidad es la máquina espacial la que se aproxima.

> Oí una gran voz que procedía del trono diciendo: "He aquí el
> tabernáculo de Yahvé está con los hombres, y él habitará con
> ellos; y ellos serán su pueblo, y Yahvé mismo estará con ellos
> como su Elohim. Y Yahvé enjugará toda lágrima de los ojos de
> ellos. No habrá más muerte, ni habrá más llanto, ni clamor, ni
> dolor; porque las primeras cosas ya pasaron. *Apocalipsis 21: 3, 4.*

Esto es la descripción del Planeta de los Eternos, donde todos los hombres que salvaríamos de la catástrofe vivirían con nosotros eternamente en espera de ser reimplantados en la Tierra cuando ésta fuera de nuevo habitable, para volver a crear una civilización pacífica.

Esto es lo que espera a la Humanidad si no logran que su nivel de sabiduría sea tan elevado como su nivel tecnológico.

Todo esto fue visto por un primitivo, puesto que Juan era un primitivo con respecto a nosotros, como Moisés, como Jesús, como todos nuestros Profetas lo eran con respecto a nuestro nivel, antes de que les diéramos una iniciación suficiente como para poder entrever lo que era un cierto dominio de la materia; como los científicos más evolucionados de ustedes lo son, con respecto a lo que nosotros somos capaces de hacer actualmente; y como los indios del Amazonas lo son, con respecto a los científicos de Cabo Cañaveral.

Eso es, por desgracia, lo que espera a los hombres con una probabilidad del 99%

Usted, que nos reconoce como sus creadores y que reconoce a Raël como nuestro Mensajero, debe, no obstante, luchar para que cualquier pequeña oportunidad de supervivencia sea aprovechada por los humanos llevándoles nuestros Mensajes. Si esto es lo que está usted haciendo, puede vivir tranquilo tratando de alcanzar su pleno desarrollo personal. Porque si usted está entre los justos que hacen lo máximo para hacer triunfar la no-violencia y la verdad, usted sabe que de cualquier manera lo salvaríamos del desastre. Luchen por el amor, la fraternidad y la inteligencia, pero no se desanimen si ven que la mayoría de los hombres continúan siendo violentos, agresivos y salvajes. Ya sea que la Humanidad llegue a alcanzar una conciencia planetaria y todo el planeta entre en la Edad de Oro, o bien que todo salte por los aires, ustedes serían aquellos que salvaríamos para reconstruir todo.

Yo, Yahvé, el Alfa y el Omega, aquel que fue el primero en la Tierra y que será el último, dirijo este Mensaje a los hombres de la Tierra, por la boca de mi Profeta Raël, a esos hombres que hemos creado, que hemos tratado de guiar hacia la Edad de Oro, y a quienes amamos como si fueran nuestros propios hijos.

Que la paz reine sobre la Tierra para los hombres de buena voluntad, para aquellos que tienen la voluntad de ser felices. Nuestro legado está listo. Ahora, esperemos que el niño no muera al nacer.

¡Ahora le toca a usted!

3

UNA RELIGIÓN ATEA

Ángeles Sin Alas

"Un ángel del cielo se puso en contacto conmigo. Me dijo que yo era el Mesías del Apocalipsis y que debía ir a evangelizar la Tierra; y que debía crear una Iglesia de la cual yo sería el Papa, el Pontífice y el Profeta de esta Religión Católica."

Leyendo estas líneas, aquellos que me conocen bien, se dirán: "Ya estuvo, él ha perdido su bella racionalidad, la inmensidad de su labor le ha causado problemas psicológicos graves y ha traicionado la causa."

En efecto, leyendo esta introducción, podemos entender en primer lugar:

"Un ser con alas vino del cielo para ponerse en contacto conmigo, y me dijo que yo era un ser divino enviado para anunciar el fin del mundo, y que debía ir a predicar el Evangelio sobre la Tierra, y construir una Iglesia de piedra y hormigón, de la cual yo sería el Papa con una tiara, y el Pontífice sentado sobre un trono, y el Profeta de esta Religión Católica - afiliada a Roma - que anunciará aquello que va a suceder en los siglos venideros".

Tratemos ahora de encontrar el verdadero significado de la frase en cuestión. Tal como lo hicimos para los términos *Elohim* y *Apocalipsis*, hay que recuperar la etimología de las palabras en su sentido más profundo, comenzando con el significado del término *etimología*, el cual viene del griego: *eutemos*, que significa "verdadero", y *logos*, que significa "ciencia". La "ciencia de lo verdadero", es decir, la "ciencia de la verdad", lo cual resulta de lo más natural para las personas que se reúnen alrededor del *"Libro Que Dice La Verdad"*, que son antes que nada, etimologistas, buscadores de la verdad.

Elohim fue erróneamente traducido por *"Dios"*, cuando realmente significa: "aquellos que vinieron del cielo" en Hebreo, y *Apocalipsis* fue traducido por "fin del mundo", cuando en realidad significa *"revelación"*. Todo esto lo sabemos ahora perfectamente. Ahora tomemos, una por una, las palabras de esta introducción aparentemente mística.

Un ángel del cielo entró en contacto conmigo.

Tomemos un diccionario. *Ángel* viene del griego *angelos*, que significa "Mensajero". Esto lo cambia todo. Ahora podemos decir que:

Un Mensajero del cielo entró en contacto conmigo.

Lo sobrenatural se hace comprensible. Continuemos:

Él me dijo que yo era el Mesías del Apocalipsis.

La palabra *Mesías* viene del Arameo *Meschikha* que significa "Ungido por el Señor", o "consagrado o elegido por el Señor". Vayamos al término *Señor* para comprender mejor la definición de la palabra *Mesías*. Descubrimos que la palabra *Señor - seigneur* en Francés - viene del Latín *Senior*, que significa "El de mayor edad". Según el vocabulario medieval, el Señor era una persona que reinaba sobre una provincia o sobre un feudo, y el "Dios" que nos hicieron creer que era eterno, sería necesariamente el más viejo, o sea, el "Señor" que gobernaba la Tierra. A través del tiempo la palabra fue transformada y la religión Católica adoptó "Mi Señor", "Monseigneur" en Francés o "Sire" en Ingles. La Revolución Francesa eliminó a los Señores. Desgraciadamente no fue así con la religión, por eso escuchamos llamar a los Obispos "Mi Señor" o "Monseigneur".

Así pues, *Mesías* significa "elegido por *Dios*", y como sabemos que la palabra Dios no es más que una mala traducción de *Elohim*, que significa "Aquellos que vinieron del cielo", podemos entonces decir que *Mesías* significa en definitiva, "elegido por aquellos que vinieron del cielo". Como ya sabemos que *Apocalipsis* significa 'Revelación' en Griego, podemos escribir claramente:

> El me dijo que yo soy aquel que había sido elegido por los que vinieron del cielo para la revelación.

Ahora todo queda claro. Pero continuemos:

> Y que debo ir a evangelizar la Tierra".

Evangelio viene del Griego *euagelion*, que significa "buena noticia". Y podemos decir entonces:

> y que debo partir a dar la buena noticia sobre la Tierra.

Luego encontramos:

> Que debo crear una Iglesia.

Iglesia – *eglise* en Francés, viene del Griego *ekklesia*, que significa Asamblea. Entonces se convierte en:

> Para crear una Asamblea.

Luego está escrito:

Donde yo seré el Papa y el Pontífice.

Papa viene del Griego *Pappas* que significa "Padre", y *Pontífice* viene del Latín *Pontifex* que tiene la misma raíz que Pont, que significa "conectar o unir" como un puente que une los dos bordes de un río o dos puntos situados en la Tierra, o también... ¡Un planeta con otro planeta!

Entonces podemos leer en claro:

> ... donde yo seré el Padre y el personaje que asegure la unión entre el planeta de los creadores y el de los hombres.

Por último encontraremos:

> Yo el Profeta de esta Religión Católica.

Profeta viene del Griego *Prophetes* que significa "Aquel que Revela", y *Religión* viene del Latín *Religio*, que quiere decir "aquello que une". "enlace que une a los creadores y su creación", y *Católica* viene del griego *Katholikos* que significa "Universal".

Al final, la frase viene a ser:

> Yo, aquel que tiene la misión de revelar el enlace universal que une a los hombres y a sus creadores.

En resumen, toda la frase dice:

> Un Mensajero del cielo se puso en contacto conmigo y me dijo que yo era aquel que había sido elegido por aquellos que vinieron del cielo para la revelación, y que debía difundir la buena noticia en la Tierra, crear una asamblea de la cual yo sería el Padre y el vínculo personal que asegure la unión entre el Planeta de los Creadores y el de los hombres, yo, aquel que

tiene la misión de revelar el enlace universal que une a los hombres y a sus creadores".

Y esta es una frase totalmente despojada de misticismo y comprensible racionalmente para cualquiera. No obstante, la frase puesta al principio de este capítulo quería decir exactamente lo mismo, pero la traducción en la mente de un místico primitivo de corto entendimiento, nos demuestra hasta qué punto es fácil alejarse del sentido profundo de una oración cuando no se respeta el sentido preciso de los términos que se utilizan.

Así pues, es evidente que el Movimiento Raeliano es de hecho una religión, es decir, el enlace que une a los creadores de la Humanidad a la susodicha humanidad, aunque se trate de una religión atea, es decir, que no cree en la existencia de un Dios. *Ateo* viene del Griego *Athéos*. que significa "que niega la existencia de toda divinidad".

Algunos dicen que lo que caracteriza a una religión es la práctica de un culto. ¿Qué es un "culto"? Este término viene del Latín *cultus*, que significa "homenaje rendido a Dios", o sea, al Creador, y nosotros diríamos a los Creadores, ya que *Elohim* es un plural. Ahora bien, el contacto telepático del domingo por la mañana a las once horas; la obligación de pensar al menos una vez al día en los Elohim (Capítulo 2 : El Segundo Encuentro, "Los Nuevos Mandamientos" del Segundo Mensaje); la obligación de invitar al menos una vez al año al guía de su región a su mesa para hablar de los Mensajes (misma obra, mismo Capítulo); la reunión mensual en torno al guía regional; y la reunión anual del 6 de agosto para festejar la entrada a la Era del Apocalipsis, constituyen otros tantos homenajes rendidos a nuestros creadores, y pueden entonces ser calificados como ceremonias de culto, es decir, como un conjunto de manifestaciones destinadas a rendir homenaje a nuestros creadores en fechas regulares, solos o en grupo.

Por último, si bien el Raeliano no cree en Dios, sí reconoce a Jesús como enviado de nuestros creadores, igual que a Moisés, Buda, Mahoma, Joseph Smith y todos los grandes profetas que han existido y esperan su regreso en compañía de los Elohim, tal y como lo anuncian las escrituras. Porque el Raeliano cree en el sentido profundo de las escrituras, más particularmente del *Génesis* de la Biblia, pero también del *Corán* y de muchos otros libros religiosos. Todos esos escritos han sido desprovistos de misticismo por los Mensajes de los Elohim y en consecuencia, el Raeliano evidentemente ignora las leyes humanas que han sido añadidas a estos escritos por los hombres para respetar mejor las leyes y gobiernos puramente humanos.

Rendir homenaje a los Elohim, puede ser llamado culto y ¿por qué negarse a ello? El culto no es nada malo en sí mismo cuando emana de personas que no divinizan a nuestros creadores, sino que les aman sinceramente por el extraordinario acto de amor que llevaron a cabo al darnos la vida, dejándonos progresar por nosotros mismos hasta que nos igualemos a ellos.

No se trata de arrodillarse o de tumbarse boca abajo ante las estrellas, sino por el contrario, de mirar al cielo de pie y orgulloso de ser un hombre consciente del privilegio que tiene de vivir en nuestra época, donde podemos comprender y amar a nuestros creadores. Amarles por la fantástica posibilidad que ellos nos han dado de crear vida cuando nos llegue el turno, dominando a nuestro nivel, la materia en sus más ínfimas partículas. Elevar hacia las galaxias una frente llena de amor y de esperanza, la esperanza de encontramos algún día con aquellos a quienes debemos la existencia, y de ser capaces de comprender por qué estamos aquí y cuál es nuestra misión en el infinito del espacio y del tiempo.

Hasta el momento, la humanidad veneraba a los creadores quienes han creado a cada hombre con la habilidad de comprender, ahora el hombre debe comprender a los creadores para así, poder amarlos aún más.

Si los hombres utilizan negativamente la ciencia y provocan un cataclismo nuclear fatal para la Humanidad, aquellos que hayan hecho lo posible, tratando de hacer que los hombres tomen conciencia de sus errores en nombre de los Elohim, serán salvados por nuestros creadores. Aquellos que tengan fe en nuestros Padres serán recompensados por ellos, como lo son ya los grandes Profetas que enviaron para instruir a los humanos, teniendo acceso a la vida eterna en el planeta donde viven para siempre. El término *fe* viene del Latín *fides*, que significa "confianza". Así pues, ya podemos dejar de creer sin antes comprender, teniendo confianza en los Elohim, teniendo fe en ellos, porque aquellos que tengan la inteligencia de tener fe en ellos serán recompensados en cualquier caso.

Tratando siempre de impedir que los hombres cometan lo irreparable, un Raeliano tiene confianza en nuestros creadores Elohim, porque sabe que ellos no le olvidarán si se produjera el cataclismo final.

La Irresponsabilidad

Si hubiese existido algún diario de noticias en Jerusalén hace dos mil años, éste habría hablado de desempleo, de la crisis de energía debido a la escasez de esclavos y de la escalada de precios a causa de los exorbitantes impuestos romanos. Todo eso llenaría las primeras planas de todos los periódicos que hubiesen existido y sería el tema de todas las pláticas. Y algunos "científicos oficiales" o algunos editores con ganas de publicidad, habrían hablado en algunas líneas de ese falso Profeta que decía ser el "Rey de los Judíos", y que las autoridades deberían arrestar sin tardanza, porque traería tras de sí a una muchedumbre de seres crédulos, de tontos, abusando así de la ingenuidad pública... Y "el iluminado" sería encarcelado, juzgado y condenado a muerte. Aquel que había consagrado su vida a difundir los Mensajes de nuestros creadores, se encontraba crucificado entre dos ladrones. ¿Cuál fue su crimen?, la práctica ilegal de la verdad, reservada a los representantes de las religiones oficiales debidamente patentadas.. ¿con al menos dos o tres siglos de antigüedad? Lo que podríamos llamar religiones con algún tipo de "denominación de origen".

> Entonces los principales sacerdotes y los ancianos persuadieron a las multitudes que pidieran a Barrabás y que dieran muerte a Jesús. *Mateo 27: 20.*

Los "altos sacerdotes" de las religiones oficiales y la prensa, convencen a la muchedumbre de que las religiones no son "admisibles" si no tienen miles de años de antigüedad, y que el resto son sólo un montón de sectas peligrosas.

Todas esas personas se interponen entre el hombre y la verdad, permitiendo al hombre creer en la religión de los "altos sacerdotes" del Estado, esos científicos que dicen que el hombre desciende del mono, pero que bautizan a sus hijos y ponen una cruz sobre la tumba de sus Padres; quienes también obstruyen la verdad permitiendo que el hombre crea en la religión de la tradición, que permite que los valores fundamentales de nuestra putrefacta sociedad sobrevivan algunos años más; esos que defienden la familia ahogadora de temperamentos y pagadora de impuestos; esos que defienden la patria nodriza de políticos y militares dispuestos a todo con tal de continuar cobrando sus salarios de príncipes; y de todos los bajos funcionarios no responsables de sus funciones que se hacen la ilusión de proteger a la sociedad cuando condenan, torturan o matan a alguien.

Esas son las religiones que aman aquellos que nos gobiernan, y quienes por lo mismo, tratan de eliminar aquellas religiones que podrían hacer vibrar a la juventud haciéndola descubrir la verdad y las que podrían dar deseos de cambiar las estructuras primitivas establecidas, para reemplazarlas por sistemas acordes con las tecnologías futuristas en las que vivimos.

No responsabilizar al hombre al máximo, esa es la preocupación principal de aquellos que imponen su voluntad sobre los hombres de la Tierra. Y bien saben por qué. Ellos saben que un soldado no puede matar al que tiene enfrente si no está convencido de que es por algún motivo, y que ese soldado no podrá torturar a un prisionero si no tiene la impresión de que es por algo importante. También saben que el ciudadano no aceptará pagar más impuestos sin reclamar si no es para ayudar a los agricultores víctimas de alguna sequía.

El hombre está dispuesto a todo por algo importante. Y el arte de los gobernantes, es convencer al pueblo de que su patria es algo importante.

Recientemente científicos americanos realizaron un experimento muy enriquecedor: Por un lado, contrataron a actores que iban a simular ser participantes en un experimento sobre el potencial de violencia de los hombres. Después, reclutaron por medio de anuncios, a personas que aceptaran participar en un experimento que permitiría conocer mejor la capacidad del cerebro humano. Estas personas serían colocadas, una por una, ante una consola en la cual había diferentes palancas que permitían enviar una descarga eléctrica al actor, el cual, situado detrás de un cristal, fingía recibir descargas de corriente eléctrica. Había 30 palancas que enviaban una descarga de entre 15 y 450 voltios. Cada una de ellas, aumentaban 15 voltios, de izquierda a derecha sucesivamente, y también se indicaba si el choque eléctrico recibido era ligero, mediano, fuerte o muy fuerte. El actor veía ante sí bombillas que al encenderse le permitían conocer el voltaje que supuestamente recibía en la especie de silla eléctrica donde estaba atado. Así, él simulaba las reacciones de acuerdo al choque recibido. Para un choque ligero, daba simplemente una pequeña sacudida, para un choque mediano, se sobresaltaba más y gritaba ligeramente, después comenzaba a protestar diciendo que ya no quería continuar con el experimento, si los choques aumentaban aún más en intensidad, gritaba suplicando que lo desataran, y cuando los choques alcanzaban la intensidad máxima, o sea 450 voltios, simulaba caer fulminado. Esos choques eran producidos por las personas que habían sido reclutadas mediante anuncios de periódico, sin embargo ellos no sabían que este era un actor, el cual, cuando daba respuestas equivocadas a preguntas simples planteadas por un científico que dirigía el experimento, era cuando enviaban las descargas. Este mismo científico animaba al que daba las descargas a continuar elevando el voltaje, sin preocuparse de las protestas del que las recibía, diciéndole que eso permitiría a la ciencia, y por lo tanto a la Humanidad, progresar de una manera extraordinaria.

Este experimento, en el cual aquel que se creía el experimentador era, en realidad, el que estaba en observación, fue reproducido un gran número de veces a fin de obtener estadísticas que permitieran saber cuántos hombres llegarían a administrar una descarga suficiente como para matar a una persona con el pretexto de hacer avanzar a la ciencia. Esto fue llevado a cabo en varios países con el propósito de comparar los resultados.

Contrariamente a lo que pensaban los científicos que desarrollaron este experimento y los psicólogos consultados, no hubo una pequeña minoría de desequilibrados que llegaron a los 450 voltios, y no sólo eso, sino que en los Estados Unidos iel 60% de los sujetos le hicieron caso al científico que les pedía que no tomaran en cuenta las quejas de la persona que estaban electrocutando y continuaran enviando descargas, incluso aunque este último no emitiera ningún sonido, lo que también se contabilizaba como respuesta errónea!... Y así tres veces seguidas, después de lo cual, se cambiaba a la persona electrocutada. Este experimento fue repetido en varios países europeos, donde el porcentaje de personas que llegaron a los 450 voltios rebasó el 70%. El récord absoluto estuvo en Alemania, con un 85% de responsables de homicidio por electrocución...

Las conclusiones del profesor Stanley Milgram, del Departamento de Psicología de la Universidad de Yale, fueron las siguientes:

> Cuando los individuos son sometidos a situaciones de control jerárquico, el mecanismo que normalmente asegura la regulación de sus decisiones individuales deja de funcionar, y su papel es tomado por el integrante del nivel superior... La desaparición del sentido de la responsabilidad, es la principal consecuencia de la sumisión a la autoridad...

> La mayoría de los sujetos sitúan su comportamiento dentro de un gran contexto de acciones útiles a la sociedad: La investigación de la verdad científica. Un laboratorio de psicología puede fácilmente aspirar a la legitimidad, al inspirar confianza en aquellos que invita a trabajar.

> Un acto como el de electrocutar a una persona, que parece algo malo considerado aisladamente, toma un sentido completamente diferente cuando se realiza en este entorno.

La moralidad no desaparece, pero su enfoque es totalmente diferente. La persona subordinada experimenta vergüenza u orgullo, según ejecute bien o mal los actos ordenados por la autoridad. El lenguaje ofrece un gran número de términos para designar ese tipo de moral: lealtad, sentido del deber, disciplina...

Sin duda la lección fundamental de nuestro estudio es la siguiente: Personas ordinarias, que simplemente hacen su trabajo y no tienen por su parte, hostilidad particular hacia nadie, pueden convertirse en agentes de un terrible proceso destructor.

Además, aún cuando los efectos destructores de su trabajo se hacen absolutamente evidentes o cuando se les ordena ejecutar acciones incompatibles con las normas básicas de la moral, relativamente pocas personas tienen recursos internos necesarios para resistirse a la autoridad.

Es un fallo mortal que tenemos y que parece ser muy natural en la mayoría, y que a la larga, no deja a nuestra especie más que una oportunidad mediocre de supervivencia[14].

No puede estar más claro. Ahora comprendemos mejor por qué Jesús fue crucificado, y cómo es que millones de hombres murieron bajo las garras de la Inquisición, en guerras civiles o religiosas, o en las masacres del nazismo. Ahora comprendemos mejor cómo un honrado tendero o carnicero, pudieron convertirse en crucificadores, en quemadores de brujas o en soldados SS, enviando a los hornos crematorios a mujeres y niños. Todos ellos pensaban que actuaban por el bien de la Humanidad. Los primeros, deshaciéndose de un "iluminado" que deseaba trastornar sus tradiciones; los otros, tomando a aquellos que, viviendo diferentemente, sin duda alguna eran responsables de las malas cosechas o de las epidemias, e incluso de la crisis económica. El hecho de que ideas tan estúpidas hubiesen podido germinar dentro del cerebro de muchas personas es perdonable, pero lo que no lo es, es que los gobernantes hayan podido utilizar a las multitudes empleando ideas tan monstruosas para motivarles y darles razones para actuar.

Los franceses responsables de las violentas incursiones contra las poblaciones de Argelia, actuaron según el mismo principio, y obligaron a los oficiales a torturar a los Africanos del Norte con el pretexto de obtener información "útil para la Patria". Aquellos que lo hacían, en cierto modo se 'sacrificaban', actuando con 'coraje' por los intereses de su país...

Hombres de la Tierra, permanezcan alertas y no realicen la menor acción sin antes preguntarse si no está en contradicción con su sentido profundo de respeto por el ser humano. Rechacen toda jerarquía que sobrentienda la anulación de su responsabilidad por los actos que ustedes mismos realicen.

No es por casualidad que todos los nazis que fueron juzgados se defendieran de buena fe diciendo que ellos no hicieron más que cumplir órdenes. El que lanzó la bomba sobre Hiroshima, tampoco hizo más que cumplir órdenes: y actualmente en todas las grandes potencias del mundo hay hombres dispuestos a disparar misiles nucleares con muy buena intención, y con una clara conciencia de que ellos no harían más que "cumplir órdenes"... ¡Ellos son responsables de sus acciones! En la Alemania nazi, fueron torturados millones de hombres, mujeres y niños porque aquellos que lo hicieron sólo ejecutaban órdenes y de este modo, el único responsable sería Hitler.. ¡Qué fácil! Cientos de misiles nucleares están preparados para ser lanzados desde el suelo francés sobre ciudades donde viven millones de mujeres y niños y, ¿el único responsable sería el Presidente de la República en caso de un holocausto? ¡NO! Cada hombre que tenga entre sus manos el poder de matar a otros, es personalmente responsable de la utilización que hace de él. Aquel que enciende el horno crematorio donde se sacrifican niños, es aún más responsable que el jefe que lo ordenó, y aquel que arroja una bomba sobre una ciudad, es más responsable que quien toma la decisión de hacerlo.

¡Cada hombre es absolutamente responsable de sus propios actos y no puede, en ningún caso, escudarse tras el hecho de que actuó cumpliendo órdenes que le habían sido dadas por sus superiores!

Ustedes, Raelianos, si mañana mismo les pidiera que mataran a alguien para hacer avanzar más aprisa nuestro movimiento. ¡No deben hacerlo! Aún más, si un mismísimo Elhoa les pidiera matar a un hombre, no lo deben hacer, puesto que sería Satán tratando de demostrar a los eternos que los hombres son esencialmente malos.

Todas sus acciones deben basarse en un respeto profundo por la vida de los demás, de sus ideas y de sus gustos. Combatimos ideologías sin jamás utilizar acciones físicas violentas hacia quienes las defienden.

Despierten a aquellos que los rodean, instrúyanles este respeto profundo por la vida de los hombres y a rechazar la irresponsabilidad, donde el más peligroso difusor es el ejército. 85% en Alemania, 60% solamente en Estados Unidos... Ustedes deben actuar utilizando todas sus fuerzas para que mañana no haya más que un 10% de débiles que acepten realizar actos violentos ordenados por una jerarquía político-militar.

Aquellos que mataron a Jesús lo hicieron con toda serenidad. Ellos no eran responsables, y no hicieron más que cumplir órdenes. El mismo Poncio Pilatos se negó a asumir la responsabilidad de la muerte de Jesús. El "se lavó las manos" y permitió que los fanáticos condicionados por los Rabinos, como los S.S., le crucificaran. Si interrogáramos a todas esas personas, ninguna se sentiría responsable. Todas se lavarían las manos, como lo hicieron los romanos: los rabinos dirían que habían obedecido la Ley y posiblemente a un jefe; los fanáticos igualmente; en definitiva, quizá nos encontraríamos con un solo responsable, cuando toda la población es responsable de haber cometido un crimen: El crimen de no intervenir para impedir tal asesinato, la muerte de un inocente.

Aquellos que enviaron a los primeros cristianos a la fosa de los leones, tampoco hicieron más que cumplir órdenes; también aquellos que quemaron a las brujas, igualmente aquellos que martirizaron a los protestantes, igual que todos los nazis de Auschwitz que no hicieron más que ejecutar órdenes, como el piloto del bombardero que soltó la bomba sobre Hiroshima o como los hombres que se encontraban en los comandos de helicópteros que arrasaron las ciudades vietnamitas.

Ustedes tienen que decidir a cada instante: Seguir siendo responsables de sus actos o convertirse en "irresponsables". Pero también los irresponsables son, no obstante, responsables de sus actos, y deberán responder algún día, puesto que todos ellos han cometido crímenes contra la Humanidad.

Apréndanselo de memoria si hace falta, pero rechacen toda obediencia a una autoridad que pretenda hacerlos realizar actos en los que no se les tenga como responsables. El ejército es el ejemplo más peligroso. Es mejor morir siendo responsable de nuestra negativa a matar a alguien, que matar a otros y escudarse en el hecho de que sólo obedecimos órdenes. Aquel que cumple órdenes monstruosas, es más responsable que aquel que las da.

Ninguna causa justifica el sufrimiento del prójimo, sea ésta cual fuere. Si la supervivencia de la Humanidad dependiera del sufrimiento que se infligiera a un solo hombre, y ese único hombre fuera no violento, sería mejor dejar perecer a toda la Humanidad, con más razón, si se trata de la supervivencia de la 'patria', es decir, de una frontera trazada arbitrariamente sobre una Tierra que es de todos los hombres.

Sólo el respeto absoluto de este principio puede impedir el deslizamiento imperceptible hacia la irresponsabilidad de los individuos.

"Yo soy responsable de todo aquello que hago a los demás aunque me haya sido ordenado". Esta es la primera frase que debemos tener siempre en mente.

"Ninguna causa justifica el sufrimiento o la muerte de un ser no violento, y no existe ninguna excepción que la justifique, aún cuando la supervivencia de la Humanidad dependiera de ello". Es la segunda frase que debemos tener siempre en mente.

Es evidente que esto no contradice el recurso a la legítima defensa expuesta en los Mensajes, y que permite reducir a la impotencia, eventualmente por la fuerza, a alguien que trate de utilizar la violencia contra nosotros o en contra de aquellos a quienes amamos. Si un militar amenaza con destruir a la Humanidad con sus misiles, estaría completamente justificado reducirlo a la impotencia, eventualmente mediante el uso de la fuerza e incluso, ejecutándolo si no quedara otro remedio. A aquellos que amenazan a la Humanidad con la violencia, se les puede aplicar la violencia si es necesario, pero tratando siempre primero de desarmarlos y reducirlos a la impotencia.

Además, existe un buen método para controlar a aquellos que tienen en sus manos el poder de aniquilar ciudades ejecutando las órdenes que reciben de lanzar misiles nucleares. Basta con tener una lista precisa de sus identidades a fin de que ellos sepan que en caso de la utilización de esas armas, serán perseguidos y juzgados personalmente, de la misma manera que aquellos que dieron las órdenes. Si hubiésemos hecho eso con los criminales nazi, y hubiese existido tal lista antes de 1939 con disposiciones semejantes, sin duda alguna lo habrían pensado dos veces antes de torturar a personas inocentes.

Los civiles no violentos deberían tener la posibilidad de colocar entre los militares, a observadores neutrales, que se encargarían de revelar la identidad de todos aquellos que hubieran ejecutado misiones inhumanas con el pretexto de haber recibido una orden. Existe una policía de policías, pero no existe una policía del ejército que tenga libertad para ordenar todo lo que quiera, sabiendo que en tiempos de guerra un soldado que se niegue a cumplir una orden puede ser fusilado en el campo de batalla.

Esos observadores, hasta que desaparezcan los ejércitos y las guerras, podrían oponerse a la ejecución de soldados que se nieguen a llevar a cabo órdenes calificadas como crímenes contra la Humanidad. La ONU podría imponer la presencia de esos observadores en todos los ejércitos del mundo, y ningún soldado podría ser ejecutado sin que su desobediencia a tales órdenes hubiera sido antes juzgada por un consejo de estos observadores, a fin de determinar si la orden dada era constitutiva de un crimen contra la Humanidad, o no.

Es así cómo muchos hombres son obligados a cumplir órdenes que ellos mismos desaprueban; temen ser castigados si no obedecen. Prefieren matar o torturar a inocentes antes que ser encarcelados o asesinados ellos mismos. ¡Rechacen doblegarse! Sean verdaderamente héroes de la Humanidad, prefiriendo ser encarcelados o sacrificados ustedes mismos, antes que poner la mano sobre personas inocentes. Cuando ustedes hayan motivado a millones de personas a actuar de la misma manera, aquellos que dan las órdenes verán cómo un ejército de hombres se niega a llevar a cabo los crímenes que ellos ordenan, y llegará el tiempo en que aquellos que se atrevieron a dar tales órdenes, sean castigados, y ustedes serán escuchados.

Los hombres han tenido energía suficiente como para rechazar el trabajo y sindicalizarse, cuando los patrones eran todopoderosos para explotar a los seres humanos como ganado, aunque varios fueron asesinados por las balas de los policías defensores del orden anterior a 1936. Es posible encontrar la misma energía para luchar contra la última forma de tiranía impuesta a los habitantes de la Tierra: El militarismo.

Todo esto que les digo molesta mucho a las personas que tienen poder y honores. Desgraciadamente para ellos, se han dado cuenta demasiado tarde de mi existencia. Yo estaba muy inquieto durante los dos primeros años de mi misión, pero ahora ya no lo estoy tanto. Si yo hubiese sido encarcelado al principio, no la habría podido llevar bien a cabo sobre la Tierra. Afortunadamente, los poderosos se rieron de ese joven melenudo que hablaba de platillos voladores y de marcianos con antenas rosadas...

Pero ahora que ellos comprenden que el contenido de los Mensajes de nuestros creadores es revolucionario y cuestiona todo aquello que les ha servido para asegurar su poder: la religión, la política, los ejércitos, el trabajo, la familia, la patria, etc. etc., comienzan a tratar de impedirme actuar utilizando contra mí su justicia, tal y como utilizaron la justicia contra mi hermano Jesús.

Siempre ha habido una justicia que justifique las peores injusticias. Siempre ha habido tribunales oficiales para condenar a los primeros cristianos, para enviar a las brujas a la hoguera, a los judíos a los campos de exterminio o a los disidentes soviéticos a los hospitales psiquiátricos o a los campos de trabajo: a todas estas personas que molestan porque se niegan a entrar en fila, ser "normales" y conformistas.

Desgraciadamente para ellos, se han despertado demasiado tarde.

Aunque me encerraran en el fondo de una de sus celdas, ustedes son miles de Mensajeros de los Elohim diseminados en todo el mundo. Yo no estoy solo, yo soy tres mil (la cifra se basa en la fecha de la edición del libro 1979: 3.000, en 2002: 55.000 en 2009: 90.000).

Y yo entraría en la celda sonriendo y pensando en ustedes, que a través del mundo serán otros tantos Raël, trabajando juntos para que la embajada sea edificada y para que la Humanidad se adentre en la Edad de Oro.

Desde el fondo de mi celda, yo tendría la satisfacción de quien ha llevado a cabo aquello por lo que ha existido, y del que se da cuenta que todo marcha bien incluso sin él, esperando el día en que mi Padre que está en los cielos, se de cuenta de que yo ya no soy muy útil en la Tierra y me permita reunirme con mis hermanos los Profetas, en el Planeta de los Eternos.

Simplemente con esta idea, yo deseo cantar a la gloria de nuestros Padres y repetir esas palabras que los hombres siempre han repetido sin comprender: ¡Aleluya! ¡Aleluya!, que en Hebreo significa: ¡Alabado sea Yahvé! '. Sí, alabado sea Yahvé por haberme dado la fuerza para realizar mi misión hasta el final.

Ahora, yo les paso la antorcha para que ustedes mis hermanos Raelianos tomen el relevo, para que cumplan su misión. Aunque no haya llegado todavía el momento del triunfo de la verdad, no está muy lejos; y ustedes tendrán la oportunidad de vivirlo. Está escrito que ésta generación no pasará sin que todo sea revelado.

Estas palabras están dirigidas para los que tienen la oportunidad de vivir en esta Era del Apocalipsis, en la cual hemos entrado desde 1945. ¡Tú eres esta generación! Y conocerás la Edad de Oro en una Tierra que tú mismo habrás contribuido a pacificar y a iluminar, o todo se destruirá y conocerás la Edad de Oro en compañía de aquellos que ya están en el Planeta de los Eternos.

Los Elohim cuentan contigo para hacer triunfar la luz. Mi última palabra será también una demistificación etimológica: ¡Amén!, que en Hebreo significa: ¡Que así sea!

Y tú, que descubres esta obra sin conocer a fondo los Mensajes de nuestros creadores, apresúrate a leer este libro en el que están contenidos los mismos y únete a nosotros para ayudarnos a darlos a conocer a los hombres de la Tierra; y para que construyamos juntos la residencia donde vendrán oficialmente a tener contacto con los gobernantes de nuestro planeta, la Embajada Terrestre de los Elohim, donde ellos llegarán con sus antiguos Mensajeros: Moisés. Jesús. Buda, Mahoma y algunos más, tal como lo anunciaban las Escrituras.

Después escríbeme. Yo responderé personalmente a tu carta y te indicaré dónde y cuándo puedes hacerte efectuar la transmisión de tu plan celular, primer acto que demuestra tu reconocimiento de los Elohim como nuestros creadores, la dirección del Guía de su región, y los lugares y fechas de los seminarios Raelianos, que pueden hacer de ti un guía, es decir, un Mensajero eficaz de nuestra religión atea del infinito, del pleno desarrollo personal y del amor de la Humanidad.

¡Toma tu bolígrafo! ¡Deja de ser un espectador de tu vida! Conviértete en actor en el escenario de ese diario triste, gris y resignado que es tu vida, para iluminarla con los mil colores tornasolados de la conciencia absoluta.

Toma papel en qué escribir y simple y llanamente, con tus palabras de todos los días, dime si el haber descubierto la verdad te ha conmovido. No dejes decaer este impulso que sientes aumentar en ti, diciéndote: Bueno, no está mal, pero yo que soy tan poca cosa, ¿qué puedo cambiar? o ¿Qué dirán los vecinos? etc.

¡No regreses al cascarón frágil que la sociedad ha puesto sobre tus espaldas! Has comenzado a sacar la cabeza y eso te parece maravilloso, pero tienes temor de que eso no sea más que una ilusión y de que después ese placer pasajero te dé muchos problemas. ¡Eso es falso! Esta fantástica emoción que tú has sentido, vívela hasta el final. Te adentrarás en un mundo donde encontrarás cientos de personas que, como tú, en una noche, de un tirón, descubrieron los Mensajes y dudaron antes de involucrarse en su difusión.

Ellos te ayudarán contándote su propia progresión, y te encontrarás a ti mismo en sus palabras, divirtiéndote y contando tus angustias, lleno de alegría de poder hablar libremente y sin temor de ser tomado por un tonto, platicando con personas que sabes con seguridad, que tienen la misma concepción que tu del Universo. Esta concepción que tenias dentro de ti y que no te atrevías a hablar con ninguna persona por temor a ser ridiculizado.

Pierre, uno de nuestros Guías, una vez dijo: "Uno no se convierte en Raeliano, uno descubre que lo era al descubrir los Mensajes".

Si has descubierto que eres Raeliano, entonces estoy esperando tu carta y los Elohim están esperando que la pongas en el buzón. Mi dirección es:

Raël
c/o Religión Raeliana Internacional
CP 225 CH 1211
Ginebra 8, Suiza.

O escríbeme a este correo-e: headquarters@rael.org

4

Comentarios Y Testimonios De Raelianos

El Raelismo a la Luz de la Ciencia

Marcel Terusse - *Ingeniero Químico & Guía Raeliano*

1: Evolución, Oscurantismo Y El Mito Neo- Darwiniano

La mayoría de la gente ha aprendido en la escuela la teoría de la evolución. Han sufrido la influencia de esta teoría estudiando historia, filosofía e incluso religión. A este respecto, Jean Rostand ha manifestado lo siguiente: "Estamos impregnados, saturados y condicionados con esta idea... hemos aprendido todo eso en la escuela. Hemos repetido automáticamente que la vida evolucionó y que los seres se transforman unos en otros. Este adoctrinamiento, generación tras generación, terminó por influir inevitablemente en la mente de los hombres, hasta tal punto que, hoy día, raro es el estudiante que tiene un punto de vista contrario, sobre todo porque la gran cantidad de evidencia en contra, nunca es presentada a los alumnos.

¿Cuántos no habrían tenido el coraje de haberse convertido en héroes, si se atrevieran a cuestionar la evolución, cuando los científicos, los profesores y los eclesiásticos más conocidos afirman que ésta es un hecho?, dando a entender que sólo los ignorantes se negarían a creer en ella, ¿Cómo iban a atreverse los profanos a contradecirlos? Esto es un gran problema para aquellos que piensan cursar una carrera científica. Afortunadamente, algunas mentes particularmente evolucionadas se rebelan contra tal estado de cosas, y en su libro La Evolución (1960), el eminente biólogo Jean Rostand escribió:

> .... ¿estamos realmente tan seguros, como por supuesto lo desean los neo-darwinianos, que el problema de la evolución está realmente resuelto? Las mutaciones que conocemos y a las que ellos quieren hacer responsables de la construcción del mundo viviente son, en general, carencias orgánicas, deficiencias (pérdida de pigmentos, pérdida del apéndice. etc.) o duplicaciones de órganos preexistentes. En cualquier caso, no aportan jamás nada verdaderamente nuevo u original al plano orgánico, nada que nos impulse a pensar que sean los cimientos de un nuevo órgano o el principio de una nueva función. No, decididamente yo no puedo animarme a pensar que esos "errores" de la herencia pudieran, aún con el recurso de la selección natural y teniendo a favor los inmensos períodos de que dispuso la evolución de la vida, construir todo el mundo viviente, con sus riquezas, sus delicadezas estructurales y sus asombrosas adaptaciones."

En el curso de las últimas décadas se han realizado numerosas pruebas para determinar el mecanismo de las mutaciones, y siempre se ha llegado a la misma conclusión.

Uno de los pioneros en este campo de estudio fue H.J. Muller, Premio Nobel en 1946, quien estudio particularmente la común mosca del vinagre, llamada Drosophila Melanogaster, quien dijo: "Es tan poco frecuente que una mutación sea saludable, que podemos considerarlas todas como nocivas".

La mayoría de las mutaciones, tanto las provocadas en los laboratorios como las que aparecen en la población, producen deterioros en la viabilidad, enfermedades hereditarias y monstruosidades genéticas. El plano cromosómico de los organismos vivos es extremadamente complejo y toda modificación aleatoria provocará inevitablemente una desorganización.

Por métodos experimentales, se produjeron pollos con el cuello, e incluso todo el cuerpo sin plumas, e insectos en los que el color de los ojos, las alas, los miembros posteriores u otros órganos fueron ligeramente modificados. Pero, en el entorno natural, ninguna mutación habría sido ventajosa para asegurar la supervivencia de la especie. Un accidente nunca aporta mejoras, sino daños. ¡No podemos pretender mejorar la precisión de un cronómetro arrojándolo al suelo, o aumentar la complejidad de una computadora golpeándola con una llave inglesa! Y el factor tiempo no cambia nada: lo que era imposible ayer, también lo es hoy.

Las mutaciones por sí mismas siempre permanecen dentro de los confines de las especies. Por ejemplo, las innumerables mutaciones provocadas en la Drosophila nunca produjeron algo diferente a la de sus ancestros. Las mutaciones hicieron variar la talla, la morfología o el color de las moscas, pero nunca ninguna mutación o serie de mutaciones ha hecho aparecer un organismo verdaderamente nuevo con atributos que nunca antes hubieran existido.

Las células vivas están compuestas de moléculas extremadamente complejas, que a su vez están compuestas de numerosos y diferentes átomos. ¿Es posible que esos átomos, inicialmente diseminados, hayan podido reagruparse y ensamblarse espontáneamente? No, porque la materia inanimada no trata de mejorarse a sí misma, sino que tiende, por el contrario, a un estado de desorganización o de estabilidad. Y no sirve de nada referirse a enormes períodos de tiempo. El tiempo provoca la descomposición y la desintegración.

Esta tendencia que tiene toda estructura orgánica de degradarse hacia la desorganización esta enunciada en la Ley Termodinámica que define la función de la entropía. No existe jamás una ganancia de orden sin la intervención de una fuerza exterior.

La materia inanimada, desprovista de movimiento y de energía, permanece indefinidamente inerte sin la intervención de una fuerza exterior dirigida y organizada. La teoría evolucionista está en contradicción con la Ley de la Entropía.

Nunca se han aplicado métodos verdaderamente científicos para construir la teoría de la evolución, y así continuará mientras los evolucionistas no consideren objetivamente las evidencias, y continúen forzando los factores basados en egocentrismo, argucias, búsqueda de la gloria o del ascenso; es necesario que estos desaparezcan para acceder honestamente a conclusiones basadas en hechos sólidos en vez de ideas preconcebidas. La vida en la Tierra no es el fruto de la casualidad o de la necesidad, sino el resultado de una intervención exterior, es decir, de la intervención de los Elohim, nuestros creadores.

2. Hipótesis Para Una Nueva Historia De La Humanidad

Cuando la CIA, Central de Inteligencia de los Estados Unidos, confió al Instituto Hudson la realización de un estudio sobre la distribución de los recursos de carbón, petróleo y gas natural en el mundo, el profesor Richard Nehring, director del estudio, llegó a una conclusión que constituye un enigma para él y los geólogos.

Al final del período geológico del triásico, en la época en que los continentes no estaban aún separados como lo están ahora, existía una especie de anillo petrolífero. Después de la deriva de los continentes, este anillo se fragmentó en diferentes partes que constituyen actualmente la mayoría de los grandes yacimientos mundiales: como los del Ártico y de Alaska, Arenas Asfálticas de Alberta, Pizarras Bituminosas de Colorado, México, Venezuela, Aceites Pesados del Orinoco, Nigeria, Sur del Sahara, Libia, Arabia. Irán y Siberia Occidental.

Esta distribución circular es muy sorprendente para el profesor Nebring...

Actualmente, sabemos que el petróleo es el resultado de la descomposición de organismos vivientes como plantas, animales, etc. en un medio con ausencia de aire. En este proceso de descomposición, las grasas y las proteínas son transformadas en petróleo por bacterias anaeróbicas (que viven en ausencia de aire). Esta explicación sugiere que los materiales constitutivos del combustible como son los vegetales y los animales, debieron de haber sido sepultados de forma instantánea para que las bacterias aeróbicas (que viven en presencia de aire) no hubieran descompuesto esos materiales.

También sabemos que en el bosque, un árbol muerto caído al suelo, se transforma en humus en el transcurso de unos meses. El examen de los yacimientos muestra un amontonamiento y una acumulación a una profundidad considerable (dos mil metros en el Norte de Francia) y sobre impresionantes superficies (dieciocho mil kilómetros cuadrados en los Apalaches en los Estados Unidos). El volumen de materia abruptamente enterrada es enorme.

Ninguna teoría actual explica de manera satisfactoria cómo pudieron producirse tales eventos. Pero nosotros, los Raelianos, tenemos la llave de este enigma.

Los Elohim, cuando decidieron destruir los laboratorios y las bases que habían construido en la Tierra, así como el conjunto de su creación, debieron utilizar medios de destrucción de una potencia tal que el continente original donde habían construido sus bases, y que había sido cubierto en el transcurso de siglos por bosques habitados por todos los animales de la creación, no resistió ese cataclismo y se fragmentó. La superficie del suelo fue arrasada por las ondas de choque de las explosiones; los bosques, los animales y la capa superficial de tierra fue cercenada, sepultando bajo toneladas de tierra a innumerables formas de vida vegetal, animal, incluidos los seres humanos; dándose las condiciones anaeróbicas necesarias para la transformación de la materia orgánica, en combustible y en petróleo. Formando ese inmenso anillo que tanto intriga a Nehring cuando trató de juntar los fragmentos de lo que una vez fue el continente original.

Después del evento, las placas continentales se separaron violentamente y se movieron en diferentes direcciones: al principio muy rápidamente y con el transcurso de los años, su deslizamiento disminuyó su velocidad, hasta llegar a ser hoy de sólo unos cuantos centímetros por año... durante miles de años, la erosión hizo su obra, y se acumularon sedimentos ricos en restos de animales y vegetales de todo tipo, conchas, etc. en el fondo de los océanos, particularmente en los bordes del talud continental: Las placas norte y sur que actualmente forman el Continente Americano; al deslizarse hacia el oeste, acumularon los sedimentos orgánicos en el borde de la placa continental que al final formaron la Cordillera de los Andes y las Montañas Rocallosas.

A su vez, el subcontinente indio se separó de África, deslizándose hacia el Noreste atrapando la formidable masa de materiales que constituye actualmente la Cordillera del Himalaya. El continente antártico, a la deriva hacia el sur, se cubrió de un espeso manto de hielo, aprisionando hasta nuestros días, vestigios de vegetación tropical. Australia, unida inicialmente a África y al subcontinente indio, se movió hacia el sureste, acumulando sobre su superficie sedimentos que forman hoy en día la Cordillera Australiana.

Esos cataclismos fueron titánicos, y esas convulsiones provocaron grandes cambios climáticos y geológicos, aniquilando innumerables formas de vida y sepultándolas bajo estratos de lodo congelado, arena, limo y tierra. En algunas áreas, el cambio violento de temperatura engulló animales y plantas de zonas tropicales congelándolas hasta nuestros días. Y periódicamente vemos emerger de sus sepulcros de hielo, mamuts y todo tipo de animales del Gran Norte Siberiano.

Solo un pequeñísimo número de hombres fueron protegidos en el arca durante el diluvio. A su regreso, encontraron los continentes completamente asolados e irreconocibles por las destrucciones. Los trastornos geológicos habían sido enormes, en muchos lugares el suelo había sido desprendido y las fallas en la plataforma continental ocasionaban fenómenos volcánicos.

La idea de la desaparición del continente de Mu o de la Atlántida proviene de ese recuerdo deformado por el tiempo y la transmisión oral de que en tiempos lejanos, allí donde hoy encontramos agua, hubo un continente. De hecho, el continente no se hundió en el mar… simplemente se alejó…

No todas las especies fueron recreadas después del diluvio, algunas consideradas como monstruosas o perjudiciales para mantener el equilibrio ecológico, no fueron reimplantadas: ese fue el caso de todos los grandes reptiles, dinosaurios y otros saurios espantosos. Esto explica la instantánea y simultánea desaparición de esos animales antediluvianos.

Después del diluvio, los Elohim cohabitaron con los hombres de la Tierra. Los rastros de su presencia los podemos encontrar diseminados sobre los cuatro puntos cardinales de la Tierra, y son postdiluvianos.

Aprendamos a abrir los ojos, tenemos todo a nuestro alrededor para comprender. Estamos en la era del Apocalipsis, tiempo en el que podemos tener esperanzas de volver de nuevo, a encontrarnos con nuestros creadores, los Elohim.

3: El Bautismo Raeliano. La Transmisión Del Plan Celular A La Luz De La Ciencia

Sabemos actualmente que mediante estudios espectrales, se ha investigado la relación entre la materia y la energía, los cuales nos han permitido acceder a todo un conjunto de conocimientos sobre la estructura y la constitución de las moléculas. La materia, que parece homogénea a nivel de nuestros sentidos, en cada uno de sus estados: sólido, líquido y gaseoso, está esencialmente constituida por moléculas que, a su vez, están formadas de átomos.

El átomo es semejante a un sistema planetario en miniatura, constituido por un núcleo cargado positivamente alrededor del cual, gravitan electrones capaces de girar al mismo tiempo sobre sí mismos, tal como lo hace la Tierra en su movimiento alrededor del Sol. El movimiento de los electrones se describe por medio de cuatro números llamados números cuánticos (principal, secundario, magnético y spin). La mecánica ondulatoria asocia una vibración especial para cada partícula en movimiento, la cual puede ser predicha por la ecuación de Shrodinger.

Un átomo es capaz de emitir o absorber energía de frecuencias determinadas, para lo cual emite un espectro de radiaciones separadas y específicas. Existe una correspondencia entre la energía que emite un átomo en sus diferentes estados y la frecuencia de radiación que es capaz de emitir o absorber. Así pues, cada átomo puede ser caracterizado por su espectro atómico específico.

La resonancia magnética nuclear es también capaz de proporcionar con precisión, detalles sobre la naturaleza de los enlaces entre los átomos en el interior de la molécula.

De igual modo, los átomos que conforman una molécula, son capaces de vibrar unos en relación con otros. Si la molécula sólo contiene dos átomos, no hay más que una vibración fundamental posible, que une los centros de gravedad de ambos núcleos. La vibración sería entonces lineal. Las moléculas que contienen más de dos átomos tienen un mayor número de vibraciones fundamentales.

Los átomos son igualmente capaces de girar alrededor de sus ejes. La energía de vibración y rotación sólo pueden variar de manera discontinua. El salto de un nivel de energía a otro se hace por absorción o por emisión de energía. Toda reacción química se basa en esos cambios de energía los cuales, pueden ser medidos y registrados mediante el espectro molecular de rotación y vibración electrónica. Todas las moléculas de nuestro cuerpo vibran y emiten un conjunto de vibraciones que, al principio, parecen como una enorme disonancia. Así pues, el cuerpo humano es un emisor de ondas eléctricas y electromagnéticas.

Actualmente, nuestra tecnología todavía no nos permite comprender tales fenómenos en un conjunto tan complejo como el cuerpo humano, y nuestros métodos de análisis no están lo suficientemente perfeccionados como para distinguir una emisión proveniente de una molécula en particular y disociarla del "ruido de fondo". Pero con el tiempo...

Recuerden que Hertz no descubrió las ondas que llevan su nombre hasta los años veinte. La resonancia magnética nuclear sólo es conocida desde 1946, entonces, ¿dónde estaremos dentro de cincuenta, cien o mil años?; no olvidemos que los Elohim nos aventajan con veinticinco mil años.

Pero de momento, ya comprendemos el principio del bautismo y de la transmisión del plan celular y esta ceremonia se explica científicamente. Cada individuo tiene un plan cromosómico o celular específico. Esta estructura vibra y tiene un espectro de emisión electromagnético propio.

Un guía iniciado identificado por los Elohim puede servir de intermediario entre el nuevo Raeliano y la base espacial encargada de la vigilancia de los hombres.

El guía moja sus manos a fin de establecer un buen contacto eléctrico para realizar una perfecta transmisión. El bautismo Raeliano indica a los Elohim que el nuevo Raeliano ha tomado conciencia de los Mensajes, que los comprende y que vivirá de acuerdo a éstos. Es una ceremonia de 'reconocimiento'.

Impresiones De Un 'Sacerdote'

VÍCTOR LEGENDRE - *ex-Sacerdote Católico Romano*

Me enteré de los Mensajes que los extraterrestres (Elohim) transmitieron a Claude Vorilhon 'Raël' cuando efectuaba un viaje en Europa como turista. Ya había recorrido Francia, España e Italia, desde el 10 de junio de 1976 cuando llegó a mis manos el Primer Mensaje: '*El Libro que Dice la Verdad*' el 30 de junio y algunos días más tarde, el 2 de julio, el Segundo Mensaje: '*Los Extraterrestres me Llevaron a su Planeta*' el primero en Ginebra y el segundo en Clermont-Ferrand Francia.

Sería difícil de explicar con palabras cuáles eran los sentimientos que experimentaba con la lectura de esos dos Mensajes. Sorpresa mezclada de admiración y temor, un choque ¡y una alegría!... Eso es poco. Estaba como transportado de alegría, a un estado de bienestar o de euforia indescriptible, en una paz profunda, con una mirada nueva, pero sobre todo, una mirada ¡renovada! Si la palabra *resentimiento* no tuviera ese matiz peyorativo, la utilizaría para expresar los diversos sentimientos que vivía intensamente.

Apenas dos días antes de mi salida a Europa, había hecho una visita a uno de mis amigos músicos, el cual me había pedido que le consiguiera "*El Libro que dice la Verdad*", el cual no pudo encontrar en Canadá, por no conocer la editorial (el segundo Mensaje era totalmente desconocido entonces). Él me había dado una grabación de la entrevista realizada en Europa con un periodista de Radio-Canadá Internacional; emisión transmitida varias veces en el transcurso de la temporada 1975-76. Yo sólo conocía vagamente ese Mensaje. Para complacer a mi amigo, le prometí conseguirle ese libro.

Antes de que su espera fuera plenamente recompensada a mi regreso el 10 de julio siguiente, ¡fui yo quien fue recompensado por encima de todas mis expectativas!. Fue como si hubiera descubierto una perla preciosa sin haber hecho una búsqueda previa ¡No la conocía!. Quiero hablar del contenido de ese Mensaje. No fue sino hasta mi regreso cuando me puse a investigar este Mensaje inteligentemente, por así decirlo, un poco "al azar", para comprender la esencia de estos Mensajes; primero en los escritos bíblicos que por supuesto yo había estudiado durante mis estudios teológicos y de catequesis: después en la Cábala en particular, que no conocía en absoluto salvo el poco de Hebreo que había aprendido en teología: en la historia de las religiones y en la del cristianismo especialmente; en fin, en el campo de la ciencia. Con todo esto formé mi propia opinión al respecto.

¿Qué es lo que más me llamó la atención, lo que más me impresionó de estos Mensajes? Aquí enumero, sin demasiados comentarios, los puntos principales, con la idea de trazar una síntesis de mis impresiones, que merecerían ser discutidas más ampliamente:

En la *Biblia* original, escrita en hebreo, se habla de los Elohim, que significa literalmente "Aquellos que vinieron del cielo" término injustamente traducido en las *Biblias* comunes por *Dios*. Así pues, no estamos hablando de un Dios o un ser sobrenatural, inmaterial o todopoderoso, sino de los Elohim, presentes constantemente en la Biblia y que entre otras cosas, crearon la vida en laboratorio, incluyendo en ella a nuestra humanidad, a partir de productos químicos inertes asociados al ADN. Los Elohim o extraterrestres están claramente presentes en diferentes épocas y en diferentes civilizaciones: Estamos lejos de esa concepción limitada que dice que "no se debe mezclar la *Biblia* con los extraterrestres."

No hay un alma que salga volando graciosamente después de la muerte, sino en realidad, el código genético, que es el principio de la vida.

El título del Primer Mensaje que se encuentra anunciado en *Ezequiel 2: 9-10,* en *Apocalipsis 5:1*, y en *Daniel 10: 21,* "Pero te voy a declarar lo que está escrito en el Libro de la Verdad".

Y en *Daniel 12:4* "Pero tú, oh Daniel, cierra las palabras y sella el libro hasta el tiempo del fin. Muchos correrán de un lado para otro, y se incrementará el conocimiento."

La noción del infinito, lo infinitamente grande y lo infinitamente pequeño, y la apertura de nuestra mente hacia el infinito: ahí reside la verdad. La evolución por casualidad, o una sucesión de casualidades, es un mito: por el contrario, la evolución reside, ante todo, en la mente de nuestros creadores.

Una persona no puede pertenecer a otra; no somos propiedad de nadie, cualquiera que sea la relación: de trabajo, de matrimonio, humanas, etc.

La afirmación y el desarrollo de los objetivos propiamente humanos que cada uno debe seguir en su vida: pensar, crear y desarrollarse plenamente, amarse a sí mismo para amar verdaderamente a los demás.

Las soluciones propuestas para resolver los grandes problemas que acosan a la Humanidad, como son: la democracia selectiva o geniocracia que aplicaría el humanitarismo: el genio como la materia prima de la Humanidad, el proceso a seguir para tener un gobierno mundial geniócrata; la fabricación de robots que eliminarían el trabajo manual; la instauración de una moneda mundial, en espera de su eliminación total; la instauración de un segundo idioma, conservando cada región del mundo su lengua materna; la abolición del servicio militar y la colocación de los militares de carrera al servicio de la paz. No podemos continuar buscando al mismo tiempo la 'paz' y la 'seguridad', tal como nos invitaba Pablo de Tarso en el capítulo 5 de su primer Epístola a los Tesalonianos .

El encuentro perfecto entre la ciencia y la religión: los dos coinciden perfectamente en esta época del Apocalipsis o de la Revelación. Todos los escritos religiosos, particularmente la *Biblia*, habían anunciado el regreso de los grandes Profetas, cerca de una cuarentena en compañía de nuestros creadores, los Elohim.

Por otra parte, cuando cerré los dos libros de los Mensajes después de haberlos leído, sentí en mí muy vivamente esa hipocresía de los cristianos, entre otros, que sólo rezan con los labios, mientras que el precepto del amor al prójimo es constantemente olvidado. Sentí esa dominación temporal y espiritual de la Iglesia, gracias al dinero y las riquezas acumuladas.

Esta dominación es mantenida y alentada por los poderes políticos que no ven en ella más que sus propias ventajas: sentí esa mistificación que no hace más que adormecer a las personas: estamos lejos de la vigilancia que Jesús recomendaba para leer bien las señales de los tiempos y reconocerlas cuando se presentaran, pero es el culto a la tradición y los hábitos seculares lo que han vuelto ciega a la gente. Recuerdo estas palabras del Libro de *Eclesiastés 7.10*: "No digas: ¿A que se deberá que los tiempos pasados fueron mejores que éstos? Pues no es la sabiduría la que te hace preguntar sobre esto." ¡Sentí esa culpa de conciencia, acentuada por la idea de que el hombre es pecador, de que es imperfecto! Explicada por ese rechazo a la inteligencia, de que el hombre cree sin comprender, y mantenida por la idea de que el placer sexual e incluso el sensual es despreciable!

Establecí el vínculo entre los signos de los tiempos anunciados en los escritos religiosos, y nuestra época que los ve uno realizarse. Esta época es la nuestra, la *Era del Apocalipsis o de la Revelación*, en la que todo puede ser comprendido. Ahora es cuando los signos de los tiempos revelan el misterio original a la luz de los progresos científicos. Quien quiera que haga una investigación, particularmente en la Biblia y confronte sus predicciones con los logros de nuestra era científica, no hará más que descubrir, comprobar y comprender lo que es y lo que ha estado oculto desde la fundación del mundo.

Permítanme enumerar algunos de esos signos con su realización: El hombre se igualará a los Elohim (creadores de vida) los sordos oyen, los ciegos ven, los lisiados recobran el uso de sus miembros (prótesis electrónicas), el hombre hace llegar su voz a las cuatro esquinas de la Tierra (la era de las telecomunicaciones y la radiofonía), la curación de las personas envenenadas (contravenenos, sueros y vacunas), curación de enfermedades por imposición de las manos (desarrollo de la cirugía) reducción de la mortalidad infantil y la prolongación de la vida, el pueblo de David recupera su país (creación del Estado de Israel), numerosos signos en el cielo (ovnis), millares de falsos profetas sumen a los hombres en el fanatismo, el oscurantismo y el misticismo (sectas y religiones), etc.

Aunque la Iglesia Católica haya dejado de considerarme como

"sacerdote" al adherirme al Movimiento Raeliano Internacional, yo continúo siéndolo. Se me ha confiado una misión fantástica, la de difundir los Mensajes al mayor número de personas posible: soy y sigo siendo 'sacerdote' porque, como Raël, soy Mensajero de aquellos en quienes siempre he creído (Los Elohim), pero comprendiendo verdaderamente por fin, su obra al crear a los hombres y la misión de Jesús. Yo soy y sigo siendo 'sacerdote', estando despierto, es decir, habiendo despertado mi mente me convertí en "despertador de mentes", y ya no adormecedor de conciencias; soy y sigo siendo 'sacerdote', guía para la Humanidad en el camino de la paz y el amor universal.

Sí, Soy Raeliano

MARCEL TERRUSSE - *Ingeniero Químico y Guía Raeliano*

Sí, yo soy Raeliano, un discípulo de la religión del infinito del tiempo y del espacio, un hijo de la Tierra que ha encontrado el rastro de nuestros Padres de las estrellas y que trata de hacer tomar conciencia al resto de la Humanidad en esta historia fabulosa que es la nuestra.

Desgraciadamente, yo creo que uno no se hace Raeliano: uno se da cuenta que lo es un día, uno descubre los Mensajes y encuentra el eco de sus propios pensamientos y de sus propias preocupaciones.

Un día u otro, presos del vértigo ante el abismo insondable del tiempo y el espacio, todos hemos tratado de disipar el misterio de nuestros orígenes y la incertidumbre de nuestro futuro. Los Mensajes han respondido para mí a esta preocupación.

Por supuesto que para alguien que ha recibido una formación técnica y científica, algunos pasajes de los Mensajes no le parecen muy ortodoxos, es decir, le parecen poco usuales con la enseñanza tradicional. Pero apliquemos los consejos de Montaigne: "Hagamos pasar todo por un filtro, y no alojemos nada en nuestra mente simplemente por autoridad o reconocimiento".

Si hacemos pasar por la criba del análisis crítico todos los elementos de los Mensajes, muy pronto tomaremos conciencia de que se trata de un monumento extremadamente sólido.

Yo siempre tuve la intuición de que existía un vínculo entre todas las historias fabulosas que nos llegan desde tiempos antiguos y que había en cada una de ellas algunas pepitas de oro, escondidas en un fárrago de cuentos...

Me puse a buscar en los libros de Ario de Alejandría y tuve la confirmación de que los contactos con los Elohim habían existido siempre. Encontramos el rastro en los mitos y recuerdos de las civilizaciones antiguas.

Mitología griega que nos habla de toda una serie de dioses, semidioses y gigantes de las primeras épocas.

Mahabarata, epopeya mítica de la India, con sus dos partes: Los Vedas y el Ramayana.

El Gilgamesh epopeya sumerio-babilónica

El Kujiki de Japón, que se refiere a lo que paso en el origen.

El Popol Vuh y la crónica de Akakor en América Latina.

Y más cerca de nosotros, el libro de *Enoch, la Cábala* y *la Biblia*.

Pueden observarse rastros físicos en la planicie de Nazca (grabados), en Baalbec, y por supuesto, en Tiahuanaco, la Isla de Pascua y muchos otros lugares del mundo.

Tenemos a nuestra disposición todas las piezas del rompecabezas para reconstruir la historia de nuestros orígenes.

Sin duda alguna, la lectura de los Mensajes me llevó a preguntarme sobre la aparente contradicción que pudiera haber entre ciertos hechos citados y el conocimiento admitido. Pues bien, parece ser que en realidad, eso que consideramos como logros científicos, se basan en hipótesis frágiles y discutibles, encontrando contradicciones insuperables en la enseñanza científica actual.

Por mi parte yo siempre pensé que todos los fenómenos de la naturaleza susceptibles de ser comprendidos en el Universo, son coherentes y que todos dependen, de una manera más o menos compleja, los unos de los otros.

El desarrollo de una herramienta matemática cada vez más abstracta, ha orientado a la Física hacia una vía extrañamente lógica, fuera de las realidades materiales.

Es así como Einstein puso como postulado que la velocidad de la luz constituía un límite infranqueable en el Universo, cometiendo el error monumental de plantear por principio, que el espacio en sí mismo era uniformemente vacío e idéntico en todos los puntos del cosmos, fuera de las estrellas y los planetas.

Más allá de las nubes que rodean nuestro planeta, la densidad de las moléculas gaseosas disminuye progresivamente con la altitud hasta alcanzar lo que llamamos 'vacío'.

Ahora bien, el 'vacío' interestelar es recorrido por ondas de todo tipo de naturaleza: rayos gamma, rayos X, luz infrarroja, ondas de radio, etc. Y toda ondulación implica la existencia de un medio en el cual ondular, es decir, el espacio interestelar no está vacío como parecía sólo en apariencia, sino que está lleno de partículas infinitesimales respecto al tamaño de los átomos que conocemos, capaces de ondular en un medio sub-quántico.

La ondulación implica movimiento, y el movimiento, energía. En un siglo donde planteamos la equivalencia entre la masa y la energía como verdad primaria, no es lógico negar la existencia de una masa el espacio interestelar.

El espacio es heterogéneo y las propiedades locales de ese espacio dependen del gradiente energético del punto en cuestión. La Tierra y el Sistema Solar se bañan en un medio compuesto de partículas sub-cuánticas del cual la presión es responsable de eso que llamamos las fuerzas de atracción.

El espacio gravitatorio es semejante a una atmósfera gaseosa. La velocidad de propagación de las ondas está en función de la densidad local de la energía y no de la constante relativista, por lo que todas las distancias cósmicas debían ser recalculadas.

Todas las distancias en años luz calculadas por los métodos tradicionales están sobrevaloradas. Las estrellas que nos rodean están mucho más cerca de lo que creemos. El desarrollo de teorías que confunden las dimensiones del espacio y el tiempo es aberrante.

El factor tiempo que inmoviliza todas las ecuaciones de la física es un elemento arbitrario.

El tiempo en sí mismo no existe. La noción que tenemos de él es subjetiva y deriva de nuestra propia organización biológica y mental. Nosotros la proyectamos al mundo exterior y establecemos en ella la ilusión irresistible de un 'tiempo absoluto universal'.

El tiempo científico es una convención, y se basa en medidas físicas susceptibles de ser coordinadas bajo formas diferentes, en un sentido arbitrario.

Nuestra concepción del cosmos se encuentra fundamentalmente falseada y nuestros conceptos filosóficos también.

A mi alrededor encuentro por todas partes las confirmaciones de los Mensajes. Basta con abrir los ojos para comprender que nosotros mismos estamos muy cerca de repetir esta historia fabulosa que fue la llegada de los Elohim a la Tierra y la creación científica de la vida en laboratorio.

Sin duda, mi formación de químico me familiarizó con las relaciones existentes entre los elementos químicos y las estructuras bioquímicas que participan en los mecanismos de la vida. Pero, para una mente curiosa, también la lectura de revistas de difusión científica permite entrever los objetivos hacia los cuales se orienta la investigación bioquímica y médica.

Tomen conciencia de que hemos sintetizado genes combinando nucleótidos; que han sido implantados segmentos de moléculas de ADN en el interior de cromosomas bacterianos; de que la transferencia de material genético de un organismo a otro se nos comienza a hacer familiar...

Examinen la orientación de los trabajos de los últimos premios Nobel...

El conocimiento de las estructuras moleculares y de los mecanismos que la controlan, desemboca en la posibilidad de regeneración de los tejidos y la sustitución de órganos, en la creación de especies animales nuevas y al final, en la síntesis de humanoides a nuestra imagen... y el círculo se cerrará...

El estudio del mecanismo de codificación de la información en las moléculas de ADN (acido desoxirribonucleico) nos llevará primero a comprender y después a utilizar las substancias que contengan la memoria en nuestro cerebro, mismas que pudieran ser transferidas de un individuo a otro. Tomen conciencia de que la revolución biológica está en marcha y que de sus consecuencias derivarán las modificaciones fundamentales de nuestras estructuras sociales y políticas...

Despiértense, pues no se trata de ciencia-ficción.

Ser Raeliano no significa encerrarse en un grupo que se cree el ombligo del mundo, que está convencido de tener la verdad y que se siente superior en cualquier campo. El Movimiento Raeliano es para mí, todo lo contrario de una secta.

Caminamos hacia unos objetivos ambiciosos, pero lo hacemos progresando con humildad, y tomando conciencia de que la Humanidad es castigada por la agresividad, el orgullo, la vanidad y el egoísmo.

Amo la filosofía de la existencia desarrollada por el Movimiento, porque busca ante todo, el pleno desarrollo personal de los individuos. Nos enseña a escuchar lo que tenemos en nuestro interior y a revelar lo mejor de nosotros mismos.

La vida está en todo el Universo, pero nuestra vida es única y es importante aprovecharla. 'La vida es un bien perdido cuando no la hemos vivido como lo hubiésemos deseado' -*Eminescu*

Encontré una plena realización personal en el estudio de los Mensajes y una mejor comprensión de los demás y de mi mismo, y ello me ha permitido progresar en la toma de conciencia de nuestro grado de solidaridad.

La filosofía del Movimiento es una filosofía de amor por la vida y por sus creadores, una filosofía tolerante y pacífica, que tiende a quitar la culpa a la sensualidad y a la liberación de todos los tabúes, prohibiciones e inhibiciones ligados a la sexualidad.

La adhesión al Movimiento no es para mí un reclutamiento, con respecto al cual yo siempre había tenido una gran desconfianza, sino un acto voluntario y enriquecedor que me produce gran placer, por el pleno desarrollo personal que he obtenido y la alegría de difundir los Mensajes a mí alrededor.

Creo que nosotros no debemos cometer el error, que cometimos con

Cristo, de dar más importancia al Mensajero que al Mensaje. El hecho esencial es la toma de conciencia de que los extraterrestres siempre han jugado un papel en nuestra historia, de que hoy, sólo depende de nosotros el reanudar el contacto.

La historia de la Humanidad nos muestra que cada etapa de su evolución ha necesitado una revisión fundamental y a veces desgarradora, de nuestros conceptos científicos, sociales, filosóficos y religiosos. Desgraciadamente 'una nueva verdad científica no se impone, habitualmente, convenciendo a sus adversarios. Su triunfo resulta de la extinción progresiva de dichos adversarios y de la aparición de una nueva generación para quien esta verdad siempre le fue familiar'. -*M. Planck*.

Yo creo que debemos enseñar a los demás a aceptarse a sí mismos y a deshacerse de las creencias que les imponen las religiones; tratemos de disipar el oscurantismo elevando el nivel de conciencia de los seres humanos. Porque, si bien durante siglos las religiones han pedido y algunas veces impuesto, a los fieles creer en los misterios y las fábulas más delirantes, hoy en día, comprendemos nuestra historia, y nos corresponde abrir los ojos y nuestras mentes para preparar el futuro.

En el presente esta el principio de nuestro porvenir. La humanidad está hoy en vísperas de su nacimiento o quizá de su muerte: y aquellos que no han comprendido el término *Apocalipsis* quizás, a pesar de todo, vayan a tener razón.

Nosotros, los Raelianos, participamos en el despertar de la Humanidad y en el desarrollo de una conciencia cósmica.

Este es el sentido de mi compromiso en esta obra ambiciosa que es la preparación de la Humanidad para el recibimiento de sus creadores: Los Elohim.

La Consagración de mi Sacerdocio

Ivan Giroux - *ex-Sacerdote Católico Romano ex-Profesor de Catequesis*

Me gustaría dar a conocer que desde la edad de doce años, he estado muy interesado por todo lo que concierne al hombre y a Dios, que para mí son semejantes: constituidos de infinito y constituyendo al infinito. Así pues, estuve desde joven muy interesado en Dios y mi relación con él, lo que me llevó rápido a la contemplación y a la mística, como queriendo escapar de aquí abajo para llegar a lo alto.

Entonces leí, pregunté, busqué, medité. Para profundizar, emprendí largos años de estudios: de humanidades, filosofía, teología, para finalmente terminar en religiología, porque tenía confianza (siempre he tenido confianza) en el hombre y su inteligencia.

Como soy un ser completo y entero, busqué una orden religiosa en la cual poder consagrar totalmente mi vida a ese Dios al que cuestionaba sin cesar, al que buscaba y materializaba en la meditación y la contemplación, ese Dios con quien conversaba como con un gran amigo. Pero me guardaba ese secreto para no ser tomado por loco.

Encontré una comunidad religiosa de sacerdotes a la cual me consagré cerca de seis años, como estudiante y pastor (seminarista). En esta comunidad pasé maravillosos momentos de descubrimientos y de formación, pero tomé enseguida conciencia de que era algo superficial para mí. Eso no respondía completamente a mis aspiraciones más profundas.

Me gusta mucho rezar (siempre he amado la oración) es decir el contacto con mis creadores y con la fuente infinita. Yo era místico para algunos, pero ya entonces comprendía que el Padre de Jesús era un ser humano semejante a él y que era verdad cuando decía: 'Mi Padre que está en los cielos'. Yo consideraba como correcto el hecho de rezar a ese creador, que yo sabía que eran varios. Además, yo sabía y comprendía ya, por haber profundizado en ese tema en exégesis *Bíblica*, que Jesús no era en absoluto Dios, y me interesaba de manera apasionada por esa rama que llamamos 'Los Teólogos de la Muerte de Dios' o 'La Teología de la Muerte de Dios'. Yo era en cierto modo ateo, pero la confesión de esta verdad en mí tenía algo de aterrador.

En esas escuelas de pensamientos teológicos, detecté otra forma de mistificación.

En esa Iglesia desfasada en el tiempo e incluso falsa, no encontraba una completa satisfacción a mis numerosas preguntas e interrogantes sobre el hombre y su fe, y su compromiso religioso y social.

Trabajé sin embargo, en el seno de esta 'Iglesia' que decimos es de Cristo, en numerosos movimientos que acoge en su seno, y me especialicé en ciencias religiosas (o religiología) para llegar aún más al fondo.

Mis estudios me impulsaban a trabajar desde mi interior, me interrogaba y me cuestionaba. A pesar de todo me sentía muy incomprendido.

Mi formación que proseguí durante otros tres años, me condujo en definitiva a un vacío, a una cierta tristeza: puesto que yo no toleraba ni el misticismo ni tanta ceguera. Amo el estudio, pero no alcanzaba a sentir totalmente un fondo sólido, y rechazaba cada vez más resueltamente esos largos razonamientos para justificar ciertas estructuras pastorales y eclesiásticas, místicas, oscurantistas, desfasadas, falsas y flagrantes. Era tachado entonces de ser muy crítico o muy superficial por aquellos que no compartían mis pensamientos y que se conformaban, y se conforman todavía, con ideas triviales de sus creencias y su religión.

Entonces tomé un descanso de un año, buscando la verdad dentro de mi 'alma' enseñaba todos los días, pero no me ocupaba de ningún movimiento. Yo cuestionaba a Jesús, y sentía que comenzaba a ver la luz.

El 9 de noviembre de 1976 asistí a una conferencia dada en el auditorio Le Plateau de Montreal, por Claude Vorilhon, 'Raël'. Allí esa noche vi y sentí que mis años de estudio no habían sido inútiles. Comprendí muchas cosas, entre otras, que en el fondo había sido siempre profundamente 'ateo': pero también profundamente religioso, es decir, atento a la causa, enamorado del hombre, en comunicación o en constante contacto mediante la plegaria, que yo demistificaba día a día a este grupo de extraterrestres, nuestros creadores, los Elohim. Lo comprendí aquí, en un "chispazo". Estaba feliz y reconocía en Raël a "Jesús hablando en su tiempo". Se desencadenó algo en mí, yo ahora estaba seguro, convencido, Raël me iluminaba, me despertaba, me ilustraba, me hizo simpatizar con él, en sólo noventa minutos todo se enlazaba en mí, todo se conectaba, todo se re-armonizaba y así siguió hasta después. Estaba extasiado, eufórico. Eso se reflejaba en mí.

En definitiva, yo escuchaba de su boca la verdad tan sencillamente, con tal evidencia y claridad, esa verdad que había buscado penosamente por años y años. Se operó en mí un desbloqueo mental súbito.

Yo había ido a la conferencia con unos amigos. Para ellos, ésta no había desatado ninguna reacción como lo hizo en mí. Habían visto y sentido esa y las siguientes noches, cómo esos Pensajes habían provocado una chispa en mí. Pero no querían aceptar lo que estaban viendo. Yo estaba en silencio, feliz, luminoso y les escuchaba tratando de rechazar y de deshacer con razonamientos confusos y místicos, tal y como lo había escuchado siempre desde hacía diez años, una verdad tan bella, sencilla y liberadora; verdad con la cual mis oídos estaban todavía deleitándose de una buena nueva en toda su plenitud, entereza y nitidez. Rechazaban a Raël y a los Mensajes de los Elohim de la misma manera que la gente trató de rechazar a Jesús y a su Mensaje.

Los pocos minutos con Raël desencadenaron una síntesis de más de doce años de investigación, de análisis, de compromiso, de sufrimiento y de entrega.

Ahora, yo iba a poderme consagrar totalmente a la difusión de esta gran buena nueva, de esta gran liberación; a través de la inteligencia, la compresión, la armonía y el equilibrio de todo mi agitado, estremecido y sacudido ser. Ciertamente no fue fácil: la familia, mi esposa, mis amigos, el medio profesional, la Iglesia y mis amigos sacerdotes... Pero recibí mucha ayuda de amigos que ya tenían un nivel de despertar más avanzado, así como por los cursos de formación del despertar del cuerpo y de la mente. Yo vi todos esos años pasados como un laboratorio y una preparación directa para lo que soy actualmente como guía y·sabio en este magnífico movimiento, en esta extraña, hermosa, nueva y joven religión atea. Para mí, no siento que hubiera tenido una ruptura con el pasado, porque yo continúo con lo que había emprendido desde niño. Comprender el principio del hombre, el origen y el génesis, para caminar en la luz y construir el presente demistificándolos siempre y depurándolos de casi dos mil años de decadencia, y profundizando en los numerosos aspectos "teológicos", filosóficos y religiosos de esos Mensajes dados a Raël por nuestros creadores los Elohim para vivir el presente y esperar un magnífico futuro.

Esos Mensajes me estremecieron esa noche, sí, porque yo los había sentido como inconscientemente desde hacía varios años y en cada parte de mi vida. Esos Mensajes me marcaron y esculpieron hasta en los rincones más recónditos de mi vida, en mi trabajo profesional, educacional, y en mi vida familiar, social y política. Y volcaron completamente mis creencias, pero estaba preparado y listo desde hacía mucho tiempo. Yo mismo esperaba esta sacudida de ese Profeta de los Elohim. Aunque yo no sabía demasiado: súbitamente todo quedó claro y luminoso. Esos Mensajes me despertaron y se me aparecieron cara a cara. Comprendí de golpe la *Biblia*, a Jesús y a Yahvé.

¡Qué feliz estaba de esa conmoción! Vibraba de júbilo y de estremecimiento, fue como una agradable ducha de agua fría en un clima caluroso y agobiante.

Claude Raël me dijo cuando lo volví a ver algunos días después de la conferencia, en un fin de semana en el cual leí y releí los Mensajes: "Tú tienes todo en ti para responder y solucionar tus problemas. Cuando lo hayas hecho, serás un ochenta por ciento más eficaz. Tus problemas familiares te están aplastando, deteniendo, paralizando". Ahora sé lo que él quería decir, y lo feliz que soy de estar comprometido activamente en este camino del despertar de la conciencia.

Desde entonces, he leído varias veces estos Mensajes. Por tanto, para mí el ser guía viene a ser la confirmación o la consagración de mi verdadero sacerdocio que había buscado siempre. Comprendí que no había esperado en vano, sino que seguía la verdadera iglesia, la 'Uhr Kirche' (la Iglesia Original en jerga teológica), puesto que iba a seguir al último de los Profetas de la Era del Apocalipsis, e iba a trabajar más a fondo en la difusión de esos Mensajes de nuestros creadores los

Elohim, en esa unidad por la cual yo había consagrado mi vida, mis esfuerzos, mi tiempo, puesto que esos Mensajes en efecto, anunciaban la 'religión de religiones', la religión del infinito, la religión de la inteligencia del hombre y de la eternidad de la materia.

Este es mi fin y mi principio. Soy feliz y amo. Ahora enseño matemáticas y francés como materia escolar primaria, y religión y ciencias morales como materia secundaria, pero me excluyeron de la enseñanza de religión como "por casualidad". En mi medio profesional no hablo abiertamente de los Mensajes, pero las personas ven y conocen los Mensajes en mí. Ellos me respetan. Cada vez se aproxima más el momento en que mis colegas hablarán de los Mensajes. Lo siento, estoy seguro de ello. Por doquiera que voy, irradio y difundo esos Mensajes con mi presencia y mi palabra. He "apostatado" de la Iglesia Católica Romana, pero sigo convencido de que no ha habido ruptura, sino una continuación con la verdad. Eso me rejuvenece y me satisface.

Yo me consagro enteramente a dar a conocer a todos los hombres de buena voluntad esta verdad demistificada, este Mensaje de amor, de fraternidad, de paz, esta serenidad, este Mensaje único, conmovedor, revolucionario, para aquellos que lo buscan sin cesar y lo comprenden con los ojos de la inteligencia con que nuestros creadores, los Elohim nos han dotado: los ojos de la sabiduría creadora e infinita.

Ser Activo Para Tratar de No Convertirse en Radioactivo

MICHEL BELUET - *ex-Guía Nacional de USA*

Aquí está mi testimonio donde expongo, después de haber reflexionado detenidamente las implicaciones de mi adhesión, las razones profundas y fundamentales que me han hecho decidirme a convertirme en Guía del Movimiento Raeliano. El Mensaje confiado a Claude Vorilhon Raël por los Elohim, implica una reconsideración a todos los niveles: individual, social, político, científico, filosófico y religioso: lo que permite una acción total para construir la sociedad del futuro. Pero. ¿Cómo llegue a esas conclusiones?

Desde hace doce años, me he documentado en varios campos y estoy al corriente de lo que ha pasado y de lo que pasa actualmente. Estaba entregado a una etapa de reflexión sobre la evolución de la Humanidad. Y al igual que otros muchos, lo cuestionaba todo mientras que soñaba con un mundo ideal. ¿Qué había comprobado y cuáles eran mis esperanzas'? Aquí las expongo:

EL ORIGEN DE LA VIDA

La teoría de una creación divina no me satisfacía pero, parecía haber una constante: A través del mundo, todas las religiones y mitologías hablan de la misma creación del hombre por uno o varios ¡Dioses venidos del cielo! Había deducido que allí había una verdad primaria muy palpable y material que implicaba la posibilidad de que el hombre viniera de otra parte. La teoría de la evolución según la cual el hombre sería el resultado de una sucesión de mutaciones a partir de lo inorgánico para llegar a lo orgánico, me parecía estar demasiada llena de fallas como para ser una teoría válida. Por otra parte, actualmente es cuestionada por eminentes especialistas.

EL HOMBRE

Yo podía observar que desde siempre el hombre carecía, en sus relaciones con los demás, de tolerancia, respeto, amor, fraternidad... Yo deseaba entonces que las carencias aquí mencionadas no prevalecieran en las relaciones humanas.

LA SOCIEDAD

En el transcurso del tiempo, el sucesivo fracaso de los diferentes tipos de gobierno en la resolución de los problemas fundamentales de la Humanidad, me han hecho pensar en un sistema que nos permita elegir a los hombres más aptos de entre nosotros para gobernar, que se encarguen de mejorar el estado actual de nuestra sociedad. Eso implica que tal sistema no podría estar pagado por un complejo político-militar-industrial que permitiera, en nombre de valores como la patria, el trabajo y la familia, el avasallamiento del hombre por el hombre y un número incalculable de guerras, en una escalada cada vez más mortífera de los medios de destrucción. Estaba entonces consciente de que la Humanidad había llegado a una época decisiva de su evolución, en la que se está poniendo en juego el futuro del hombre.

LAS RELIGIONES

Yo sentía que en la base de todas las religiones, había una verdad fundamental y accesible, pero que los sistemas primitivos y oscurantistas habían utilizado esta verdad para someter al hombre a una absoluta restricción. Yo creía igualmente que esta verdad, revelada a los hombres por medio de los Profetas, venía de otro lado y que procedía de seres dotados de una gran sabiduría. Yo estaba en contra de esa noción que hacía del hombre un ser culpable a causa de su naturaleza carnal, y contra todo lo que disminuía al hombre argumentando que estaría mejor en otra dimensión después de la muerte. Yo estaba seguro de que el hombre podía alcanzar un estado superior de conciencia mientras estuviera en plena armonía con su naturaleza humana.

LA CIENCIA

Esta curiosidad original que el hombre ha transformado en estudio sistemático de sí mismo y del ambiente en el que vive, le ha permitido eludir las fronteras de lo inexplicable. Yo sabía que era posible el uso de la ciencia para resolver los problemas a los cuales se enfrenta nuestra civilización, si la utilizamos sabiamente. La contaminación, la sobrepoblación, el hambre y la energía, todo ello puede ser resuelto: la ciencia en armonía con la naturaleza es un ideal que es imperativo alcanzar. También estaba igualmente consciente de la eventualidad de nuestros conocimientos y de que cada teoría no es más que un intento de interpretación de hechos que son innegables.

LO DESCONOCIDO

Yo estaba consciente de que todo aquello que era inexplicable sobre la Tierra, en el curso de nuestra historia, dejaba entrever la intervención de inteligencias extraterrestres. Sospechaba que el cerebro del hombre estaba dotado de otras capacidades distintas de las que utilizamos habitualmente. Para mí era natural que todo esto sucediera y se llegara a explicar algún día.

Era entonces consciente del estado actual de las cosas, pero mis esperanzas para un mundo mejor y una evolución de la Humanidad según criterios más armoniosos, no violentos y más fraternales, no se encontraban en ninguna organización, ya fuera religiosa, política o social. Me sentía impotente y solo. Y fue entonces, en 1978 cuando conocí el Mensaje que los extraterrestres habían confiado a Claude Vorilhon Raël en diciembre de 1973, Mensaje contenido en el 'Libro que Dice la Verdad' y en el segundo volumen escrito después del segundo contacto en 1975. 'Los Extraterrestres me llevaron a su Planeta'. Me Llenó de gozo la lectura de esos dos volúmenes, donde estaban sintetizadas todas mis esperanzas para alcanzar esa armonía, esa paz y esa fraternidad que siempre han hecho falta sobre esta Tierra.

Además, en ellos estaba la revelación sobre el origen del hombre en la Tierra y el origen de todas las religiones. Yo estaba verdaderamente satisfecho.

Ese Mensaje emana de hombres como nosotros, los cuales, aún siendo de otro planeta, habían tenido una evolución comparable a la nuestra y enfrentado problemas como los que tenemos actualmente, no obstante, nos han dado la libertad para actuar, considerándonos como individuos capaces de elegir.

Esa esperanza de que la Humanidad llegara a una Edad de Oro donde el hombre pudiera desarrollarse plenamente en un mundo ideal, yo quise comunicársela a los demás y es por ello por lo que decidí ser guía, dejando de ser un simple testigo pasivo de la evolución de la Humanidad hacia una posible destrucción, para convertirme en un hombre activo y evitar que un día nos volvamos radioactivos.

Del Marxismo a la Adhesión al Raelismo

JEAN BERNARD NDJOGA-AWIRONDJOGO -
Diplomado en Ciencias Políticas y Ex-Marxista

No era fácil para alguien habituado a razonar en términos de evolución, de clases y de lucha de clases, concebir y aceptar que algo magnífico, maravilloso y tranquilizador ¡existiera tras la tradición!.

Pero es a través de los Mensajes de los Elohim, como todo el aparente clima de incongruencia de los escritos bíblicos, súbitamente tomó para mí un sentido noble, práctico y de alcance infinito.

Saber que el hombre no es el fruto de la casualidad, sino la creación en ciencia y sabiduría de alguien que lo ha hecho a su imagen y semejanza ¡Qué sublime verdad!

Y pensar que algún día el hombre de la Tierra se igualará a sus creadores extraterrestres!

Los tiempos anunciados están aquí...

Raël, la luz de los Elohim junto a los hombres, ha comenzado su misión.

¡Y la de nosotros los Guías, que quisimos y sentimos que debemos ayudarle a difundir los Mensajes de nuestros Padres celestiales! Para que a su vez, la Tierra se una al concierto de civilizaciones intergalácticas que pueblan la infinidad del Universo...

Un Nuevo Arte de Vivir

Michel Deydier - *Psicólogo*

Existe en el Universo un número indefinido, ya que es infinito, de entidades psico-somáticas-emocionales es decir, de personalidades con sus actividades biológicas, energéticas y mentales respectivas. Las relaciones sociales de esas entidades necesitan la presencia de una facultad de adaptación muy importante, sin la cual el hombre no podría formar ningún grupo social. La riqueza mental del hombre permanece condicionada por esta aptitud que hace del ser humano el primer animal social y le permite cuestionar en todo momento todo lo que compone su vida y todo lo que contribuye o no a su felicidad.

Usando esta misma facultad, me esforcé por trazar mi ruta hacia la conciencia y el progreso personal. Pero el conocimiento del hombre es asunto de versatilidad, y es necesario deslizarse en la apertura más pequeña de la conciencia, así como evolucionar en las capas más profundas del subconsciente sin destruir su fauna: 'el diablo' la frustración, es necesario a pesar de todo pasar por ella, 'yo te frustro, tú me frustras...', dura la historia desde siempre, y estamos siempre en el mismo punto.

Si quieres trepar en tu cabeza, tienes que aprender en primer lugar a arañarla. Hay muchas cosas que no quieres ver. ¡Pues bien!, míralas de frente, comienza a reírte de ti mismo, mira lo pusilánime que eres a veces y mientras más denotes tu necedad y vanidad, mayor persona serás y ya no estarás mal, porque te habrás aceptado antes de amarte.

Sí, fue en ese estado de ánimo como reconocí la finalidad de los

Mensajes; en primer lugar, para ser transmitidos después en una asimilación lenta y fastidiosa, lo confieso. Al principio, esto no fue un simple encuentro, sino una verdadera colisión, donde se desencadenó un gran lavado de cerebro más o menos consciente, que puso cada cosa en su lugar. Siendo psicólogo, por definición una persona desorganizada y fuera de lugar (pero al final muy organizado interiormente), estaba absolutamente estupefacto al comprobar cómo la información comunicada por esos extraterrestres, no solamente encontraba su lugar en mi mente, sino establecía una síntesis inaudita entre los elementos de mi existencia y más aún, dinamizaba increíblemente la carga creadora de la que ahora me sirvo para ayudar a mis pacientes.

Las acciones ocasionan reacciones y yo fui conducido a verificar uno a uno los elementos principales de los Mensajes de los extraterrestres. Muy honestamente, yo mismo consideré una multitud de hipótesis sobre dichos Mensajes, algunas descabelladas, otras menos. Rechazo los credos porque las cuestiones mentales relacionados con las creencias, no tienen nada que ver con aquellas que conducen a un razonamiento lógico, y ni siquiera con verificaciones subjetivas.

Yo no creo simplemente en los extraterrestres, sino que comprendo realmente su papel, su presencia de una manera verdadera y reflexiva, con todo conocimiento de causa. Así, apoyado en conclusiones, cambié por completo las grandes líneas de mi formación. Y para mi gran sorpresa, no había gran cosa ni de un lado ni del otro para remediar los males de la mente, me acababa de dar cuenta de lo ridículo y terriblemente limitado que estaba... Actualmente, yo sé que la enseñanza de la Psicoterapia se fundamenta en bases judeocristianas hábilmente maquilladas. Evidentemente, visto desde este ángulo, esto no es ni muy tranquilizador ni muy apropiado. Pero ¿Quién, después de todo, no ha sido engañado por la sociedad? Ante esto, como ante todas las usurpaciones, es necesario reaccionar. Y aquí estoy, embarcado en una hermosísima galera que cultiva lo verdadero, lo bello y lo sano, y construye el progreso liberador.

Los Mensajes dados por los extraterrestres a Claude Vorilhon constituyen, según mi punto de vista, la respuesta más inteligente que yo conozco concerniente al origen y destino de nuestra humanidad y al mismo tiempo, una aclaración formal sobre la forma de un nuevo arte de vivir.

Me adhiero a este avance sin ninguna moderación.

Me niego a orientar mi vida hacia una ideología individual egoísta. Es respondiendo a un instinto profundo como me he inclinado hacia esta decisión. Se trata de un viejo instinto un poco olvidado que da al hombre la fuerza de revelarse. Cada hombre lo posee, y cada uno de nosotros puede a su nivel, tomar parte en la renovación de la vida de los demás, haciendo uso de su facultad de adaptación y de su instinto de supervivencia.

Aquí hay dos cosas que hacen del hombre la criatura más apta para modificar el ambiente terrestre y cósmico y lo autorizan a tomar esta elección decisiva en este gran momento lleno de pasión en su historia.

Jamás nuestra sociedad ha estado tan cerca de la meta y es muy natural que esté, hasta ese punto, trastornada.

El pasado rebosa de hechos muy convincentes y pruebas incontestables del valor evolutivo del sufrimiento, el presente muestra el desenlace lógico de las grandes reglas de la evolución, y el futuro nos ofrece un panorama resplandeciente por sus posibilidades debidas a la unión de los valores morales al capital técnico-científico.

Estos son, brevemente explicados, los motivos que me han conducido a reconocer los Mensajes dados por los extraterrestres. Estoy feliz de dar testimonio. Doy mi apoyo firme y sin ninguna reserva, hoy mis aspiraciones están en la imagen de los pasos de quienes dieron lugar a la creación de la vida en nuestro planeta.

5

APÉNDICE

Encuentro del 7 de Octubre De 1976

El 7 de octubre de 1976, en el primer aniversario en el cual Raël fue llevado al Planeta de los Eternos y recibió el Segundo Mensaje contenido en el libro Los Extraterrestres Me Llevaron a su Planeta, el 7 de octubre de 1975, unos cincuenta Raelianos estaban presentes en La Négrerie cerca de Roc Plat, en Dordoña al suroeste de Francia. La reunión debía tener lugar a las quince horas. A las catorce horas y cuarenta y cinco minutos, todo el mundo acudió al lugar previsto alrededor de Raël. Reinaba una inmensa armonía y todos estaban muy emocionados de poder pasar algunos minutos con el último de los grandes Profetas. De repente alguien levantó la voz: "¿Qué es eso que cae del cielo?" Grandes copos caían de un cielo casi sin nubes. Parecían hechos de una materia algodonosa y cuando se les tocaba, se volatilizaban en cuestión de segundos. Después uno de los que estaban presentes gritó levantando la mano: "¡Miren hay algo brillante en el cielo!" Dos objetos luminosos muy brillantes estaban exactamente encima de nosotros. La caída de copos duró unos diez minutos y las máquinas desaparecieron súbitamente. Roger, guía de Toulouse que trabaja en un laboratorio de investigación, logró tomar en un tubo uno de los copos algodonosos, pero cuando los sacó para analizarlos, se evaporaron.

Todos aquellos que tuvieron el privilegio de vivir este momento extraordinario, no estaban decepcionados por haber tenido que atravesar Francia, e incluso algunos llegaron de más lejos para hacerse la transmisión del plan celular por Raël. En el lugar exacto de la reunión y a la hora precisa en que debía tener lugar, los Elohim habían ofrecido a los presentes una señal que nunca podrán olvidar.

Y por primera vez, Raël no era el único testigo de la presencia de los Elohim. Cincuenta personas estaban con él y pueden atestiguarlo.

Philippe, guía de Bélgica más tarde encontró un libro que contaba que en varias ocasiones en Bélgica y en Brasil, se habían podido observar fenómenos parecidos, particularmente en Italia, durante un partido de fútbol el cual tuvo que ser interrumpido y donde siempre se vieron también las máquinas luminosas metálicas y los mismos copos algodonosos.

Raël nos dice que nuestras reuniones no tienen por objeto ser testigos de alguna aparición, pero ello no impide que cada vez sean más los que esperan que los Elohim nos den nuevamente el placer de volver a aparecer.

Mensaje de los Elohim del 14 de Marzo de 1978

Transmitido telepáticamente a Raël a media noche:

"Yo, Yahvé, por la boca de mi Mensajero Raël, dirijo a los hombres de la Tierra el siguiente Mensaje:

Atención: No es imposible que próximamente otros extraterrestres tengan contacto con los hombres de la Tierra. Son seres que también hemos creado científicamente en otro sector del Universo y con los cuales nosotros actualmente no tenemos ninguna relación directa por razones que no podemos explicarles sin que ello cree un desequilibrio. Sepan simplemente que contamos con ustedes para enseñar a esos seres que son sus hermanos del espacio y que buscan saber como ustedes, cuál es su origen; la verdad sobre su creación, para lo cual pueden revelarles: *El Libro que Dice la Verdad* y el Mensaje del 7 de octubre del año 30 de la Era del Apocalipsis."

Es importante señalar que este es el único Mensaje transmitido telepáticamente a Raël en tres años: ya que todo lo que los hombres deben saber, o casi todo, ya fue dicho en los dos primeros Mensajes.

Modificación de los Nuevos Mandamientos

Se modifica el sexto de los nuevos mandamientos que se encuentra en el capítulo 'Los Nuevos Mandamientos' del segundo Mensaje: A fin de evitar el envejecimiento exagerado del líder del Movimiento Raeliano, el Guía de Guías será elegido cada siete años por los guías de nivel cinco, que deberán ser al menos doce para poder pronunciarse. Si no hay un mínimo de doce guías del quinto nivel, los guías del cuarto nivel podrán participar con los del quinto nivel, ya que deberá haber un total de 12 personas para decidir. Si sigue sin haber suficientes guías sumando estos dos niveles, los guías de nivel tres serán admitidos para votar. El Guía de Guías será elegido entre los guías de nivel cinco y cuatro, y será elegible para reelección al término de su mandato de siete años.

Estos cambios también implican la modificación del cuarto de los nuevos mandamientos, contenidos también en dicho capítulo del mismo Mensaje. El donativo anual, el cual es igual a por lo menos uno por ciento de los ingresos netos anuales, deberá ser pagadero a la Fundación Raeliana, que costeará las necesidades del Guía de Guías para permitirle consagrar todo su tiempo a su misión, que es la difusión de los Mensajes. Las presentes modificaciones fueron aceptadas por nuestros creadores, que comprenden lo bien fundadas que están estas nuevas disposiciones sugeridas por Raël a fin de dar al Movimiento más eficacia y acelerar la difusión de los mismos.

Mensaje de los Elohim del 13 de Diciembre de 1997

Es hace 24 años que por la boca de nuestro profeta RAEL, nuestro Bienamado Hijo, que nosotros dimos a los hombres y a las mujeres de la Tierra, nuestro Mensaje final. A él, que tal y como estaba previsto, viene a destruir el "Misterio de Dios".

Veinticuatro años en que ustedes, Raelianos que nos han reconocido oficial y públicamente como sus Creadores, han obrado para que nosotros seamos bienvenidos en la Embajada requerida. Su abnegación y sus esfuerzos han tocado nuestro corazón y los más fieles de entre ustedes serán recompensados.

En todas las religiones hay gente que merece nuestro amor, pero los Raelianos son aquellos que están más cerca de nosotros. Ellos son nuestro nuevo pueblo elegido y un día tendrán la nueva Tierra prometida. Porque su amor reposa sobre la conciencia y la comprensión y no sobre la fe ciega.

Aquellos que nos amaban como a uno o varios de sus Dioses sobrenaturales, eran preciosos ante nuestros ojos, ya que no tenían otra alternativa antes de la llegada de la era científica, pero aquellos que saben que nosotros no somos sobrenaturales y que han sido creados a nuestra imagen y continúan amándonos o tal vez, nos aman aún más, nos tocan mucho más el corazón y serán ventajosamente recompensados; puesto que nos aman con su conciencia y no solamente con su creencia, y es la conciencia lo que los asemeja a nosotros.

Nosotros habíamos pedido que una Embajada sea construida en Jerusalén para darnos la bienvenida, y las autoridades de este pueblo, sin ninguna vergüenza, negaron muchas veces convenir las autorizaciones y la extraterritorialidad necesaria. Nuestra preferencia por Jerusalén es puramente sentimental, puesto que para nosotros, Jerusalén está en todos los lugares donde hay seres humanos que nos aman, nos respetan y desean darnos la bienvenida con el respeto que nos merecemos; y el pueblo elegido es aquel que sabiendo quienes somos, nos quieren dar la bienvenida, es decir, los Raelianos. Los verdaderos Judíos de la Tierra ya no son el pueblo de Israel, sino todos aquellos que nos reconocen como sus creadores y desean vernos volver.

El lazo que teníamos con el pueblo de Israel está a punto de romperse, y la Nueva Alianza llega a su fin. No le queda sino muy poco tiempo para comprender su error, antes de ser dispersados nuevamente.

Durante la espera, desde ahora, será necesario pedir la autorización y la extraterritorialidad necesaria a todas las naciones de la Tierra para la construcción de nuestra Embajada y el radio de un kilómetro podrá ser compuesto de agua, así como de tierra firme, a condición de que la navegación en esta área sea prohibida.

Cuando un país conceda esta autorización, Israel tendrá por última vez, la oportunidad de acordar esta autorización durante un período de reflexión muy limitado y conservará la prioridad, o la Embajada será construida en otro lugar y el pueblo de David perderá nuestra protección y será diseminado.

El país que edifique la Embajada en su territorio o en un lugar que haya donado o vendido para este efecto, acordando la extraterritorialidad necesaria, verá su porvenir garantizado y floreciente, se beneficiará de nuestra protección y se convertirá en el centro espiritual y científico de todo el planeta, durante los milenios que vengan.

La hora de nuestro gran regreso está cerca y nosotros apoyaremos y protegeremos a los más abnegados de entre ustedes. Sus enemigos serán testigos cada vez más de nuestra fuerza, y verán nuestro brazo todopoderoso golpearlos, en particular el usurpador de Roma, sus obispos y todos aquellos que actúan en nuestro nombre sin haber recibido el mandato.

El año dos mil no es nada para nosotros, y no debe de ser nada para la gran mayoría de seres humanos que no son cristianos, pero muchos falsos Profetas van a intentar utilizar este cambio de milenio para atolondrar a los hombres. Esto ha sido previsto y es una selección de los más conscientes. Sigan a su Guía de Guías, él sabrá hacerlos evitar los escollos de esta época de transición, puesto que él es el camino, la verdad y la vida.

El Budismo tiene más y más éxito sobre la Tierra, y está muy bien, porque es la religión que más se acerca a la verdad y al nuevo equilibrio científico-espiritual necesario para los seres humanos de la nueva era. El Budismo despojado del misticismo del pasado, da como resultado el Raelismo; y serán más y más numerosos los budistas que se harán Raelianos.

Que su felicidad de ver nuestro gran regreso acercarse les de alas para sobrepasar las trampas del camino. Estamos tan cerca de ese día y de ustedes, que al meditar deben poder sentir nuestra presencia y esa sensación iluminará sus días y sus noches y hará su vida maravillosa, sean las que sean las pruebas que les quedan por sobrepasar. El placer de reencontrarnos será mucho menor que el placer de haber obrado para que este día llegue. Es en el cumplimiento de su misión, donde se encuentra el mayor placer, no en el resultado. Durante la espera, nuestro amor y nuestra luz los guiarán por medio de la boca de nuestro Profeta Bienamado, y no olviden que si nosotros los observamos con mucha frecuencia, cada vez que él los mira, nosotros los vemos aún mejor, porque él embellece a quien mira, por el amor que él les aporta.

Mientras más lo aman, más nos aman a nosotros, porque él es una parte de nosotros sobre la Tierra. Si a veces les parece difícil de manifestamos su afecto, es que ustedes no tienen conciencia de ver que nuestro Hijo Bienamado, otra vez pisa el mismo suelo que ustedes pisan.

Ustedes no pueden amarnos y serle negligente, porque una vez más, nada viene del Padre si no es a través del Hijo. Porque él está entre ustedes, come cuando ustedes comen, duerme cuando ustedes duermen, ríe cuando ustedes ríen y llora cuando ustedes lloran.

No pretendan amarnos si no lo tratan como al más querido de entre ustedes.

Su amor por ustedes es tan grande, que nos pide sin cesar que perdonemos cosas que nosotros juzgamos como imperdonables. El es su mejor abogado ante los ojos de sus creadores. Y sobre su planeta, en donde el amor y el perdón son cada vez más raros, en una sociedad que se hace cada vez más bárbara ante la falta de estos valores, él es su bien más preciado. ¿Les falta amor? ¡Mírenlo, él está vivo y entre ustedes!

Que su luz los guie hasta nosotros ya sea que regresemos o no, porque en todo caso, nosotros los esperamos entre nuestros eternos.

Paz y amor a todos los hombres de buena voluntad.

Las Naciones Unidas - Raël, Septiembre de 2005

La Onu Debe Desaparecer Y Ser Reemplazada Por Una Organización Más Democrática

Esto es lo que he estado diciendo los últimos 30 años. La ONU no es una organización democrática. Es un club elitista conformado por algunas naciones ex-colonialistas y superpotencias imperialistas modernas, casi todas de raza blanca y de los países occidentales.

Para que la ONU sea verdaderamente democrática; cada nación debería tener derecho a un voto proporcional a la cantidad de población, así por ejemplo, la India y China, que conjuntamente representan casi el 50 % de la humanidad con una población de casi 3 mil millones de habitantes, tendrían un "poder de voto" del 50 %. Por otro lado, los Estados Unidos de Norteamérica con tan sólo 300 millones de habitantes, tendrían solamente un "poder de voto" del 5 % que corresponde a su porcentaje de la población mundial. El Reino Unido, con 60 millones de habitantes contaría con un "poder de voto" del 1 %. No obstante, hoy en día la ONU es gobernada por un pequeño grupo de naciones occidentales "ricas" que representan menos del 10% de la humanidad, especialmente aquellos que integran el tan llamado "consejo de seguridad".

Si Bush, Blair y otros jefes de las naciones imperialistas y de los países ex-colonialistas, realmente quieren ser congruentes con lo que claman, es decir, promover la democracia, entonces deben aceptar una Organización de Naciones Unidas verdaderamente democrática.

Pero la verdad es que no lo desean; lo que realmente quieren es continuar gobernando el mundo, tanto económica como espiritualmente. En tal sentido, la propuesta de crear un Comité Internacional en Contra del Imperialismo del Calendario Cristiano, ICACCI, por sus siglas en inglés, (ver www.icacci.org) señala: ¿Por qué la "Organización de las Naciones Unidas" que supuestamente representa a toda la humanidad, usa el calendario cristiano en todos sus documentos oficiales, ¡cuando sólo el 25% de la humanidad es católica!?, ¿Por qué los musulmanes, judíos, budistas, sintoístas, etcétera quienes tienen su propio calendario, son forzados a utilizar el calendario cristiano que utiliza la ONU?

La ONU debería adoptar un calendario neutral, usando por ejemplo, como "año cero" el año de su propia creación, o el año en que Hiroshima fue bombardeada, como un símbolo de paz. Pero en vez de esto, sigue usando el calendario cristiano que obliga a los países "no cristianos", quienes son la mayoría, a firmar sus escritos y documentos, tomando como base la supuesta fecha de nacimiento de Jesús, sin ninguna consideración a sus sentimientos o a los de sus antepasados que fueron masacrados, forzados en los regímenes de servidumbre y esclavitud o proclamados por las cruzadas en nombre de la cristiandad.

La ONU tiene solamente dos opciones: cambiar totalmente y convertirse en una organización verdaderamente demócrata, no religiosa o desaparecer y ser remplazada por una organización verdaderamente neutral y democrática. Quizás esto último sea la mejor solución, ya que siempre es más difícil cambiar las cosas existentes. Tal vez el nuevo organismo que reemplace a la ONU costará mucho menos y será más democrático: "Hecho por el pueblo y para el pueblo". Incluso podría crearse un gobierno mundial "virtual" basado en la internet, en donde las personas podrían expresar sus elecciones directamente en línea. Esta "democracia en línea" tendría la ventaja de prescindir de las más peligrosas, menos fiables y más costosas personas en la Tierra: los políticos. Mi propuesta de un "gobierno en línea" (www.upworldgov. org) podría ser una solución adecuada para remplazar a la obsoleta "Organización de las Naciones Unidas".

POSDATA DEL AUTOR

Han pasado aproximadamente treinta años desde que escribí los tres libros que hoy forman esta nueva edición titulada *Diseño Inteligente: El Mensaje de los Diseñadores*. Más adelante, hablaré de las razones de este nuevo título, mientras tanto, es importante destacar que muchas cosas han sucedido en los últimos treinta años. Nuestro mundo ha cambiado muy rápidamente durante este período, siempre en dirección a la información de los Mensajes que me fueron revelados por primera vez, a mediados de 1970. Es por esto que los libros se reproducen en este compendio sin ningún cambio, para demostrar las extraordinarias verdades que me fueron reveladas hace ya tres décadas, y que gradual y sucesivamente se han demostrado con el desarrollo y los nuevos conocimientos científicos.

Originalmente se publicó la primer parte de este libro con el nombre *El Libro Que Dice la Verdad* en francés, a principios de 1974. Después de un repentino, inesperado e inolvidable viaje espacial en octubre de 1975, apareció el libro titulado *Los Extraterrestres Me Llevaron a su Planeta* en 1976. Para 1979, se publicó la obra *Recibamos a los Extraterrestres* en donde se da a conocer información que se me había confiado con anterioridad, pero que los Elohim me pidieron retener durante tres años. Escribí también otros cuatro libros, uno titulado La *Geniocracia* en 1978, el cual describe un nuevo sistema de gobierno basado en una forma avanzada de democracia, que recomiendan los Elohim; *La Meditación Sensual* en 1980, un libro que contiene las enseñanzas vitales de la práctica de la meditación, diseñada por los Elohim para despertar plenamente nuestros sentidos y ayudarnos a lograr una verdadera armonía interior; *Sí a la Clonación Humana* en el 2000, es un resumen de los avances científicos que muy pronto serán parte de nuestras vidas, principalmente en las áreas de la clonación y la nanotecnología; y *El Maitreya*, una antología seleccionada por los principales líderes Raelianos, de mis más recientes conferencias y pláticas contemporáneas.

Hoy, estos libros han sido traducidos a treinta idiomas por voluntarios integrantes del Movimiento Raeliano. En total, más de dos millones de copias se han vendido en el mundo. La gran mayoría, han sido impresos, publicados y distribuidos bajo el control de las múltiples sucursales nacionales del Movimiento Raeliano Internacional (MRI).

En sus más de 30 años de existencia, el MRI ha crecido progresivamente y hoy en día la organización cuenta con aproximadamente 65,000 miembros activos en el mundo entero. Se han establecido sucursales nacionales en cerca de 90 países, incluyendo las naciones más importantes del mundo. Actualmente, El Movimiento es más fuerte en Francia, Canadá, Japón, Corea del Sur y África. Se desarrolla también fuertemente en los Estados Unidos, Australia, Gran Bretaña, en el Sudeste de Asia, en América Latina y en la mayor parte de los países de Europa. En los últimos años, nuevas filiales nacionales se han abierto en Bulgaria, Mongolia y Lituania.

Desde entonces, durante los seminarios organizados regularmente en cada continente del planeta, se difunden las enseñanzas de los Elohim que se han transcrito en estos libros, las cuales han sido llevadas a miles de personas de todas las edades, por medio de un servidor, o por miembros decanos del MRI. Actualmente existen más de 200 Guías o Sacerdotes Raelianos en todo el mundo. También, El Movimiento tiene dos publicaciones en las cuales yo, junto con otros responsables líderes Raelianos, desarrollamos temas de actualidad: *Apocalipsis* una revista de lujo internacional que se publica dos veces al año, y *Contacto*, un boletín electrónico semanal que se distribuye en línea en raelianews.org. Estas publicaciones nos permiten promover la filosofía y la sabiduría de los Elohim.

El nacimiento de la oveja Dolly fue un hito en la historia científica de la humanidad y desde entonces quedó claro que muy pronto la clonación de seres humanos se convertiría en algo que podría lograrse comúnmente. Al igual que en el planeta de los Elohim, la clonación en nuestro mundo se convertirá en un medio para que los seres humanos puedan alcanzar la vida eterna.

Después de la clonación de la oveja Dolly en 1997, yo puse en marcha un proyecto llamado Clonaid, para llamar la atención sobre la clonación humana. Poco después, la Dr. Brigitte Boisselier, brillante científica y obispo Raeliana, contrajo el proyecto, para lo cual se creó una compañía dedicada a la clonación. Cabe aclarar que yo me retiré por completo de cualquier participación en esta empresa ya que el objetivo principal era promover el interés en la clonación de seres humanos, por lo que el Movimiento Raeliano Internacional no tiene conexión alguna con la empresa "Clonaid". Sin embargo, el Movimiento seguirá apoyando filosóficamente a la Dr. Boisselier y a su compañía en la realización de sus investigaciones; mismas que llegaron a su punto culminante, cuando en diciembre de 2002, anunció dramáticamente en las primeras planas de la prensa mundial, una noticia que constituye quizás el mayor avance en 32 años, desde que se inicio el Movimiento: Clonaid había logrado el nacimiento del primer bebé humano clonado, una niña llamada "Eva".

Aunque hasta el momento de este escrito, los problemas legales han retrasado la publicación de las pruebas científicas de este éxito en el campo de la clonación humana, no cabe duda que el nombre del Movimiento Raeliano y lo que representa se ha convertido en sinónimo de "investigación o conocimiento" alrededor del planeta.

El próximo paso será hacer posible la trasferencia de información cerebral, es decir, la memoria y la personalidad de un individuo viejo, dentro de un cuerpo nuevo o "clon" joven. Esta transferencia de la memoria directamente a un "clon adulto" significa en efecto, que el mismo individuo puede vivir indefinidamente. Por ello, las leyes humanas tendrán que adaptarse a estos cambios culturales y a los constantes avances tecnológicos. Esto apenas inicia, pero nuevas leyes tendrán que crearse para definir los criterios que establezcan cómo podremos beneficiarnos con estas tecnologías. Aquí, como en el planeta de los Elohim, el número de clones posibles tendrá que ser limitado a uno por persona, y sólo después de la muerte.

Este año, otro avance de magnitud similar ocurrió, como se ha mencionado brevemente en el prólogo de este libro, cuándo se publicó un artículo en una revista científica en Washington que anunciaba la aprobación académica de una nueva teoría: *El Diseño Inteligente*. Esta información marcó el primer desafío académico formal de alto nivel para Darwin, considerando la teoría de la evolución como anticuada y sin pruebas sólidas. Como resultado, todo ese año la teoría de El Diseño Inteligente o DI, atrajo continuamente la atención y provocó muchos debates en círculos académicos más allá de América, Europa y en todo el mundo. Particularmente, al escribir estas palabras, un acalorado debate está en marcha en los Estados Unidos, relativo a introducir la teoría del "Diseño Inteligente" en las escuelas, como una alternativa a la teoría de la evolución de Darwin.

Los adversarios de esta nueva teoría, ven esto como una oportunidad para reintroducir oficialmente a "Dios" en las escuelas oficiales, a casi 50 años de la clara separación entre la iglesia y el estado americano, pero la Suprema Corte se negó a esto alegando que está escrito en la Constitución. En efecto, es muy evidente hoy en día, que los creyentes conservadores americanos, están definitivamente usando este camuflaje para infiltrar nuevamente su dogmático y religioso punto de vista en las escuelas de los Estados Unidos.

Sin embargo, la explicación Raeliana es más original y única, ya que ofrece una tercera alternativa que explica el origen de la vida en la Tierra y que no puede ser negada por la Suprema Corte de los Estados Unidos de América, ya que ¡no promueve la religión en las escuelas! Puede describirse como un *"Diseño Inteligente Ateo"*, es decir, que es la creación científica de la vida sobre la Tierra, llevada a cabo por una civilización humana avanzada de otro planeta. Esto implica una nueva teoría racional que explica nuestros orígenes, los cuales se podrán muy pronto reproducir en laboratorio; como evidencia de ello está el reciente anuncio hecho por el científico Craig Venter, que ya ha iniciado el proceso de creación del primer organismo unicelular totalmente sintético. Un requisito indispensable para que algo se considere científico, es que pueda ser reproducido en laboratorio. La teoría de la evolución nunca ha sido reproducida en ningún laboratorio, es por eso que ha sido llamada "teoría", y lo mismo sucede, por supuesto, con la teoría de "Dios". Esta tercera explicación, "Diseño Inteligente Ateo" es lo único que puede ser reproducido en el laboratorio ahora mismo y realmente está a punto de ocurrir.

La idea de que hay miles de millones de planetas similares a la Tierra en el Universo, es también aceptada por la mayoría de los científicos, tanto como el hecho de que nuestro planeta no es necesariamente el más avanzado en el Universo. Entonces, que existen otras civilizaciones humanas más avanzadas que hayan visitado nuestro mundo a lo largo del tiempo para crear la vida en un tipo de panspermia, constituye la más racional de las explicaciones acerca de nuestros orígenes. Por lo menos es digna de ser enseñada en las escuelas como una alternativa a la teoría de la evolución, y las escuelas no podrían negar el acceso a la teoría del "Diseño Inteligente Ateo" basado en la separación de la iglesia y el estado. Los creyentes en "Dios" podrían señalar que utilizamos nuestras explicaciones como un " caballo de Troya" para entrar en el sistema escolar como una alternativa contra la monolítica, dogmática e intolerante teoría Darwinista de la evolución.

En otro contexto, también es importante decir que los preparativos encaminados a la construcción de la embajada solicitada por los Elohim, en un lugar seguro, progresan adecuadamente. La embajada y la residencia deben estar protegidas por derechos de extraterritorialidad, como cualquier misión diplomática internacional normal; y según las instrucciones precisas dadas por los Elohim. Arquitectos Raelianos ya han realizado los planos para el conjunto de edificios donde tendrá lugar la más espectacular y extraordinaria reunión a lo largo de toda la historia de la humanidad, entre los líderes de los gobiernos mundiales y los Elohim. Poco tiempo después de construir un modelo a escala de la embajada, de acuerdo a estos planos, aparecieron en los campos de trigo en Inglaterra, círculos que presentan una semejanza espectacular con ésta.

Debo decir sin embargo, que las finanzas no constituyen el principal obstáculo para llevar a cabo este proyecto. Las cuestiones políticas y diplomáticas son un problema más espinoso y para superarlas, es necesario tener mucha paciencia y perseverancia. Para tal efecto, el Movimiento Raeliano Internacional ha realizado gestiones ante el gobierno Israelí y con el gran Rabino de Jerusalén, solicitando que se garantice la extraterritorialidad necesaria para que la embajada pueda ser construida cerca de Jerusalén, donde los Elohim crearon a los primeros seres humanos. El primer templo de la religión judía, era de hecho, una embajada alrededor de la cual la antigua ciudad había sido construida. Los Elohim esperan en lo sucesivo que el Estado de Israel les conceda el estatus de extraterritorialidad para la nueva embajada - El Tercer Templo - pero hasta el momento, de las siete peticiones que se han hecho, ninguna respuesta positiva se ha obtenido de parte de Israel.

El primer acercamiento fue realizado el 8 de Noviembre de 1991, el día del Año Nuevo Judío, y otra petición oficial fue dirigida al Gran Rabí de Israel algunos meses más tarde. La petición fue reconocida y la solicitud fue puesta en estudio. Durante el verano de 1993 una comisión del gobierno Israelí llegó a la conclusión de que el Movimiento Raeliano tenía intenciones pacíficas y no presentaba ninguna amenaza para la seguridad de Israel. En su informe, dos Rabinos explicaban que "era mejor no hacer nada en contra de Raël, en caso de que él realmente fuera el Mesías esperado". En Noviembre de 1993, una petición más directa fue dirigida al Primer Ministro, Yitzhak Rabin, cuando asistió en Canadá, a la Convención Judía de Montreal. Pero un mes después el Señor Rabin respondía por medio de uno de los representantes de su gabinete, que él no lo cedería. Si a fin de cuentas Israel no concede la extraterritorialidad, como ya ha sido indicado, es muy probable que se construya la Embajada en territorio palestino o egipcio o en cualquier otro estado colindante. De hecho, las laderas del Monte Sinaí serían una excelente alternativa, sobre todo que en este lugar, Yahvé, el Presidente de los Elohim, se le apareció por primera vez a Moisés. De todas formas, los Elohim prefieren dar la oportunidad de conceder esta petición a Israel, ya que este es el objetivo original del Estado de Israel. Desde el Mensaje de los Elohim, del 13 de diciembre 1997, se han iniciado negociaciones con otros países y una vez que tengamos la aprobación de alguno de ellos, Israel tendrá una "última oportunidad" para que la embajada se construya en su territorio.

Ya en 1990, reiterando sus sentimientos particulares hacia el pueblo de Israel, los Elohim dieron autorización a mi sugerencia de modificar el Símbolo original del Infinito, cuando sea usado por las sucursales del Movimiento Raeliano del Occidente. La esvástica en el centro, que significa «bienestar» en sánscrito y que representa igualmente el infinito en el tiempo, fue reemplazada por una galaxia en espiral. Esta modificación se hizo como un esfuerzo para ayudar a las negociaciones para que la embajada de los Elohim sea construida en Israel, y también por respeto a la sensibilidad de las víctimas que sufrieron y murieron bajo el régimen nazi durante la segunda guerra mundial. En Asia, donde la esvástica puede encontrarse en la mayor parte de los templos budistas y donde representa el infinito en el tiempo, el símbolo original no es un problema. Esta modificación del símbolo del Movimiento Raeliano Internacional para Occidente, se hizo con mucho gusto, y hoy cuando miro hacia atrás y examino nuestro progreso desde 1973, me doy cuenta que todo se desarrolla conforme a lo planeado.

El Movimiento Raeliano Internacional, un día cumplirá todos los objetivos fijados por los Elohim - con o sin mi participación. Sé que se ha vuelto autónomo y que ahora podría funcionar perfectamente bien sin mí. Todavía queda mucho por hacer e incluso cuando al fin ese gran día llegue, en que los Elohim aterricen abierta y oficialmente delante de los ojos de los dirigentes de los gobiernos del mundo, en un despliegue internacional de cámaras de televisión, de representantes de los diversos medios, espero que algunos escépticos continúen preguntándose si otros seres humanos altamente avanzados puedan verdaderamente haber creado artificialmente toda la vida en nuestro planeta. Los miembros responsables del Movimiento Raeliano Internacional y un servidor, estamos conscientes de que podría ser así. Pero esto no nos desanimará, más bien al contrario.

Los Elohim vendrán a la Tierra en un futuro no muy lejano, en la época que algunos quizás llamarán de "la singularidad" cuando todo se pueda comprender gracias a la ciencia. Será a más tardar en treinta años a partir de ahora, puede ser que antes, si la verdad que se ha descrito en este libro se difunde más rápido en el mundo entero.

Entonces los Elohim traerán consigo a los grandes Profetas del pasado, como Moisés, Buda, Jesucristo y Mahoma.

Este acontecimiento tan esperado será el día más maravilloso de toda la historia de la humanidad. Espero que estén presentes cuando ellos lleguen a su embajada en la Tierra y puedan compartir su alegría de saber que ustedes hayan formado parte de esa formidable aventura y que hayamos ayudado financieramente a su construcción. El lugar donde la embajada sea construida, se volverá el centro espiritual del mundo para el próximo milenio. Personas de todas las naciones vendrán en peregrinación a este lugar "santo". Una réplica de la embajada será construida en sus proximidades y estará abierta al público con el fin de que la puedan ver interiormente.

Pero ¿Terminará la misión del Movimiento Raeliano con la llegada de nuestros creadores? Para nada, al contrario, será el verdadero comienzo de nuestra misión. Con la desaparición de todas las religiones primitivas, la vida deberá estar colmada con una nueva espiritualidad - una que esté de acuerdo con la revolución tecnológica que está por venir.

Somos seres humanos de hoy, utilizando la tecnología del mañana, con religiones y pensamientos del pasado. Gracias a los Elohim, podremos alcanzar nuevos niveles de espiritualidad adquiriendo su misma religión - una religión atea - la del infinito, como está representada en nuestro símbolo. Los Guías del Movimiento Raeliano Internacional se convertirán en los sacerdotes de esta nueva religión, y enseñarán a los seres humanos a sentir la armonía de lo infinitamente pequeño y de lo infinitamente grande, permitiéndoles darse cuenta de que somos polvo y energía de estrellas para siempre.

Laboratorios y universidades serán construidas cerca de la embajada, y bajo la dirección de los Elohim, los científicos humanos podrán aumentar sus conocimientos. De esta manera nos aproximaremos poco a poco al nivel científico de los Elohim. Esto nos permitirá aventurarnos hacia otros planetas para crear la vida por nosotros mismos y nos volveremos Elohim para los seres que crearemos. En nuestro planeta, Brigitte Boisselier y otros científicos de visión futurista ya han comenzado la carrera para convertirse en "diseñadores inteligentes", su trabajo a futuro será plenamente consciente de la verdadera naturaleza de nuestro pasado y nuestros orígenes. A través de ellos y de nosotros, la espiritualidad y la ciencia caminarán juntas, liberadas al fin de esos miedos de la edad media, que han obsesionado nuestro pasado. Esto nos permitirá volvernos «Dioses», dicho con más precisión: "Dioses ateos" como fue anunciado hace mucho tiempo en las antiguas escrituras.

Sin embargo, no olvidemos que nuestra mayor tarea es construir la embajada para los Elohim, para que después de tanto tiempo, finalmente puedan venir, aterrizar oficialmente y mostrarse abiertamente entre nosotros. Y ellos traerán a nuestro problemático, pero aún potencialmente bello mundo, sus profundas enseñanzas de amor, así como desarrollo científico.

Raël
Quebec Canadá
Otoño de 2005

Información Adicional

Los lectores desearán contactar al autor o a su organización, el Movimiento Raeliano Internacional (MRI). Para mayor información al respecto de este libro y otros asuntos relacionados, la dirección principal mundial para el autor es:

c/o Religión Raeliana Internacional
Case Postale 225, CH 1211
Geneva 8
Suiza

Las direcciones oficiales de Internet del Movimiento Raeliano Internacional y organizaciones afiliadas son:

www.rael.org
www.raelianews.org
www.raelradio.net
www.rael-science.org
www.raelafrica.org
www.apostasynow.org
www.icacci.org
www.raeliangay.org

Para suscribirse a rael-science, el cual distribuye por correo-e una selección de las noticias científicas concernientes a este libro, favor de enviar un correo-e en blanco a:

subscribe@rael-science.org

Seminarios Y Contactos

Cada año, se llevan a cabo varios seminarios alrededor del mundo donde se reúnen Raelianos a escuchar las enseñanzas de los Elohim transmitidas por su Profeta Raël. Si deseas participar en uno de estos seminarios o sólo comunicarte con algún Raeliano cerca de ti, favor de contactar a alguno de los Movimientos Raelianos locales abajo indicados.

Para un listado completo de contactos Raelianos en más de 86 países, favor de visitar la página web: www.rael.org

MEXICO
24 Oriente 208 - 15
Fracc. San Antonio
Cholula, Puebla - México
Correo-e: mexico@intelligentdesignbook.com

AFRICA
05 BP 1444, Abidjan 05
Ivory Coast
Africa
Tel: (+225) 07.82.83.00
Correo-e: africa@intelligentdesignbook.com

AMERICA
P.O. Box 570935
Topaz Station
Las Vegas, NV
89108
USA
Tel: (+1) 888 RAELIAN / (+1) 888 723 5426
Correo-e: usa@intelligentdesignbook.com
Correo-e: canada@intelligentdesignbook.com

ASIA
Desukatto Shinjuku Nishiguchi Ten MB6
Matsuoka Central Bldg. 3F
Tokyo-To, Shinjuku-Ku
Nishi-Shinjuku 1-7-1
Japan 160-0023
Tel: (+81)3 5348 3866
Fax: (+81)3 5348 3910
Correo-e:: asia@intelligentdesignbook.com

EUROPA
P.O. Box 176
1926 Fully
Switzerland
Tel: +41 27 746 30 20
Correo-e: europe@intelligentdesignbook.com

MEDIO ORIENTE
P.O.Box 25415
Tel Aviv 61253
IsRael
Tel : +972 3 699 9869
Correo-e: middle-east@intelligentdesignbook.com

OCEANIA
P.O. Box 2387, Fountain Gate
Vic, 3805
Australia
Tel: +61(0)409 376 544
Tel: +61(0)419 966 196
Correo-e: oceania@intelligentdesignbook.com

RECONOCIMIENTOS

Gracias al Museo The Fitzwilliam, Universidad de Cambridge, Reino Unido, por autorizarnos permiso para reproducir *El Bautismo de Cristo* por Aert de Gelder, 1710. Oleo sobre tela, 48.3 x 37.1 cm.

Gracias a la Galería Nacional de Londres por autorizarnos permiso de reproducir *La Annunciation, with San Emidius* por Carlo Crivelli, 1486. Temple de huevo y oleo en tela, transferido de madera, 207 x 146.7 cm.

A Colin Andrews (www.CropCircleInfo.com) por su permiso para usar la fotografía aérea del circulo de trigo tomada en Cheesefoot Head en Wiltshire, Inglaterra, en agosto 1990, gracias.

Gracias a Alfredo Garcia y Sergio Fabela por la traducción al Español de esta nueva edición compilada de *Los Mensajes de los Elohim*.

Para las muchas referencias Bíblicas encontradas en este libro, se ha utilizado *La Santa Biblia, Antiguo y Nuevo Testamento,* Antigua versión de Casidoro de Reina (1569) Revisada por Cipriano de Valera, 1602. (http://www.iglesia-de-cristo.org/biblia/).

Como segunda referencia, *la Biblia del Rey Jaime 1ro.* de Inglaterra, 1604-1611. (http://fredy91306.tripod.com/id72.html)